CONFESSIONALIDADE
E CONSTRUÇÃO ÉTICA
NA UNIVERSIDADE

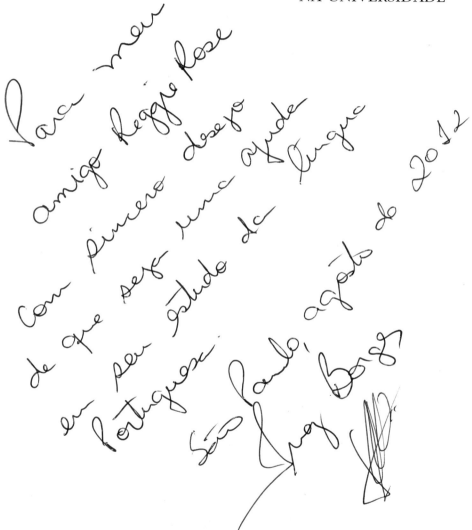

Para meu
amigo Reggie Rose
Com sincero desejo
de que seja uma ajuda
em seu estudo da língua
Portuguesa.

São Paulo, agosto de 2012

Inez Augusto Borges

CONFESSIONALIDADE
E CONSTRUÇÃO ÉTICA
NA UNIVERSIDADE

(M) Universidade Presbiteriana Mackenzie

© 2008 Inez Augusto Borges

Coordenação editorial: Joana Figueiredo
Capa: Rubens Lima
Diagramação: Acqua Estúdio Gráfico
Preparação de texto: Carlos Villarruel
Revisão: Nehemias Vassão, Temas e Variações Editoriais

Dados Internacionais de Catalogação na Publicação (CIP)
(Câmara Brasileira do Livro, SP, Brasil)

Borges, Inez Augusto
    Confessionalidade e construção ética na universidade / Inez Augusto Borges. – 1.
ed. – São Paulo : Editora Mackenzie, 2008.

    ISBN 978-85-87739-96-4
    Bibliografia.

    1. Educação moral 2. Educação – Aspectos morais e éticos 3. Educação – Finali-
dades e objetivos 4. Ética 5. Professores – Formação I. Título.

08-08612   CDD-370.114

Índice para catálogo sistemático:
1. Educação confissional : Educação moral   370.114

Todos os direitos reservados à
EDITORA MACKENZIE
Rua da Consolação, 930
Edifício João Calvino
São Paulo – SP – CEP 01302-907
Tel.: (11) 2114-8774/8785
editora@mackenzie.com.br
www.mackenzie.br/editora.html

Como adquirir os livros:
Livrarias Mackenzie
Campus Itambé
Rua da Consolação, 930 – Prédios 18 e 19
São Paulo – SP – CEP 01239-001
Tel./Fax: (11) 2114-8574
Campus Tamboré
Av. Tucunaré, s/nº – Tamboré
Barueri – CEP 06460-020
Tel./Fax: (11) 3555-2124

Distribuidora Editora Cultura Cristã
Rua Miguel Teles Jr., 382/394
São Paulo – SP – CEP 01540-040
Tel.: (11) 3207-7099
Fax.: (11) 3209-1255
cep@cep.org.br
www.cep.org.br

Aos meus netos
Bianca e Lucas.

"Se clamares por inteligência, e por entendimento alçares a voz, se buscares a sabedoria como a prata, e como a tesouros escondidos a procurardes, então entenderás o temor do Senhor e acharás o conhecimento de Deus" (Provérbios 2:3-5).

SUMÁRIO

APRESENTAÇÃO

Quando assumi a função de chanceler da Universidade Presbiteriana Mackenzie em 2003, havia pouca coisa em português que tratasse da confessionalidade na educação e que pudesse servir de roteiro e orientação para a efetivação do grande desafio colocado à minha frente. Foi com satisfação que acompanhei a pesquisa de Inez Augusto Borges para seu doutorado, versando sobre confessionalidade, e que resultou na obra que o leitor agora tem em mãos.

Não é a primeira incursão da autora nesse terreno da educação e confessionalidade. Sua obra anterior, *Educação e personalidade*: a dimensão sócio-histórica da educação cristã, publicada em 2002 também pela Editora Mackenzie, já apontava para a necessidade de um estudo mais aprofundado da matéria e que enfocasse o caso particular do Mackenzie, onde Inez é professora.

Neste livro, Inez Augusto Borges analisa a relação entre a construção da personalidade moral, teoria defendida por Josep Maria Puig, e as características e práticas distintivas da Universidade Presbiteriana Mackenzie. Seu objetivo é mostrar a importância e a necessidade de ações institucionais e confessionais para a construção da personalidade moral do estudante, naquilo que ela denomina de educação integral. Partindo da premissa de que toda educação, num certo sentido, é controlada por pressupostos ideológicos, religiosos e filosóficos, a autora expõe o tremendo desafio que universidades confessionais, como o Mackenzie, enfrentam, para proporcionar essa educação –, num mundo onde predomina a secularização de todas as instituições que um dia nasceram do cristianismo, especialmente as universidades.

Há várias razões pelas quais este livro deve ser lido por todos aqueles que estão interessados no tema da confessionalidade em instituições de ensino – particularmente na universidade. Primeira, a qualidade da pesquisa feita por Inez, a qual serve de base para seu livro. Basta uma breve olhada na bibliografia apresentada ao final da obra para que o leitor atento verifique a extensão da pesquisa e a seleção cuidadosa das obras mais relevantes para o assunto. A autora conhece o assunto e a literatura pertinente, e lida com as fontes com rigor e fidelidade.

Segunda, Inez fala do assunto com paixão e fervor. O viés cristão reformado da educação está em seu coração. Mais que uma análise acadêmica fria de um assunto técnico visando cumprir os requerimentos de um grau acadêmico, a pesquisa de Inez Augusto Borges reflete seu compromisso com o Senhorio de Jesus Cristo sobre todas as áreas da vida, especialmente sobre a educação. Como disse Jesus, "a boca fala do que está cheio o coração" (Mateus 12:34).

Terceira, o livro foi escrito por quem conhece o assunto. A docência na disciplina de Ética e Cidadania e na área de Psicologia deu à autora competência e sensibilidade para falar sobre esse assunto – bem como sua formação teológica. Essa competência se percebe pela maneira como o assunto é conduzido. Após descrever a dimensão humana na educação confessional e fazer uma abordagem histórica da educação confessional no Mackenzie, que serve de estudo de caso, a autora entrelaça a construção da personalidade moral, conceito oriundo de Puig, com os referenciais éticos e os valores implícitos na educação confessional.

Escrevendo com clareza, competência e simplicidade, Inez consegue transmitir seu ponto. O leitor atento, ao terminar a obra, terá uma nova perspectiva do que seja a confessionalidade na educação e de quanto os valores morais e éticos do cristianismo podem contribuir para a formação integral dos estudantes.

Rev. Dr. Augustus Nicodemus Gomes Lopes
Chanceler da Universidade Presbiteriana Mackenzie

PREFÁCIO

A esperança não é nem realidade nem quimera; ela é como os caminhos da terra: sobre a terra não havia caminhos; eles foram feitos pelo grande número dos que passam (Lu Xun, pensador chinês).

Surpreendido pela alegria, como diria C. S. Lewis, sinto-me extremamente honrado pelo privilégio de prefaciar o empreendimento editorial *Confessionalidade e construção ética na universidade*, que traz a assinatura de Inez Augusto Borges. Em face das credencias da autora e dos atributos da obra, essa tarefa representa não só um singular privilégio, mas também um elevado desafio.

Ainda que se tentasse uma abordagem com focos distintos, no caso em tela é impossível separar a autora da sua obra, pois cada página traz a "marca-d'água" de Inez Augusto Borges estampada em sua textura. Não se trata apenas do manejo gramatical e sintático a caracterizar o estilo, a embelezar a forma, a comunicar talento e erudição. O texto irradia centelhas de luz que expressam com absoluta fidelidade as convicções retilíneas da autora, preferíveis às curvilíneas convenções da sociedade. São linhas explicitamente definidas como o cristal, que nada tem de argila amorfa.

Essa eloqüente autenticidade de Inez confere-lhe prerrogativa de autoridade, com resultado de encantamento para os leitores, a exemplo da página do Evangelho que relata o efeito fascinante das palavras do Mestre por excelência, que falava "como quem tem autoridade e não como os escribas" (Mc 1:22). Para isso, são indispensáveis os atributos de competência, coerência, coragem e comprometimento. Nenhuma dessas qualidades falta à educadora cristã e professora universitária, que ora se revela também como intérprete lúcida de uma cosmovisão fiel aos paradigmas reformados calvinistas. Parafraseando o pensamento belíssimo de Max Weber, podemos afirmar que o labor de Inez vem "orientado pela direção de sua fé pessoal, pela refração dos valores no prisma de sua alma".

Tentemos iluminar a obra, iniciando pelo seu arcabouço, que materializa em versão literária o conteúdo da tese de doutorado defendida pela autora no programa de Ciências da Religião, da Universidade Metodista de São Paulo. Formatado em cinco capítulos, o livro *Confessionalidade e construção ética na universidade* obedece a um planejamento metodológico bem delineado, capaz de introduzir o leitor no cenário temático e ir desvelando, em seqüência, novas cortinas para cada ato. O elenco do espetáculo reúne personagens clássicos da galeria da história da educação, convocados para compor uma trama inteligente, cujo fio condutor é a complexa questão da *confessionalidade* como diferencial significativo na construção da personalidade moral, em contexto institucional universitário. Mais que hipóteses acadêmicas, desenvolvimentos formais e conclusões plausíveis, a criação intelectual da autora tem o condão de tangenciar o mundo real, pois adota a Universidade Presbiteriana Mackenzie como campo de observação, espaço de reflexão e pólo de incidência das contribuições propositivas.

Sem definições preliminares de marcos referenciais, torna-se impossível estabelecer uma reta, muito menos um eixo temático.

Na obra em apreço, o primeiro desafio é expurgar o conceito de *confessionalidade* de alguma ambigüidade que a polissemia do vocábulo lhe empresta. Sobretudo, em se tratando de um substantivo que se deseja vinculado a qualificativos sonoros: trata-se de *confessionalidade cristã reformada calvinista*. Repudiada, *in limine*, a neutralidade na educação (inclusive no segmento do ensino superior), abre-se um circuito de reflexão e debate quanto à abrangência da categoria dos *valores*: devem restringir-se apenas a aspectos éticos e morais formativos do caráter, ou podem incorporar interpretações teológicas, portanto dogmáticas, indicativas de uma nítida definição religiosa? Deliberadamente, o capítulo inicial não oferece uma resposta definitiva para essa (falsa?) questão, pois a proposição final aponta para outro foco: "A educação confessional pode ser um espaço de construção da personalidade moral". A esta altura, pode-se instalar na mente do leitor a expectativa de que o tema da *personalidade moral* deverá voltar à cena, o que, de fato, acontece mais adiante.

Borges dedica um capítulo inteiro – o segundo – a uma revisão histórica do grau de explicitação da confessionalidade da Universidade Presbiteriana Mackenzie, desde as origens institucionais plantadas no terceiro quartel do século XIX até o presente. Para a sua instigante produção, recorre à cumplicidade de autores de textos seminais trazidos a lume nos últimos anos, especialmente as obras de Boanerges Ribeiro, Oswaldo Henrique Hack e Marcel Mendes. Nesse esforço de compreensão da trajetória da identidade confessional do Mackenzie, a autora localiza alternâncias críticas – sístoles e diástoles – que vão de um secularismo quase instalado a um resgate explícito dos princípios e das crenças que norteiam a Instituição fundada por Chamberlain e dedicada, com solenidade, "às ciências divinas e humanas". Sabiamente, a autora diz ao leitor aquilo que ele já admitia nas penumbras do ego, mas não sabia trazer à luz meridiana da sua consciência. O encerramento do capítulo está direcionado para o seu objetivo inicial: demonstrar que a confessionalidade da Universidade Presbiteriana Mackenzie pode ser um diferencial significativo na sua missão de contribuir para a construção da personalidade moral do estudante universitário.

Os capítulos que se seguem – terceiro e quarto – constituem o núcleo do livro. É aqui que a educadora cristã Inez Augusto Borges extravasa a sua perspectiva antropológica do inacabamento do ser humano, sem o que seria utópico ou ingênuo investir em educação fundamentada em valores e admitir que, em meio ao fragor dos conflitos da academia, ainda se possa construir o *dever-ser*. Nas palavras de Paulo Freire (1998, p. 55), essa perspectiva se adensa: "Onde há vida, há inacabamento. Mas só entre mulheres e homens o inacabamento se tornou consciente". Com esse pressuposto conceitual, tem sentido invocar a presença do educador e pesquisador catalão Josep Maria Puig Rovira, com sua bem elaborada teoria da construção da personalidade moral. É o que a autora faz, com maestria: Puig passa a ocupar, com dignidade, o espaço maior da plataforma de fundamentação teórica da tese doutoral que se transformou em produção literária. Todas as categorias essenciais são aqui apresentadas de forma organizada e sistemática, preparando o leitor para a inserção da Universidade Presbiteriana Mackenzie nessa moldura.

Não é tarefa simples enquadrar uma instituição inteira na taxionomia de Puig, mas Inez, que conhece muito bem a Universidade Presbiteriana Mackenzie e sua mantenedora, tem todas as condições de fazê-lo. Em busca desse objetivo, a autora mobiliza forças intelectuais, morais e espirituais (que não lhe faltam) para demonstrar o quase indemonstrável e chegar à conclusão de que ainda há muito por fazer. Aqui se revelam aqueles atributos iniciais de que falamos, pois só a competência e a coerência não bastam: é preciso comprometimento e coragem. Coragem, por exemplo, para dizer: "A criação do 'ambiente de fé cristã reformada' parece ser ainda uma abstração. [...] Estariam todos os envolvidos, de fato, interessados em criar esse ambiente?"

No trecho em que trata das idéias morais da Instituição e reflete sobre o que ouviu dos entrevistados, Inez pondera: "Mesmo entre os responsáveis pela sua explicitação, não parece estar claro o significado da cosmovisão calvinista e de sua viabilidade para os dias atuais". Procurando as correspondências e analogias das categorias de Puig no universo do Mackenzie, a autora está pronta para problematizar algumas tradições e práticas, como o indefinível "espírito mackenzista": "É necessário possuir dignidade, caráter e integridade para também possuir o tal espírito mackenzista, ou é possível possuir este último, sendo um mau caráter?". Não só de contundências, algumas lapidares, compõe-se o quarto capítulo. Algumas afirmações podem ser classificadas como iluminadoras dos caminhos a serem percorridos:

> Os líderes institucionais, na medida em que se expõem e se tornam conhecidos por parte da comunidade estudantil, podem também ser modelos e guias de valor. A forma como expressam as suas convicções e a maneira como lidam com os conflitos decorrentes de seu papel na vida acadêmica revelarão seu compromisso com os valores que a Instituição professa.

Já a caminho do encerramento da sua magnífica contribuição editorial, a educadora cristã sente-se no dever de registrar uma constatação que pode ferir sensibilidades, mas pode suscitar ações altamente positivas e abençoadoras:

A cosmovisão cristã na Universidade Presbiteriana Macken-zie ainda está para ser construída. Documentos e autorida-des parecem gradativamente ampliar o grau de afinidade entre a ação e o discurso. Mas falta muito para que a maio-ria dos estudantes passe a perceber o reflexo dessa cosmo-visão de forma significativa.

Como se pode perceber dos fragmentos colhidos neste breve escorço, trata-se de uma obra que não servirá de alimento para tra-ças, pois impactará profundamente o espírito das pessoas que se preocupam com uma educação integral do ser humano, numa pers-pectiva iluminada pelo Evangelho de Jesus Cristo na sua mais lídi-ma, profunda e abrangente interpretação.

Prof. Dr. Marcel Mendes
Diretor da Escola de Engenharia
da Universidade Presbiteriana Mackenzie

INTRODUÇÃO

O interesse pela relação existente entre educação e confessionalidade tem crescido, nos últimos anos, entre pesquisadores envolvidos tanto com a Educação quanto com as questões ligadas à Teologia e às Ciências da Religião. Mas não apenas entre estes. Esse tema tem despertado a atenção de professores, estudantes e gestores das instituições confessionais. O foco principal desse interesse geralmente tem sido a educação infantil, o ensino fundamental ou médio. Mas também no âmbito universitário essa questão se faz presente de forma crescente.

Os questionamentos mais freqüentes dizem respeito à pertinência da própria presença das instituições confessionais no âmbito acadêmico. Alguns afirmam que a educação deve ser laica, acima de tudo, e que toda confissão religiosa deveria permanecer restrita ao espaço particular das igrejas e dos lares. Outros assumem que nenhuma educação é neutra e que, portanto, toda prática educativa traz consigo pressupostos sobre o ser humano e o mundo, sendo impossível separar educação de confissão.

Entre os muitos aspectos envolvidos no tema, considerou-se de especial relevância analisar a educação confessional na universidade, procurando pistas sobre a possibilidade de influência dos valores confessionais na formação moral do estudante universitário. Para não ficar no plano abstrato, tomou-se como objeto de estudo a Universidade Presbiteriana Mackenzie, instituição que tem procurado afirmar publicamente sua identidade confessional. Apesar desse recorte metodológico, a forma como foram abordadas as características e práticas institucionais pode contribuir para o diagnóstico de outras instituições. A análise das características e práticas institucionais foi feita sob a perspectiva da teoria da construção da personalidade moral, de Josep Maria Puig (1998), apresentada no Capítulo 3 de forma bastante detalhada. Com base nos elementos identificados por Puig como presentes em todos os contextos de vida, denominados por ele "meios de experiência moral", tais elementos foram transformados em categorias de análise que podem ser utilizados e aplicados no estudo de qualquer instituição, seja educativa ou não. Embora pouco conhecido no âmbito da educação confessional, Puig dedica-se ao estudo do processo de formação moral nos diversos âmbitos nos quais ela ocorre, priorizando o ambiente educacional.

EDUCAÇÃO MORAL NA UNIVERSIDADE?

A preocupação com a formação moral na universidade pode parecer estranha ainda para muitos. Entretanto, entre aqueles que se preocupam com o papel da universidade confessional no contexto mundial característico do terceiro milênio, tem se tornado crescente a convicção de que, embora os propósitos básicos da educação superior continuem os mesmos, estes assumem novas expressões num mundo em crescentes e aceleradas mudanças. As instituições de ensino superior continuam a prover conhecimentos e a

> [...] ajudar os alunos a refinar suas habilidades para que eles possam encontrar seu caminho no mercado de trabalho [...] e construir carreiras sólidas que sustentarão a eles e suas famílias (FERGUSON, 2005, p. 25-26),

mas, além disso, é necessário ajudá-los a usar seus recursos para construir um mundo mais justo e pacífico.

Diante de tal asserção, é necessário refletir sobre a possibilidade de contribuir para a formação moral de estudantes no contexto de relativismo, no qual praticamente todo o ensino e todas as formas de entretenimento têm se desenvolvido e, portanto, no tipo de indivíduos que esse relativismo tem formado. Como ajudar os estudantes a progredir na vida e ainda ajudá-los a usar seus recursos para construir um mundo mais justo e pacífico, conforme apregoa Ferguson? Existiria ainda a possibilidade de encontrar referenciais de justiça e paz no contexto pós-moderno, caracterizado pela quase total ausência de absolutos? Neste mundo fragmentado, sem tradições e marcado por uma subjetividade que desconhece o passado e não se importa com o futuro, haveria espaço para a reflexão sobre valores e princípios defendidos por instituições confessionais cristãs?

Diante do questionamento das noções clássicas de verdade, razão, identidade e objetividade, da negação da idéia de progresso ou emancipação universal, da rejeição das grandes narrativas ou dos fundamentos definitivos de explicação da realidade, haveria ainda interessados em construir uma biografia balizada em referenciais defendidos por instituições educacionais que se negam a ter suas ações direcionadas única e exclusivamente pelas leis do mercado global?

A pós-modernidade representa a "experiência de uma liberdade franqueada pela ausência de padrões" e produz um vazio que

tem sido camuflado pelas inúmeras ofertas de experiências senso-
riais proporcionadas, entre outras coisas, pelos acelerados avanços
tecnológicos que apresentam novidades praticamente a cada minu-
to (ZAJDSZNAJDER 2001, p. 134). Nessa aparente plenitude de vida,
não há nenhuma possibilidade de solidez ou de segurança, pois é a
experiência de uma humanidade totalmente solta, "resultante da cor-
rosão realizada pela modernidade em nossa crença de uma inserção
cósmica ou de uma proteção transcendente" e do "fracasso posterior
desse movimento crítico" (ZAJDSZNAJDER 2001, p. 134). Nesse contexto, prevalecem as leis do mercado, e as múltiplas possibilidades
de movimentação de coisas e de informações têm criado redes de
negócios e serviços de todos os tipos, desde os legítimos e necessários até as redes criminosas como fluxo de drogas, tráfico de órgãos
humanos e de armas clandestinas, sem contar o tráfico de influências nos meios públicos, tornando possível "um vale-tudo nos negócios, na mídia, e mesmo em recantos mais abrigados, como a vida
acadêmica e os laboratórios de pesquisa", pois, em última instância,
o único valor que parece absoluto é o monetário (ZAJDSZNAJDER,
2001, p. 135).

O que tem se mostrado no horizonte do mundo globalizado
é bastante perceptível no contexto brasileiro. Também entre nós,
os interesses individuais têm prevalecido sobre toda e qualquer
possibilidade de manifestação da solidariedade. A cada dia vai se
delineando o que parece significar o desmoronamento das instituições que sustentaram a nação até aqui. Mais do que isso, a
observação de certos discursos religiosos também não resulta em
aumento da esperança, principalmente quando se considera o tom
hedonista de grande parte das teologias que norteiam as práticas
religiosas com grande sucesso de público.

Impõe-se a pergunta: quais são os valores que norteiam as
decisões, no plano pessoal, social ou político? Os noticiários cotidia-

namente respondem com uma situação de "salve-se quem puder", um "vale-tudo" desumano e desumanizante. O comportamento de estudantes em todos os níveis de escolaridade, da educação infantil aos programas de pós-graduação, oferece incontáveis exemplos de desrespeito pelo semelhante, pelo conhecimento e pela possibilidade de crescimento intelectual, emocional ou, em última instância, pelo crescimento humano. No contexto acadêmico, privilegia-se o resultado em curto prazo e sem esforço, o imediatismo, a ausência de solidariedade, de responsabilidade, de autodisciplina e de coragem para fazer a diferença.

Reconhece-se que tal situação não é uma particularidade do século XXI e, em alguns aspectos, também não se restringe aos países menos desenvolvidos. A violência, o desemprego, o tráfico de drogas e a desigualdade social são antigos em muitas partes do planeta e já se fazem sentir mesmo naqueles países considerados modelos de desenvolvimento humano.

No Brasil, quando se observa o caráter de alguns governantes, evidenciado em suas ações no espaço público, quando se comparam tais ações com a miséria material, intelectual, moral e espiritual de uma crescente parcela da população, duas atitudes parecem representar as únicas possibilidades: o total e completo cinismo diante de qualquer esperança de mudança da realidade, ou a busca de compreensão das raízes do caos na tentativa, ainda que utópica, de contribuir para a mudança e para a construção de um mundo viável.

Talvez esta seja a razão de ser das instituições confessionais cristãs de ensino, de forma especial as de ensino superior. Participar na construção de um mundo mais humano, entretanto, requer compreensão da trajetória já percorrida, consciência da responsabilidade pelos resultados alcançados e clareza na percepção de novos objetivos e oportunidades.

Nesse sentido, a compreensão do papel das instituições confessionais de ensino superior na formação da personalidade moral de indivíduos e grupos requer um olhar para a história (memória) e outro para o futuro (esperança), considerando o contexto maior no qual se inserem.

Com essa expectativa, Ferguson (2005, p. 25) advoga que as instituições confessionais cristãs de ensino superior têm que assumir a missão de "dar ao mundo olhos para ver o que realmente está acontecendo" e ainda devem fazer todo o necessário para que "os estudantes saibam que eles também devem considerar suas vidas e talentos como dons para ajudar a fazer a diferença". Para Ferguson, parte da missão das universidades confessionais cristãs pode ser relacionada a uma tripla "conversão": da mente, do desejo e do coração. A conversão da mente refere-se a uma transformação da forma de ver, entender e aceitar verdadeiramente as realidades. A conversão do desejo é necessária para que se almeje comprometer seus recursos com a solução desses problemas. Finalmente, a conversão do coração levará ao comprometimento com uma vida de compaixão e liderança profética. Quando a instituição confessional assim se posicionar, ainda afirma Ferguson (2005, p. 26), ela poderá encontrar entre seus estudantes os "novos Gandhis, Mandelas e Madres Teresas", ou seja, indivíduos conscientes de seu papel histórico na transformação de realidades em sua própria geração.

As asserções de Ferguson permitem relacionar a missão das instituições confessionais com a preocupação em contribuir para a construção da personalidade moral dos estudantes, pois será uma tarefa cada vez mais difícil identificar os "novos Gandhis, Mandelas e Madres Teresas" ou então os novos Luteros, Calvinos, Wesleys ou Luther Kings, sem dar a devida atenção ao aspecto moral da formação desses estudantes.

1

A DIMENSÃO HUMANA
DA EDUCAÇÃO CONFESSIONAL

[...] e conhecereis a verdade e a verdade vos libertará
(João 8:32).

Numa das principais entradas da Universidade Presbiteriana Mackenzie, em letras gigantes e de material metálico, os alunos, professores, demais funcionários e qualquer visitante podem ler, diariamente, as palavras do Evangelho sobre a dimensão libertadora resultante do conhecimento da verdade: "E conhecereis a verdade e a verdade vos libertará" (João 8:32). Nos portais e em muitas das dependências da Faculdade Gammon, em Lavras (Minas Gerais), destaca-se a inscrição: "Dedicado à glória de Deus e ao progresso humano". No ginásio de esportes do Colégio Presbiteriano Agnes Erskine, em Recife (Pernambuco), o esportista e os espectadores contemplam a mensagem escrita na parede, em letras grandes e azuis: "O atleta não é coroado se não lutar segundo as normas" (II Tm. 2:5). Tais inscrições testemunham manifestações de uma confessionalidade explícita. São declarações de fé em ambientes dedicados à formação da juventude.

A inscrição na entrada da Universidade Presbiteriana Mackenzie pode suscitar, inevitavelmente, questões sobre o que seria a verdade e o que pode ser considerado como um meio seguro para conhecê-la. Pode ainda desencadear discussões sobre que tipo de liberdade a verdade cristã é capaz de proporcionar nos dias atuais. Apesar dessas e de outras implicações, a declaração que lá está marca a identidade confessional, assumida publicamente em data recente, em 1998.

O objetivo deste capítulo é a reflexão sobre a confessionalidade e sobre os principais aspectos da educação confessional reformada e calvinista, principalmente no âmbito universitário. Será feita uma primeira aproximação do tema, buscando-se uma compreensão do conceito e de algumas das implicações deste para a esfera educacional. No final do capítulo, a educação confessional será apresentada como uma estratégia para o desenvolvimento moral dos seres humanos, especialmente num contexto de relativização de valores, característico do presente momento histórico.

O QUE É CONFESSIONALIDADE?

O termo "confissão", num contexto cristão tradicional ou mesmo no senso comum, pode remeter à compreensão simples da admissão de algo ou ao reconhecimento da veracidade de determinado fato ao qual se confessa. É possível ainda que o termo evoque a noção de reconhecimento e declaração de culpa, sinal de arrependimento e conversão, e assim por diante. Os gregos antigos já utilizavam o termo "confissão" como sinônimo de "compromisso", "promessa" ou admissão de algo como sendo verdadeiro, sempre envolvendo um tribunal ou um contrato legal (COENEN; COLIN, 1985, v. 1, p. 465). Na primeira versão grega da Bíblia Hebraica (a chamada Septuaginta ou versão dos Setenta), a palavra grega *homologeó* é utilizada no sentido de "confessar", "declarar", "louvar", "estar de acordo", "dizer a mesma coisa", "consentir" e "prometer".

Ainda de acordo com a fonte citada, é possível que o emprego em contextos religiosos derive, primariamente, de seu uso nas linguagens das alianças, dos tratados e dos tribunais, evidenciando atitude de comprometimento solene e, muitas vezes, irrevogável.

No Novo Testamento, a palavra assume o significado de "confessar abertamente", "declarar publicamente", "confessar com juramento", de tal maneira que aquele que faz a admissão enfrenta um fato e assume suas conseqüências. Parece também existir uma fórmula confessional cristã primitiva, segundo a qual é indispensável a obediência a respeito da confissão e esta é demonstrada por meio da ação prática e pública: "a obediência a respeito da confissão se demonstra na ação prática de amar" (II Co. 9.13). "Visto como, na prova desta ministração, glorificam a Deus pela obediência da vossa confissão quanto ao evangelho de Cristo" (COENEN; COLIN, 1985, v. 1, p. 466).

A necessidade de confirmar a confissão por meio das obras implica, naturalmente, que a falta de visibilidade da obediência à confissão pode ser considerada negação prática daquilo que é confessado apenas verbalmente, pois "se a confissão [...] e a vida daquele que a faz entram em conflito, é claro que a confissão é falsa" (COENEN; COLIN, 1985, v. 1, p. 468).

Sob esse ponto de vista, deveria assumir relevância central para as instituições que se reconhecem confessionais a compreensão das implicações decorrentes dessa confessionalidade. Compreender a confessionalidade como algo que requer, igualmente, convicção interna e expressão pública pode implicar a afirmação da necessidade de que uma instituição, ao assumir-se como confessional cristã, deveria preocupar-se também com as formas de vivências, proclamação, exaltação e celebração dos valores confessados e compreendidos como intrinsecamente relacionados ao cristianismo.

Amós Nascimento (2003, p. 37) define confessionalidade nos seguintes termos:

> A palavra "confessionalidade" é neologismo que deriva de "confissão", isto é, que tem qualidade religiosa, que está impregnado de crença, de convicção, de confissão positiva de fé (cristã). O que se confessa ou professa é aquilo em que se acredita ou se deve acreditar. Portanto, convicção é a base a partir da qual se pode falar de uma educação confessional em sentido amplo.

É necessário questionar se, de fato, essa confissão que não pode ser desvinculada da prática pode aplicar-se ao espaço público e autônomo de uma universidade. Como uma instituição educacional pode ser simultaneamente denominada "universidade" e "confessional"? Esta deveria ser uma questão relevante para as instituições confessionais de ensino superior, e é possível dizer que assim tem sido, pelo menos num certo sentido e para alguns representantes de instituições confessionais cristãs em diversos países. O Fórum Internacional das Associações Cristãs de Ensino Superior (International Forum of Associations of Christian Higher Education – Ifache) constitui um exemplo disso. O Ifache nasceu como resultado da primeira assembléia das Associações de Faculdades e Universidades Cristãs, realizada em Nova Delhi, em 1995. Conforme a declaração dos "representantes das Associações de Faculdades e Universidades Cristãs pertencentes a várias nações e ligadas à várias Igrejas",

> [...] o ímpeto imediato ao convocar esta Assembléia foi a consciência de que estamos no meio de uma era na história da humanidade caracterizada pela interdependência global e por preocupações econômicas, ambientais, culturais e de

justiça. As Instituições de educação superior ligadas a Igrejas terão que responder às necessidades do novo milênio, planejando o futuro, não em isolamento, mas em cooperação com instituições afins de todo o mundo (IFACHE, 2005, p. 15).

As afirmações decorrentes dessa assembléia consideram que os participantes possuem em comum "o compromisso com a verdade, o amor e a justiça de Deus", conforme expressas em Jesus Cristo, e ainda que trabalham conjuntamente para expressar esse compromisso e esses valores em suas comunidades educacionais inseridas em um mundo marcado por mudanças radicais, profunda fome espiritual, ecologicamente ameaçado e economicamente injusto.

Essas instituições, portanto, confessam publicamente que possuem uma fé comum e que essa fé deve expressar-se em ações que façam diferença no contexto global no qual cada uma dessas instituições está inserida. Falam de uma confissão que deve se tornar visível num contexto da educação superior. Falam de confessionalidade e universidade num mundo globalizado. Apresentam, em seguida, as afirmações decorrentes de tal conscientização:

1 – Afirmamos nosso compromisso em ajudar nossas instituições a explorar novos modelos de educação superior que sejam responsivos do chamado cristão e dos extraordinários desafios do terceiro milênio.

2 – Nosso compromisso de encorajar o uso dos recursos de nossas instituições educacionais para ensinar os alunos a serem cidadãos responsáveis por seus países e pelo mundo e a dedicar-se às preocupações de pressão social de seus países e do mundo e em particular dar atenção à:

a) Posição de transcendência na sociedade, cultura e educação superior;

b) Reflexão teológica e ética;

c) Paz e justiça;
d) Pobreza e bem-estar econômico;
e) Saúde e cura para todos;
f) Mulheres e crianças;
g) Grupos marginalizados;
h) Cuidados com a Criação; e
i) Treinamento e educação necessários para responder aos tópicos acima (IFACHE, 2005, p. 15-16).

Essas afirmações correspondem à definição de confissão apresentada anteriormente, segundo a qual quem confessa afirma um compromisso e reconhece que sua confissão trará conseqüências. Os representantes dessas instituições confessionais de ensino superior, ao mesmo tempo que confessam um compromisso com a verdade, com o amor e com a justiça de Deus, afirmam ou confessam também um compromisso com ações que precisam ser tomadas para explicitar sua confissão.

No âmbito institucional, Augustus Nicodemus Gomes Lopes, chanceler da Universidade Presbiteriana Mackenzie, também afirma que a confessionalidade pressupõe um credo e uma prática coerente com este. Em suas próprias palavras afirma:

> Ser confessional pressupõe um credo. Como o nome já indica, uma confissão é um conjunto de conceitos e valores que declaramos ser a expressão da verdade. Uma universidade confessional é aquela que adota uma confissão explícita no desempenho de suas atividades [...] (CARTAS DE PRINCÍPIOS, 2005).

Elias Boaventura (2001, p. 15) apresenta uma reflexão sobre a evolução histórica do conceito de confessionalidade do metodismo no Brasil, destacando como marca dessa confessionalidade o respeito pelas outras religiões, demonstrado até mesmo pelos missionários e missionárias pioneiros, os quais, apesar disso, não escondiam seu desejo de evangelizar e levar a todos sua confissão religiosa. César (2001, p. 9-25), ao caracterizar o problema da confessionalidade na educação, menciona o caráter simultaneamente tradicional e crítico da prática educativa, lembrando que a cultura não é estática e que a escola não pode ignorar o constante processo de desconstrução e reconstrução, procurando sempre participar do processo de integração do educando na sociedade. Para ele, a presença da confessionalidade na educação não requer a construção de uma pedagogia confessional, assim como uma tarefa possível consiste em avaliar o processo pedagógico a partir do enfoque da fé.

Barros (2001, p. 27), ao analisar a relação entre a confessionalidade e o fenômeno da globalização, enfatiza a importância da dimensão educacional para a formação plena da cidadania baseada nos valores de justiça, pluralismo e solidariedade:

> [...] nossa responsabilidade como educadores cristãos nos impele a nos associarmos a todo e qualquer movimento em defesa da vida e do equilíbrio ecológico em nosso planeta, a denunciarmos os processos explícitos ou implícitos de exclusão social promovidos por qualquer tipo de pessoas, grupos, organização ou mesmo nação.

Gustavo Alvin (1995) afirma que as instituições confessionais cristãs devem pautar suas atividades pelos valores do Reino de Deus, tendo como objetivo o diálogo entre ciência e fé, em benefício do desenvolvimento integral do ser humano. Para Alvim, o Reino de Deus está em todos os lugares, em diferentes pessoas, e este Reino não se confunde com lugares, entidades, pessoas ou planos, pois é Jesus Cristo e o Reino que devem ser confessados. A confessionalidade é a proclamação da fé e não pode ser apenas declaração formal, pois fé é também ação:

> A confessionalidade é parte essencial do cristão, do seu ser, e, portanto, está presente onde ele estiver, inclusive na escola, na educação, mesmo que se apresente de diferentes maneiras e que dependa de cada situação (ALVIN, 1995, p. 78).

Para Alvin (1995), a instituição confessional deve estar consciente das contradições nas quais está envolvida. Deve, contudo, aspirar a horizontes amplos, sem temor de colaborar abertamente com outras organizações e entidades também comprometidas com a educação ou de confrontar sua visão de mundo com os mais diversos assuntos como cidadania, ecologia, direito, saúde, economia ou quaisquer outros, pois não se deve ter medo de pensar ou receio de que outros pensem.

Osvaldo Henrique Hack (2001) analisa a missão do Mackenzie e o desenvolvimento da identidade confessional a partir de sua fundação (em 1870) e defende que as universidades no século XXI precisam oferecer uma cosmovisão que vise à formação integral do ser humano numa perspectiva de vida solidária e comprometida. Sustenta ainda que, no contexto globalizado, o ser humano necessita encontrar seu lugar e sua missão no mundo, o que se torna possível apenas pelo reconhecimento de valores definidores de ações e sonhos (HACK, 2001, p. 56). No livro *Raízes cristãs do Mackenzie e seu perfil confessional*, Hack (2003) aborda a visão e a missão da Instituição, a pedagogia e a filosofia mackenzistas, o plano de desenvolvimento institucional e a questão da Universidade Cidadã.

Vicente Paulo Alves (2003) aborda a confessionalidade na Universidade Católica de Brasília. As práticas pedagógica e metodológica das disciplinas que explicitam a confessionalidade da referida instituição foram analisadas por meio da opinião de alunos expressa em questionários no início e final do semestre letivo e de entrevistas com professores. Entre as conclusões de Alves (2003), destaca-se a necessidade de que a confessionalidade seja constituída como um espaço de liberdade e de diálogo, que possa ser compreendida como fator dinâmico de vida que se renova no próprio fazer. Assim, o autor defende que a confessionalidade não pode expressar-se apenas nas matérias de formação humana, ou nas demais instâncias, ou nos eventos nos quais se torna esperada a sua expressão, devendo estar presente como parte significativa do processo educacional que visa à formação do cidadão participativo, a educação para a decisão e para a responsabilidade social e política.

No plano internacional, principalmente no cenário norte-americano, as universidades confessionais têm sido também objeto de pesquisas. Naomi Shaefer Riley (2005) visitou cerca de vinte diferentes instituições confessionais de ensino superior e apresenta suas impressões sobre as seis que, em sua opinião, são as mais importantes, quais sejam: Bob Jones University (evangélica), Thomas Aquinas College (católica), Notre Dame College, Brigham Young University (mórmons), Bylor University (batista) e Yeshiva University (judaica). Riley não analisa especificamente o tema da confessionalidade, mas investiga as diferenças de comportamento existentes entre os estudantes dos "*religious higher education*" e seus "*secular counterparts*".

O QUE É EDUCAÇÃO CONFESSIONAL?

A expressão "educação confessional" remete quase que invariavelmente para a idéia de educação religiosa. Segundo Amós Nascimento (2003, p. 37), essa expressão quase sempre é percebida como "algo ligado à educação promovida por um determinado corpo confessional institucionalizado de caráter eclesiástico" e pode, ainda, ser associada

[...] à idéia de dogmatismo, intolerâncias, divisões denomina-
cionais e culturais muito particulares que raramente estão em
diálogo, mas procuram impor-se umas sobre as outras sem
abrir-se ou questionar-se. Por extensão, admite-se que a "educação confessional" seria de interesse restrito. Ou se trata de
questão meramente pessoal – pois seria questão de fé – ou
tem, no máximo, um impacto limitado às pessoas que professam determinada confissão religiosa.

De qualquer forma, é necessário considerar que a educação
confessional sempre existiu. Alguns autores afirmam que a educação nasceu na história da humanidade como uma necessidade
relacionada ao ensino do trabalho e às relações de produção dos
bens necessários à sobrevivência (cf. ARANHA, 1989; MANACOR-
DA, 1989). Entretanto, conforme abordado em pesquisa anterior,

[...] mesmo em épocas mais remotas, quando todo o ensino
parece restringir-se a questões ligadas à sobrevivência, como
o plantio e a colheita, a construção da moradia ou a utilização
da água ou do fogo, tais questões não estão, de modo algum,
desvinculadas da religiosidade. Pelo contrário, nas civilizações
antigas a religião ou a magia e o misticismo determinavam
praticamente todos os demais aspectos da vida humana. Portanto, ao serem transmitidos os ensinamentos relativos aos
aspectos práticos da vida primitiva transmitia-se, igualmente,
o ensino religioso, pois eram temas interdependentes (BOR-
GES, 2002, p. 28).

Segundo Giles (1987), o processo educativo é meio de encul-
turação (inserção da criança na cultura do grupo ao qual pertence)
e, ao mesmo tempo, um meio de conservar a cultura. A cultura do
grupo determina o desenvolvimento intelectual, emocional, espiritual e mesmo físico da criança, e por meio da cultura é definida a

maneira de a criança perceber o ambiente e a ele responder, pois é a cultura que fornece o sistema simbólico por meio do qual o indivíduo expressa suas experiências, seus sentimentos e suas expectativas. Mas é também dentro desse processo de formação cultural que o indivíduo desenvolve capacidades necessárias para transformar a própria cultura. A educação, portanto, ao longo de toda sua história, liga-se às diferentes "confissões" que os seres humanos fazem sobre si mesmos e sobre as formas de experienciar[1] a natureza que os cerca e as relações intergrupais das quais participam. Ora, o aspecto religioso constitui parte preponderante na formação das culturas através dos tempos e, portanto, esteve continuamente associado ao processo educativo.

Não se pode dizer que educação confessional e educação religiosa sejam sinônimas. Pode-se afirmar, no entanto, que desde o início da história da educação houve estreito relacionamento entre esta e a prática religiosa – fato acentuado com o surgimento e a transmissão da escrita, compreendidos ambos como processos quase "divinizados" e, portanto, confiados à casta sacerdotal (cf. GILES, 1987, p. 7).

Com o surgimento do Iluminismo e a crescente busca pela separação entre ciência e religião, acentuadamente no mundo ocidental, cresceu também a suspeita de alguns educadores no que concerne à relação entre educação e confessionalidade, pelo menos a confessionalidade religiosa. Entretanto, todas as demais práticas educativas continuaram "confessando" certos "valores" e certas "crenças" em relação ao ser humano, à natureza e ao universo em geral.

---

1   Bronfembremer (1996) utiliza a expressão "ambiente experienciado" para indicar que as características relevantes de um ambiente incluem não apenas as propriedades objetivas deste, mas também as formas como suas propriedades são percebidas pelas pessoas que nele vivem.

Apesar do interesse em abordar de forma mais específica o conceito de educação confessional reformada e presbiteriana, torna-se pertinente uma breve reflexão sobre a possibilidade de entender como confessional qualquer ação educadora. Isso implicaria dizer que toda prática educativa é, em alguma medida, uma confissão. Ainda que o educador e a educadora não estejam vinculados à determinada religião ou instituição declaradamente confessional (ou mesmo apesar disso), o próprio ato de educar implica crenças sobre o valor, o significado e a razão da existência do ser que está em formação e ao qual se deseja influenciar pela educação. Implica também crenças sobre a finalidade da própria existência humana, tanto do educando quanto do educador. Enfim, educar exige que se faça alguma "confissão" sobre a cosmovisão que se tem sobre os significados, valores e objetivos assumidos em relação à própria humanidade e ao planeta no qual se vive. Conforme Streck (1994, p. 11), "educação tem a ver com a medida que damos a homens e mulheres, tem a ver com os sonhos que alimentamos em relação à sociedade".

Na modernidade, a consideração da religião como uma dimensão periférica do ser humano fez que o simples ato de falar de religiosidade num contexto escolar passasse a ser visto como danoso para o próprio processo educativo. O tema religião passou a ser percebido como algo inferior, que desqualifica ou diminui o ser humano em sua racionalidade e direcionamento para a auto-realização e para a auto-suficiência. A religião, por ter sido percebida durante muitos séculos como dogmatismo, imposição de normas e em relação à qual não é permitido o questionamento ou ainda como algo que não promove ou até censura a capacidade reflexiva, passou a ser considerada danosa ao desenvolvimento humano e, assim sendo, deveria permanecer dissociada do processo educativo formal, no qual se privilegia o aspecto puramente intelectual.

Esse é um exemplo de "confissão" que afirma ser insignificante ou destrutivo o sentimento religioso presente em todas as culturas humanas. O resultado disso é a formação de uma mentalidade "científica" dissociada das questões religiosas como se estas deixassem de existir simplesmente por não serem tratadas no plano acadêmico.

Qualquer educador, sendo também professor, "professa" uma visão de mundo por meio de seu relacionamento com seus alunos, com a instituição na qual atua e com o conteúdo que é o objeto de seu ensino (NASCIMENTO, 2003, p. 39). Nem sempre o educador confessa os mesmos valores da instituição na qual ensina. Entretanto, sua prática expressará, em maior ou menor medida, suas próprias convicções sobre o ser humano, ou então será uma prática educativa destituída de veracidade, com a pretensão de ser neutra e centrada apenas no conteúdo, em detrimento do relacionamento e das implicações dele decorrentes.

Myles Horton (FREIRE; HORTON, 2003, p. 115), ao analisar a questão da neutralidade na educação, afirma que educadores e educadoras sempre são chamados a fazer escolhas, pois sempre "temos que ficar de um lado ou de outro. E precisamos saber por que escolhemos um ou outro lado; devemos ser capazes de justificar nossa escolha". Horton define a neutralidade como imoral, pois a compreende como "uma recusa a se opor à injustiça ou a ficar do lado impopular":

> [...] não existe essa coisa a que se chama neutralidade. É uma palavra-código para o sistema vigente. Não tem nada a ver com nada a não ser concordar com aquilo que é e sempre será – isso é que é neutralidade. *Neutralidade é simplesmente seguir a multidão* (sic). Neutralidade é apenas ser o que o sistema nos pede que sejamos. Neutralidade, em outras palavras, era um ato imoral (FREIRE; HORTON, 2003, p. 115, grifo do autor).

A impossibilidade da neutralidade na educação permite considerar toda prática educativa como um ato de confissão sobre o que se crê a respeito do ser humano e sobre o que se espera como resultado do trabalho educativo. Isso pode evidentemente ser entendido também como um ato político e é provavelmente nesse sentido que Paulo Freire, no diálogo com Horton (FREIRE; HORTON, 2003, p. 14), afirma:

> O educador deve saber em benefício de quem e em benefício de que ele ou ela deseja trabalhar. Isso significa saber também contra quem e contra o que estamos trabalhando como educadores.

Nesse sentido, a Idade Moderna pode ser compreendida como um período caracterizado por uma educação que confessava a razão como o ser supremo. Tal confissão não aconteceu apenas dentro das instituições educacionais "laicas". Pelo contrário, a desvinculação entre a razão e a fé, o saber e o sentir, ou o sentir e o pensar foi e ainda é pregada, metodologicamente, desde os primeiros anos escolares, mesmo em muitas instituições ditas confessionais de cunho religioso e cristão.

EDUCAÇÃO E RELIGIÃO

Segundo Giles (1987, p. 171), o projeto da modernidade, considerando que "todos os dogmas são falsos quando refutados pela percepção clara e distinta da razão natural", excluiu as tradições religiosas e seus valores como fonte da moral, da ética, da teoria política e educacional. Entretanto, essa mesma modernidade acabou impondo seus próprios dogmas por meio dos quais julga improcedentes, primitivas e desprezíveis as manifestações de busca pelo sagrado.

Apesar disso, as questões religiosas continuaram fazendo parte da realidade humana, e, neste início do terceiro milênio, sua presença se faz notória, muitas vezes, de forma desordenada e até assustadora. A necessidade de urgente retorno ao estudo dos fenômenos religiosos nas instituições educacionais é apontada, entre outros, por Paulo Mendes Pinto (2002, grifo do autor), que adverte não ser mais possível negligenciar um tema que exerce tamanha influência na formação das mentalidades e culturas das sociedades.

> Depois do ano de 2001, falar de "retorno do sagrado" é mais que legítimo ou natural: trata-se de uma necessidade avassaladora do nosso tempo. Muitas das estacas da nossa normalidade foram sacudidas e arrancadas por fenómenos directa ou indirectamente relacionáveis com a *Religião*. [...] Ruíram as torres do World Trade Center, mas com elas ruiu muito mais. Mas, mais que ruir, muito se construiu no nível dos medos do dia-a-dia: pelo terrorismo, arma mais letal dos fundamentalismos, tornou-se a ter a religião no campo dos assuntos do quotidiano. Efectivamente, a religião nunca lá deixou de estar. Nós é que nos habituámos a vê-la como um aspecto cada vez mais periférico do nosso Mundo Ocidental, retrógrado, ultrapassado, no fundo, o tal *ópio do povo* que exclamava Marx há mais de um século – mais tarde ou mais cedo, o sentido das sociedades era o esquecimento das religiões, a sua subalternização face a novos desafios da humanidade.

O ensino que o autor defende é, na realidade, uma formação intelectual sobre as diferentes formas de manifestação do fenômeno religioso no mundo, visto que no contexto de globalização, "inclusive religiosa", esse conhecimento torna-se indispensável para "a construção de uma visão introspectiva e crítica sobre a nossa sociedade, bem como de um relacionamento saudável com as outras culturas" (MENDES PINTO, 2002). Para ele, se de fato nossa sociedade pretende formar os seus membros e dar-lhes as ferramentas mínimas necessárias para a execução dos seus direitos e deveres de cidadania, "uma dessas ferramentas essenciais é o estudo das Religiões", o conhecimento da sua gênese, sua história, desenvolvimento e fundamentos. Assim sendo, não se deve mais permitir que o papel laico do Estado seja confundido com um papel "menosprezador do fenômeno religioso" (MENDES PINTO, 2002).

O menosprezo ao fenômeno religioso, ao qual Mendes Pinto se refere, tem sido percebido, por exemplo, na forma tendenciosa como são elaborados os livros didáticos, as biografias dos cientistas e pesquisadores da Idade Moderna, bem como o desenvolvimento das artes em geral.

Pearcey e Thaxton (2005, p. 9) afirmam que os livros didáticos típicos, ao apresentarem uma visão puramente intelectualizada das descobertas científicas, fazem-no de forma totalmente desconectada da história de vida dos cientistas, rejeitando as motivações filosóficas e religiosas destes, com vistas a "criar uma impressão implicitamente positivista da ciência". Ou seja, há uma confissão positivista permeando o material didático, confissão essa que procura convencer os estudantes "de que o progresso científico consiste de uma emancipação dos grilhões restritivos da religião e da metafísica". Em virtude disso, estudantes, professores e muitos pesquisadores acabaram tendo como inquestionável a premissa de que os personagens históricos que lideraram essa emancipação foram partidários desse mesmo conceito depreciativo da religião e da filosofia.

A religiosidade parece, então, não fazer parte das preocupações humanas relevantes ou comparece como motivo de zombaria e desprezo. Entretanto, o estudo cuidadoso de biografias de alguns cientistas, como Blaise Pascal, John Look, Isaac Newton e outros, revela suas preocupações com a Teologia como parte considerável de suas reflexões teóricas.

Ao evitar qualquer referência ao tema da religiosidade humana, parte da história da civilização é omitida ou distorcida. Os diversos saberes acumulados ao longo da história da civilização também sofrem distorções significativas ao serem percebidos e transmitidos como se nada tivessem a ver com o contexto religioso no qual surgiram. Enfim, a grande maioria dos jovens em algumas partes do mundo ocidental, de modo especial no Brasil, ainda se surpreende ao descobrir que determinados pensadores, poetas, estrategistas, políticos e cientistas possuíam algum tipo de fé e ao mesmo tempo eram seres pensantes e capazes de contribuir para a formação da cultura.

A sociedade ocidental caminha na direção de uma época "pós-cristã", conforme afirmação de Norbert Mette (1999, p. 32). Esse autor denuncia que a educação religiosa nos lares tem sido também cada vez mais negligenciada ou considerada irrelevante. Pais e mães demonstram sentir-se menos responsáveis ou mais despreparados para exercer tal responsabilidade, e as inúmeras atividades para as quais crianças e adultos são literalmente empurrados tornam o tempo outra dificuldade para que pais e mães se devotem a essa tarefa. Entretanto, Mette defende que a educação religiosa ainda pode continuar oferecendo uma contribuição genuína ao desafio de tornar-se humano e à humanização da sociedade.

Mette (1999, p. 36) avalia as condições presentes na sociedade que ele denomina "sociedade de risco", enfatizando que, no mundo atual, tanto as crianças carentes dos recursos materiais necessários para sua subsistência quanto aquelas que recebem todas as coisas necessárias do ponto de vista material vivenciam uma situação de empobrecimento espiritual ou vazio de sentido.

Neste meio, é difícil para as crianças chegarem ao silêncio interior e encontrar tranquilidade, aprender o respeito e exercitar a surpresa, entender os símbolos da religião e escutar quando se fala de Deus. Em lugar da onipresença de Deus – antes nem sempre vivenciada pelas crianças como algo positivo – surge para elas hoje a onipresença da mídia, cujos efeitos na formação da personalidade são conhecidos apenas de maneira incipiente (METTE, 1999, p. 36).

Dessas crianças, as que chegam à universidade não esperam que nesse contexto sejam tratados assuntos referentes à espiritualidade e muitas manifestam baixa tolerância quando são feitas referências à religiosidade, considerando invasivas e inadequadas as tentativas de abordagem do tema. Mas, quando é possível sensibilizá-las para esse tema, existe a possibilidade de crescimento pessoal, tanto quanto para o grupo.

EDUCAÇÃO NO INÍCIO DA ERA CRISTÃ

Embora seja comum, mesmo nos meios acadêmicos, afirmar que a civilização cristã "tem início no seio do judaísmo e ganha paulatinamente a civilização greco-romana ocidental" (CARPINETI, 2003, p. 10), é necessário considerar que o judaísmo encontrava-se já bastante helenizado por ocasião do surgimento do cristianismo. Os primeiros escritos cristãos refletem essa dupla influência, sejam os textos considerados canônicos sejam os textos atribuídos posteriormente aos pais apostólicos ou aos apologistas gregos. Entretanto, o caráter inovador e mesmo "subversivo" do cristianismo se fará notar, de modo particular, em sua ênfase no processo educativo.

O cristianismo, mais que uma religião, sempre foi uma confissão viva de fé, ou seja, uma forma de interpretar o mundo, a vida, os relacionamentos, a lei, as autoridades, as necessidades do próximo e a própria morte. Foi também, desde o início, um sistema educacional, pois, tal como retratado pelos evangelistas,

Jesus é uma figura carismática e um pedagogo exímio. Ensina com a simplicidade proporcional à audiência, à platéia, pois recorre a imagens vivas, a uma linguagem direta, acessível, adaptada às necessidades do povo. Os aforismos, forma à qual recorre com freqüência, são modelos de clareza e de brevidade. Em vez de recorrer à argumentação arrazoada, recorre à análise, a aforismos e a metáforas para transmitir a mensagem [...]. Estes meios pedagógicos serão amplamente utilizados a ponto de se tornarem característicos do processo educativo cristão (GILES, 1987, p. 55).

Giles (1987) atribui o êxito inicial do cristianismo à sua fundamentação numa doutrina de salvação pessoal e num estilo de vida que garante e evidencia essa mesma salvação. Portanto, "o cristianismo assume a forma de processo educativo, tornando-se uma religião de preceito e de exemplo" (GILES, 1987, p. 56). Essa afirmação pode ser mais bem compreendida quando confrontada com os escritos cristãos dos primeiros séculos.

Nos textos considerados canônicos, principalmente as cartas apostólicas, é possível perceber a ênfase atribuída à educação dos convertidos, nos seguintes aspectos: o desafio para a busca do crescimento "na graça e no conhecimento" (II Pedro 3:18), a advertência para que "aquele que ensina, esmere-se no fazê-lo" (Romanos 12:7) e a concepção de ensino mútuo, pois todo cristão é um aprendiz e um mestre. Na carta aos Romanos (15:14), o apóstolo Paulo afirma sua convicção de que todos os cristãos estão preparados para a tarefa da exortação e da admoestação. Aos Colossenses (3:16), o apóstolo é explícito ao ordenar: "Instruí-vos e admoestai-vos mutuamente". Segundo Murphy-O'Connor (1994, p. 218), o apóstolo Paulo compreendia a natureza da comunidade cristã como um todo (um corpo):

[...] o próprio ser dos crentes era o de partes dentro de um todo. Como membros do Corpo, eles só participavam da vida de uma unidade orgânica. Não poderiam, portanto, ser totalmente independentes em seus juízos morais. Se a unidade da comunidade devia ser fato e não sonho, o julgamento moral do cristão podia ser apenas participação em e reflexão sobre o julgamento moral da comunidade. Para Paulo, portanto, a comunidade era o verdadeiro sujeito moral[2].

Essa antropologia paulina requer a atenção especial ao processo educacional, enfatizando a formação do indivíduo em toda a sabedoria, em benefício do próprio indivíduo e da comunidade.

No primeiro capítulo da carta aos Colossenses (1:28), Paulo diz ser necessário ensinar e admoestar a "todo homem", para que "todo homem" seja apresentado como "perfeito em Cristo". Hendriksen (1993, p. 119) esclarece que, para o apóstolo Paulo, não existia uma diferença significativa entre a exortação e o ensino, pois ele exortava ensinando e ensinava exortando, sendo Cristo apresentado sempre como modelo de vida concreta. Esse modelo deveria dirigir a vida contínua e total do cristão, não existindo "uma doutrina cristã abstrata". Ainda segundo Hendriksen (1993, p. 121),

[...] o apóstolo nunca proclamava um Cristo que era um Salvador, porém não um Exemplo; nem um Cristo que era um

---

2 Essa não era uma idéia nova. Sócrates e Platão já defendiam a existência de um bem superior à vontade individual ou popular: existe um ideal de bem que se manifesta na justiça. Platão considerava que o Estado é um organismo análogo ao homem. Tal como o corpo humano, o Estado é composto de diversos membros individualizados em termos de estrutura e função, mas agindo em unidade e coesão. Para que pudesse desempenhar sua função no corpo político (Estado), o cidadão deveria receber a educação que correspondesse à sua capacidade e função social (GILES, 1987, p. 21). A novidade está no fato de Paulo incluir estrangeiros, escravos etc., pois, conforme o Evangelho, todos são um em Cristo.

Exemplo, porém não um Salvador. O Cristianismo para Paulo era certamente uma vida baseada numa doutrina.

O desafio a que Paulo se propõe, de apresentar todo homem "perfeito em Cristo", permite refletir sobre a impossibilidade de conclusão de sua obra. Quando seria o homem considerado perfeito em Cristo? Talvez seja possível aqui evocar a necessidade da educação contínua, ininterrupta, até o fim da vida humana. Ou seja, a necessidade de educação para a vida não será considerada totalmente satisfeita em nenhum período da vida terrena, pois o ser humano é um ser inacabado, inconcluso e indeterminado. O tema da formação contínua da personalidade humana será abordado em capítulo específico.

Gonzalez (2004, v. 1) afirma que os textos atribuídos aos pais apostólicos[3] constituem-se, quase que em sua totalidade, de ensinos para as igrejas. Apenas os textos apologéticos destinam-se, mais especificamente, a combater as acusações que alguns dos filósofos gregos desferiam contra os cristãos. Entretanto, os apologistas acabaram por apresentar importantes contribuições para o desenvolvimento da teologia cristã e de um processo educacional cristão. Os mais conhecidos entre esses apologistas são: Justino Mártir, Taciano, Clemente de Alexandria e Orígenes.

Ao longo de toda a história ocidental, outros pensadores cristãos dedicaram parte de sua vida à obra educacional. Destacam-se, entre estes, Agostinho, Tomás de Aquino e Hugo de San Vitor.

---

3   Segundo Gonzalez (2004, v. 1, p. 61), o termo "pais apostólicos" apareceu no século XVII, primeiramente aplicado a um grupo de cinco escritos ou corpo de escritos. Mais tarde, três outros membros foram acrescentados. Atualmente, esse grupo é composto por: Clemente de Roma, o Didaquê, Inácio de Antioquia, Policarpo de Esmirna, Papias de Hierápolis, a epístola de Barnabé, o pastor de Hermas e a epístola de Diogneto.

EDUCAÇÃO CONFESSIONAL CRISTÃ REFORMADA

A partir da Reforma Protestante, ocorrem, na história da educação, os avanços mais significativos. Embora a partir dessa mesma época o Iluminismo insista na luta pelo distanciamento entre educação e religião, conforme mencionado anteriormente, é impossível mensurar a contribuição da educação confessional para a construção do mundo ocidental na Era Moderna.

Foi em meio a um contexto de opressão religiosa marcada por uma quase total falta de preocupação com a educação do povo que surgiu, no final da Idade Média, a educação confessional ligada à Reforma Protestante dos séculos XVI e XVII. Danilo Streck (1996, p. 31) destaca que

> A Reforma foi desde o início um movimento plural com diversas vertentes. A ênfase na educação, no entanto, parece ser uma marca comum. Nesse sentido, Calvino descreve sua própria conversão como uma "conversão à educabilidade", ou seja, não como um ponto de chegada, mas como o início para um novo aprendizado. Também o metodismo, conforme argumenta Peri Mesquida, teria sido fundamentalmente um "movimento reformador educativo".

Na interpretação de Streck, Lutero entendia que a educação reformada era o caminho para libertar o povo não somente da ignorância, mas, principalmente, da opressão diabólica que tal ignorância alimenta:

> Em sua época e na linguagem de seu tempo, Lutero vê na ignorância do povo a vontade do diabo. Ele, o "príncipe e deus do mundo", se agrada com a negligência dos pais com a educação dos filhos, bem como com o prejuízo que os

mosteiros causaram à juventude com uma educação que forçava o cativeiro em que, segundo ele, se encontra a igreja. O demônio "seria louco se admitisse e ajudasse a instituir algo em seu reino que, muito breve, o levaria à ruína! Isso seria o caso se perdesse o belo naco, a querida juventude. Com a educação dos filhos e com a criação de escolas instituiu-se algo insuportável em seu reino. A aprendizagem da palavra de Deus desarma as redes e as armadilhas do diabo para prender seu povo". Em outras palavras, o que o diabo não agüenta é a liberdade que provém da palavra de Deus através do ensino (STRECK, 1996, p. 31).

EDUCAÇÃO CALVINISTA

O pensamento calvinista influenciou profundamente o mundo moderno. McGrath (2004, p. 12), um dos pesquisadores que tem se dedicado ao estudo da vida e obra do reformador, afirma que

[...] para compreender ao menos parte da história religiosa, política, social e econômica da Europa Ocidental e da América do Norte, nos séculos 16 e 17, é imprescindível que se alcance um entendimento a respeito das idéias deste intelectual e da forma como elas foram criativamente interpretadas e difundidas nos escritos de seus primeiros seguidores.

McGrath (2004, p. 31) se refere à necessidade de conhecer as idéias de João Calvino, mas adianta que não é tarefa simples conhecer a pessoa que está por trás das idéias, pois são insuficientes as fontes de informação sobre sua vida pessoal, principalmente antes de seu aparecimento no cenário da Reforma.

João Calvino nasceu na cidade de Noyon, na França, no ano de 1509 e estudou em Paris, Orleans e Burges. Parece que não existem documentos suficientes que lancem luz sobre as dúvidas resultantes de informações bibliográficas contraditórias. McGrath (2004, p. 31) e Gonzales (2004, v. 3, p. 136) ressaltam o contraste entre a escassez de informações sobre Calvino e a farta documentação sobre Lutero. Ambos atribuem o fato, em primeiro lugar, às diferenças de personalidade dos dois reformadores, concordando igualmente, ainda que no campo das hipóteses, que Calvino deve ter entrado em contato com o humanismo desde muito cedo. Gonzales (2004, v.3, p. 136) justifica: "na sua juventude ele foi amigo do médico do rei, Willian Cop, que, por sua vez, estava em contato com Erasmo e Buné"[4].

McGrath (2004), ao buscar pistas sobre as pessoas e circunstâncias que influenciaram a formação de Calvino, cita Lutero, Zuínglio, Martinho Bucer e João Oecolampadius. Sua ênfase, entretanto, recai sobre a influência que a própria cidade de Genebra teria exercido sobre seu reformador:

> Falar de Calvino é falar de Genebra [...]. Se Calvino modelou Genebra, também é verdade que Genebra modelou Calvino. A influência da cidade sobre o homem é frágil, sutil e alegadamente pequena em comparação com a influência do homem sobre a cidade. No entanto, esta influência existe e está aberta à investigação histórica e à avaliação teológica. A insistência de Calvino sobre o fato de que o Cristianismo não se ocupa com teorias abstratas, mas envolve-se diretamente com a realidade social e política levanta, inevitavelmente, a questão da possibilidade da situação de Genebra ter assumido um status formativo para as reflexões de Calvino (MCGRATH, 2004, p. 13).

Entre os dados concretos da realidade social com os quais João Calvino preocupou-se e para os quais procurou dar uma res-

---

4   Desidério Erasmo, conhecido como Erasmo de Rotterdan, e Guilherme Budé foram proeminentes humanistas do século XVI.

posta do ponto de vista de sua compreensão do cristianismo, encontra-se a educação. Para ele, a questão educacional era inseparável da questão teológica. Ele entendia que a Igreja, além de uma comunidade de fé e adoração a Deus, é também uma comunidade de ensino, uma escola onde o Espírito de Deus é o Mestre dos mestres, no sentido real e prático. Não há distinção ou hierarquia de valores entre o estudo de línguas, história, ciências ou religião, porque todo o ensino visa ao aperfeiçoamento do ser humano para o cumprimento da sua vocação.

A vocação individual deveria ser estimulada e desenvolvida para que cada pessoa, ao cumprir o seu próprio chamado, pudesse também contribuir para o bem da sociedade e para a glória de Deus.

Na visão educacional de João Calvino, era impossível a fragmentação do saber, pois ele considerava impossível dividir o conhecimento humano em compartimentos "sagrados" e "mundanos". Pelo contrário, Calvino entendia que todo o verdadeiro conhecimento provém do Criador, não importando por meio de quem esse conhecimento tenha chegado até nós. Apesar de nomear os escritores não-cristãos como "escritores profanos", Calvino defendia que o conhecimento por eles elaborado e registrado deve ser útil para a glória de Deus. Sendo assim,

> [...] quantas vezes [...] entrarmos em contato com escritores profanos, sejamos advertidos por essa luz da verdade que neles esplende admirável, de que a mente do homem, decaída e pervertida quanto possível, de sua integridade, é no entanto, ainda agora vestida e adornada de excelentes dons de Deus. Se reputamos ser o Espírito de Deus a fonte única da verdade, a verdade mesma, onde quer que haja de aparecer, nem a rejeitaremos nem a desprezaremos, a menos que queiramos ser insultadores [sic] para com o Espírito de Deus.

> Ora, nem se menosprezam os dons do Espírito sem despre-
> zar-se e afrontar-se o próprio Espírito (CALVINO, 1985b, v. II,
> cap. II, p. 15).

Calvino advogava o estudo dos clássicos em todas as áreas do
saber: os jurisconsultos que elaboraram tratados políticos e a própria instituição jurídica, os filósofos que engenhosamente descreve-
ram os resultados de sua contemplação da natureza, ou aqueles que
estabeleceram a arte de arrazoar e, portanto, ensinaram a falar com
razoabilidade. Estes devem ser admirados porque se tornou obrigatório o reconhecimento de que abordaram seus temas com gran-
diosa precisão. Entretanto, o cristão deve entender que todos esses
conhecimentos derivam de Deus, pois não é possível identificar
algo digno de louvor que não provenha de Deus.

> Envergonhemo-nos de tão grande ingratidão em que {mesmo}
> os pagãos não incidiam, os quais hão professado serem
> inventos dos deuses a filosofia, e as leis, e todas as artes boas.
> [...] aprendamos de tais exemplos quantos dotes bons Deus
> tenha deixado à natureza humana depois que foi despojada
> do verdadeiro bem (CALVINO, 1985b, v. II, cap. II, p. 15).

McGrath (2004, p. 286) afirma que, conquanto seja praticamente impossível precisar as origens das ciências naturais, dada
sua complexidade, é impossível também negar que um dos aspectos que muito contribuíram para esse desenvolvimento foi o aspecto religioso e este ligado a Calvino. Segundo ele, as pesquisas têm
revelado a grande diferença existente entre o número de pesquisadores protestantes e católicos, nos primeiros séculos posteriores à
Reforma. McGrath cita um estudo de Aphonse de Candolie, segundo o qual, numa população constituída de 60% de católicos e 40%

de protestantes, a Academie des Sciences parisiense, durante o período de 1666 a 1883, era composta de 18,2% de pesquisadores católicos e 81,8% de pesquisadores protestantes.

> Embora os calvinistas fossem, consideravelmente, uma minoria, na parte sul dos países baixos, durante o século XVI, a vasta maioria dos cientistas naturais dessa região foi proveniente desse grupo. A composição primitiva da *Royal Society* de Londres era dominada por puritanos. Como indicam sucessivas pesquisas, tanto as ciências físicas quanto as biológicas eram controladas por calvinistas durante os séculos 16 e 17 (MCGRATH, 2004, p. 286).

Para McGrath, a explicação para todo esse interesse dos calvinistas pela pesquisa científica deve-se, pelo menos em parte, a dois fatores. Em primeiro lugar, Calvino teria encorajado positivamente o estudo da natureza; em segundo, ele teria também removido um obstáculo que havia sido colocado em relação ao desenvolvimento desse estudo.

A primeira contribuição relaciona-se com a ênfase atribuída por Calvino à forma como o mundo fora organizado pelo Criador: "tanto o mundo físico quanto o corpo humano dão provas da sabedoria e do caráter de Deus" (MCGRATH, 2004, p. 287). De fato, os escritos de Calvino retratam essa compreensão da criação como manifestação do próprio Criador e revelam sua admiração pelos estudiosos que podem perscrutar os segredos da natureza. Conforme Calvino (1985a, v. I, cap. V, p. 2-4):

> Para que a ninguém cerrado fosse o acesso à felicidade, não só implantou {Deus} na mente humana a semente da religião, a que nos temos referido, mas ainda de tal modo Se há

revelado em toda a obra da criação do mundo e cada dia imediatamente Se manifesta, que não podem {eles} abrir os olhos sem serem forçados a contemplá-LO. Por certo que Sua essência transcende a compreensão, de sorte que nos sentidos humanos todos, em muito lhes escapa ao alcance Sua plena divindade. Entretanto, em Suas obras todas, uma a uma, imprimiu inconfundíveis marcas de Sua glória, e, na verdade, tão claras e notórias que, por mais broncos e obtusos {que sejam}, tolhida {lhes} é a alegação de ignorância.

Calvino entendia que, embora não seja possível abrir os olhos sem perceber a maravilhosa sabedoria do Criador, infinitas provas dessa sabedoria e glória estão ocultas à observação comum e só podem ser trazidas à luz pelas ciências. Assim, Calvino é explícito ao valorizar a busca do conhecimento, pois, para ele, quanto mais perscrutadas forem as obras criadas, sejam as posições e os movimentos dos astros, seja a estrutura do corpo humano com sua correlação, simetria e beleza – tanto mais explicitamente se projetará a providência de Deus.

Torna-se ainda mais relevante a consideração sobre a importância atribuída por João Calvino às investigações científicas em virtude de estas constarem em um tratado da religião cristã. É na condição de teólogo cristão que ele fala, e, portanto, é possível falar aqui em um veemente impulso para a educação confessional. Calvino confessa claramente a possibilidade de aliar a pesquisa à firme convicção de que há um Criador e que, portanto, as investigações podem aprofundar-se o quanto for necessário sem que se corra nenhum risco de uma descoberta científica ser prejudicial à vida de fé. Muito pelo contrário, sua firme convicção era que "a natureza é antes a ordem prescrita por Deus" (CALVINO, 1985a, v. I, cap. III, p. 5) e que todos nós somos convidados a um tipo de conhecimento de Deus que não deve ser superficial, acomodado e nem do tipo que se "contente com vã especulação", mas a um tipo de conhecimento experimental, "que é de nós firmemente percebido, e finca pé no coração", e que, portanto, "haverá de ser sólido e frutuoso" (CALVINO, 1985a, v. I, cap. III, p. 5).

Calvino advertia para que a compreensão sobre o conhecimento da natureza e de nós mesmos, como "a via mais direta de buscar-se a Deus e o processo mais apropriado", não deveria ser entendida como uma permissão para proceder à investigação da essência de Deus por mera curiosidade, pois Deus deve antes ser adorado que perscrutado. Entretanto, a investigação deveria ser feita com o propósito de poder contemplar a Deus em suas próprias obras, por meio das quais Ele se faz próximo e familiar a nós, e também de alguma forma, por meio delas, se comunica (CALVINO, 1985a, v. I, cap. III, p. 9).

No comentário sobre a carta aos Hebreus, ao considerar o versículo 3 do capítulo 11, João Calvino (1977, p. 236, tradução nossa) afirma:

> [...] temos no mundo visível uma imagem clara de que Deus nos tem dado, por meio de toda a estrutura deste mundo, claras evidências de sua eterna sabedoria, bondade e poder, e também, ainda que sendo Ele invisível, de certa forma, se nos torna visível por meio de sua obra. Sendo assim, de forma justa se tem chamado este mundo de espelho da divindade. Isso não quer dizer que no mundo exista suficiente claridade para que o ser humano alcance um perfeito conhecimento de Deus apenas pela observação da natureza, mas foi assim revelado para que a ignorância dos incrédulos não tenha desculpa.

A educação confessional calvinista é, portanto, uma forma de educação que deve privilegiar a pesquisa científica como um ato de fé e de reverência ao Criador. Por isso, é possível afirmar que, diante da consciência de que Deus criou todas as coisas e as dirige, torna-se necessário

> [...] confessar [...] que nas obras de Deus, uma a uma, de modo especial, porém, em sua totalidade, estão estampados, como que em painéis, os poderes operativos de Deus, mercê dos quais, a Seu conhecimento, e daí, a verdadeira e plena felicidade, convidado e atraído é todo gênero humano (CALVINO, 1985a, v. I, cap. III, p. 10).

JOÃO AMÓS COMÊNIO

João Amós Comênio, em pleno acordo com esta e outras declarações de Calvino sobre o mesmo tema, defendeu a idéia da educação universal: ensinar tudo a todos, para que o propósito divino se cumprisse na vida de cada ser humano.

Em pesquisa anterior (BORGES, 2002), foi apresentado um esboço biográfico desse educador que tem sido considerado ainda hoje referência para a educação confessional, desde o ensino infantil até a universidade. Serão aqui apresentadas algumas informações consideradas relevantes para a contextualização deste que é um autor mencionado como referência no plano pedagógico da instituição que se pretende avaliar, qual seja, a Universidade Presbiteriana Mackenzie.

Nascido em 1592, na Morávia, Comênio cresceu na Comunidade dos Irmãos Morávios, organizada em 1425, após o martírio de João Huss, reitor da Universidade de Praga. Cresceu, portanto, numa comunidade constituída por nobres, intelectuais e gente simples, que tinham em comum acentuado interesse pela cultura e pelo estudo das Escrituras Sagradas. Tal comunidade comprometia-se a viver segundo um alto padrão moral, com base na doutrina dos Evangelhos, reconhecendo, em questões de fé, unicamente a autoridade bíblica.

Comênio freqüentou a Universidade de Herbom, em Nassau, e posteriormente foi para a Universidade de Heidelberg. Aos 24 anos de idade, foi ordenado pastor e, aos 26, assumiu ao mesmo tempo a igreja da cidade de Fulnek, na Morávia e a reitoria da "Escola dos Irmãos". Em 1627 tinha concluído sua *Didática magna*, escrita em tcheco. Em virtude da Guerra dos 30 anos, foi expulso de seu país e decidiu reescrever sua obra em latim para que servisse a outros povos. A partir de 1641, seus trabalhos tornaram-se conhecidos em grande parte do mundo de sua época. Foi à Inglaterra, Suécia, Holanda, Hungria, sempre convidado a contribuir para a reforma educacional nesses países. Na Inglaterra apresentou seu grandioso projeto de criação de um centro educacional voltado para a educação universal. Sua utopia, denominada *Pansofia,* era a educação de todos para a criação de um mundo de paz (CURTIS; BOUTWOOD, 1954, p. 173). Ainda em 1641, uma de suas obras – *Pórtico das línguas* – foi traduzida para o turco, árabe, persa e mongol.

Apesar da possibilidade de identificar as profundas marcas de sua influência na produção e atuação de muitos educadores dos séculos que o seguiram (cf. GILES, 1987; MANACORDA, 1989; LUZURIAGA, 1983), a partir de 1957 essa influência é reforçada em decorrência da publicação de diversos textos inéditos e também de uma nova versão da *Didática magna*. Tais publicações fizeram parte das comemorações do tricentenário da publicação da *Didática magna*, considerada o primeiro tratado sistemático de pedagogia, didática e sociologia escolar.

No Brasil, a obra de Comênio é ainda pouco conhecida. Entretanto, seu nome aparece nos documentos que contam a história do Mackenzie em textos que orientaram suas atividades nas primeiras décadas do século XX (MOTA, 1999; RAMALHO, 1976)[5] e no projeto pedagógico que estabelece as linhas gerais da prática educacional mackenzista[6]. Atualmente, quando se procura reforçar a identidade confessional da instituição, o pensamento de Comênio volta a ser estudado pelos professores e dirigentes educacionais, de modo mais específico na educação básica. O Sistema Mackenzie de Ensino, que já está sendo utilizado nas séries iniciais do ensino fundamental, traz novamente inúmeras referências à *Didática magna* e ao educador morávio.

No Projeto Pedagógico da Universidade, são também feitas referências a Comênio –, embora o educador morávio não tenha dedicado significativo espaço, em sua obra, à educação superior. A referência ao seu nome no documento citado está visivelmente ligada à intenção de resgate da identidade confessional. Decorrente do exposto, considera-se relevante inserir neste ponto suas principais idéias.

Para Comênio, o processo educativo somente seria completo caso fosse dada equivalente atenção às três características indispensáveis para que o ser humano seja de fato humano, quais sejam: a instrução, a virtude e a piedade. A instrução refere-se ao cultivo da razão, e só é verdadeiramente racional aquele que conhece o fundamento de todas as coisas. A virtude é a característica que capacita o ser humano para exercer sábio domínio sobre as demais criaturas

---

5   Jether Pereira Ramalho transcreve alguns dos documentos originais que revelam as "características da prática educativa dos colégios protestantes". Nos documentos do Colégio Mackenzie, publicados por esse autor, estão explícitos muitos dos pensamentos da *Didática magna* de Comênio.

6   Projeto Pedagógico da Universidade Presbiteriana Mackenzie, 2003.

e relacionar-se adequada e honestamente com o seu próximo. A piedade, por sua vez, refere-se, especificamente, ao aspecto espiritual do ser humano e à sua relação com Deus. A educação holística de João Amós Comênio contempla a dimensão intelectual, moral e espiritual dos seres humanos.

Comênio afirma que o ser humano, ao nascer, possui apenas as sementes das características que o distinguem das demais criaturas e que, portanto, deve receber adequada educação para tornar-se realmente humano. Para ele, instrução, virtude e piedade estão ligadas de tal modo que não é possível nenhum divórcio entre elas. Nenhuma dessas características é superior ou inferior, e nenhuma educação é adequada caso não se dê cuidadosa atenção a cada uma delas. Decorrente de sua visão da necessidade de educação para a vida moral, espiritual e intelectual, Comênio propõe que se trabalhe seriamente para a formação das virtudes consideradas capitais: a prudência, a justiça, a fortaleza e a temperança.

Dora Incontri (1999) relembra que a atuação e influência de João Amós Comênio iniciam-se exatamente na época em que começa a se firmar no Ocidente a mentalidade científica que acaba promovendo, nos séculos seguintes, toda a revolução da qual somos testemunhas. A busca pela separação entre pesquisa científica e pensamento religioso fez também que a ciência chegasse a negar qualquer parentesco até mesmo com a filosofia, conduzindo à angústia existencial e ao niilismo contemporâneo, resultantes da setorização estanque do conhecimento.

> O homem tem necessidade de fé, mas a ciência se pretende isenta de metafísica e a filosofia foi apunhalada por positivistas, niilistas e outras categorias, que, ingenuamente falavam, e ainda falam, contra a filosofia, filosofando. Comênius, em

pleno século XVII, na própria nascente de todo esse conflito, já se antecipava na sua solução. Com a pansofia, idealizava uma unidade do conhecimento, aceitando igualmente ciência, filosofia e religião como fontes de acesso à realidade. Razão e fé em paz afinal (INCONTRI, 1999, p. 11).

Na avaliação de Incontri (1999, p. 12), uma das mais significativas afirmações de Comênio é que "todo conhecimento deve ser aplicado e transformado, direcionado e finalizado na maior de todas as tarefas humanas: a tarefa de educar".

Lopes (2003, p. 187) lembra que o pressuposto teológico de Comênio, que poderia ser dito também como pressuposto antropológico) – segundo o qual o ser humano é imagem e semelhança de Deus, mas precisa ser formado para que seja perfeitamente humano – permitiu que se começasse a refletir sobre a democratização da educação. Consistia em novidade, para a época de Comênio, a possibilidade de educação para pobres e ricos, meninos e meninas, de forma indiscriminada, e sua defesa desses ideais não passou despercebida pelos iluministas que começavam a lutar pela igualdade, liberdade e fraternidade.

Gasparin (1997, p. 62), por sua vez, acentua a necessidade de considerar a totalidade do pensamento de Comênio para que se possa compreendê-lo, pois este constitui um todo, sendo a Filosofia, a Teologia, a Educação e a Didática temas indissociáveis. Afinal, para Comênio, todas as ciências e todas as artes, assim como todas as demais atividades da vida, deveriam ter um único propósito: a promoção da glória do Criador e a felicidade do ser humano. Em virtude dessa visão da totalidade das coisas criadas e da totalidade das faculdades humanas, Comênio ressalta também a extrema necessidade de evitar que qualquer ser humano criado à imagem e semelhança do seu Criador permaneça sem a adequada educação, que consiste na formação intelectual, moral e espiritual.

> Que é a ciência sem a moral? Quem progride na ciência e regride na moral anda mais para trás do que para a frente... A ciência não deve juntar-se à libertinagem, mas à virtude, para que uma aumente o brilho da outra. E, quando a uma e outra se junta uma piedade verdadeira, então a perfeição será completa. De fato, o temor de Deus, da mesma maneira que é o princípio e o fim da sabedoria, é também o cume e a coroa da ciência, porque a plenitude da sabedoria consiste em temer ao Senhor (COMÊNIO, 1996, p. 161).

UNIVERSIDADE E CONFESSIONALIDADE

As universidades confessionais reformadas são tão antigas quanto a própria Reforma Protestante do século XVI. Felipe Maelanctonm, Johames Burgenhagem e Johan Sturm eram amigos de Martinho Lutero e professores na Universidade de Wittenbug (GILES, 1987, p. 123, 124) e, ao assumirem os ideais reformados, de maneira natural estes passaram também a ser um ideal de Reforma Educacional. João Calvino, por sua vez, após iniciar uma profunda reforma religiosa, política e educacional em Genebra, na Suíça, foi obrigado a abandonar a cidade e durante três anos aprofundou sua experiência e sua visão educacional com Johan Sturm, em Estrasbrugo. Ao ser novamente chamado para administrar a cidade de Genebra, João Calvino fundou a academia que representava o ápice do seu sistema educacional, o qual deveria iniciar-se pelo ensino elementar da leitura e da escrita, seguindo-se de um curso mais adiantado que deveria incluir matérias como a eloqüência, retórica, lógica, e música.

A academia, sob a orientação de Teodoro de Beza, alcançou êxito imediato, atraindo estudantes da França, Inglaterra, Holanda e Escócia. Todos esses países acabaram tomando a academia como modelo para suas universidades. Segundo Giles (1987, p. 126):

> Na França, os huguenotes fundaram oito universidades e trinta e dois colégios, além de inúmeras escolas elementares. Na época elizabetana, a versão puritana do calvinismo domina Oxford e Cambridge. As universidades de Lidem, Amsterdã, Utrecht, Drente e Groningem também seguem os ensinamentos de Calvino. Abrem-se escolas elementares em Haia, Utrecht e Drente sob patrocínio público.

A educação puritana enfatizava, igualmente, tanto a finalidade quanto o conteúdo da educação. A finalidade era a glória de Deus e o conteúdo eram as artes liberais. As faculdades puritanas eram estabelecidas inicialmente para preparar um clero bem-educado, mas isso não significa que eram simplesmente seminários ou faculdades teológicas. Elas eram faculdades cristãs de artes liberais. O clero bem-educado deveria estar "apto para tudo". Ryken (1992, p. 176) ainda informa que

> [...] embora em nosso século o termo humanista seja usado para denotar o conhecimento puramente humano, nos séculos dezesseis e dezessete a maioria dos humanistas eram humanistas *cristãos*. Eles valorizavam o conhecimento dentro de um contexto de um cristianismo centralizado em Deus. Seria um grande erro opor o Puritanismo e a Renascença como opostos. Eles compartilhavam de muito em comum, incluindo um repúdio ao catolicismo medieval, o desejo de retornar a um passado mais distante e uma preocupação com antigos textos escritos como a chave para uma mudança construtiva. [...] Os primeiros tradutores de textos clássicos para o inglês eram protestantes radicais ou Puritanos. Ambos, Renascença humanista e Puritanos compartilhavam um zelo pela educação como o melhor meio de mudança de consciência e dos valores de sua cultura.

Para John Milton (1909-1914), poeta e educador inglês adepto do movimento puritano, mais importante do que aquilo que alguém sabia era o tipo de pessoa na qual esse alguém iria se tornar. Conforme seu programa de estudos, os estudantes deveriam ser treinados para ser sábios, fortes, corajosos, justos e generosos, em todo o tempo. Em seu *Tratado da educação*, Milton (1909-1914) escreve:

> Chamo de uma educação completa e generosa aquela que capacita o ser humano para agir de forma justa, competente e generosa em todos os ofícios, tanto os públicos como os privados, tanto na paz como na guerra.

Milton entendia que refletir o caráter de Deus poderia consistir em compartilhar do amor que Deus tem pela verdade e pela beleza, tanto quanto em manifestar a sua retidão e santidade. Na interpretação de Ryken (1992), Milton descreve a educação como um processo de santificação, visto que a finalidade da educação é conhecer a Deus corretamente e, com base nesse conhecimento, tornar-se semelhante a Ele.

O puritanismo inglês atravessou o oceano junto com os primeiros colonizadores da América do Norte. Lá chegando, puseram em prática as mesmas idéias pedagógicas. Segundo Ryken (1992, p. 167), "na América do Norte nenhum dos outros colonizadores de fala inglesa estabeleceu tão cedo a educação universitária após sua chegada quanto o fizeram os Puritanos".

Após seis anos da chegada dos puritanos à Baía de Massachussets, foi estabelecida a Faculdade de Harvard, sustentada durante seus primeiros anos por fazendeiros cristãos que contribuíam, em trigo, para a manutenção de professores e alunos.

Ainda segundo Ryken (1992, p. 170), "a defesa Puritana da aprendizagem e da razão teve como contrapartida uma aversão incomum à ignorância, especialmente em assuntos religiosos". Uma das razões da fundação do Harvard College pelos puritanos foi o pavor que tinham de legar à igreja das futuras gerações um ministério inculto. Essa cultura deveria ser geral, mas era primordial não descuidar do aspecto moral e espiritual.

Atualmente ainda existem centenas de escolas confessionais de ensino superior nos Estados Unidos e a maioria faz parte do Conselho para as Faculdades e Universidades Cristãs (Council for Christian Colleges & Universities, CCCU), uma associação internacional fundada em 1978 com 38 membros e que atingiu, em 2006, 105 membros somente na América do Norte, além de outros 74 em mais 25 diferentes países.

Uma das instituições filiadas ao CCCU é o Malone College, localizado na cidade de Canton, no Estado de Ohio, nos Estados Unidos. Na página de apresentação dessa instituição, percebe-se a similaridade de seus ideais com aqueles apresentados pelos puritanos, alguns séculos atrás, da seguinte forma:

> O Malone College é uma escola superior cristã de artes liberais. A essência do Malone é a abordagem cristã das artes liberais e esta escola tem sido largamente reconhecida como excepcional formadora de graduados, não somente para o mercado secular, mas para todos os demais aspectos da vida. O Malone College mantém o comprometimento com a experiência educacional baseada na fé bíblica. Isso não significa que a Bíblia seja usada como um livro texto em todas as salas de aula. Nem significa que os cursos oferecidos pelo Malone College careçam dos ingredientes essenciais, que poderiam ser encontrados em comparação com os cursos de outras instituições. Isto significa,

sim, que o Malone College está comprometido com as artes liberais com ênfase, sobretudo, na comunicação, na investigação e interpretação técnica/especializada e no desenvolvimento da pessoa integral, ou seja, física, mental, espiritual e emocionalmente. Isto significa também que os membros do corpo docente reconhecem a Jesus Cristo como seu Senhor e Salvador e estão comprometidos com a integração da perspectiva Bíblica do mundo em seu currículo. O Malone College é uma instituição de ensino superior com um "valor adicional" (BORGES, 2006, p. 1).

O Malone College é apresentado ainda como uma escola que oferece aos alunos, por meio desse tipo de aprendizado, a oportunidade de conhecerem e entenderem a si mesmos e ao mundo à sua volta, além de desenvolverem a capacidade para articular esse conhecimento com os demais. O moto do Malone College é "O Reino de Cristo em Primeiro Lugar" para os níveis local, nacional e internacional. O entendimento da amplitude e profundidade do pensamento cristão é vivenciado pela comunhão entre os componentes do corpo docente, a direção e os estudantes do Malone College, os quais representam aproximadamente quarenta diferentes denominações.

A EDUCAÇÃO CONFESSIONAL PODE SER UM ESPAÇO DE CONSTRUÇÃO DA PERSONALIDADE MORAL

No século XXI, a educação superior é confrontada com desafios consideráveis e tem que proceder à mais radical mudança e renovação que porventura lhe tenha sido exigido empreender, para que nossa sociedade, atualmente vivendo uma profunda crise de valores, possa transcender as meras considerações econômicas e incorporar as dimensões fundamentais da moralidade e da espiritualidade (UNESCO, 2000, p. 13).

A formação da personalidade humana como parte das responsabilidades educacionais já tem sido discutida amplamente, embora não se possa dizer que haja realmente um consenso entre os educadores sobre o assunto. De igual modo, educadores cristãos, de diferentes épocas, sempre revelaram interesse na formação moral do educando. Na Era Moderna, essa preocupação com a formação moral deixou de ser prioridade entre muitos educadores que se voltaram apenas para a construção da racionalidade. Entretanto, autores contemporâneos como Freinet, Vygotsky, Wallom e Puig, entre outros, também retomam a ênfase sobre a concepção da educação como algo que transcende a mera transmissão de conteúdos.

De qualquer modo, um número cada vez maior de educadores e educadoras parece estar percebendo que sua função ultrapassa a tarefa de transmitir conhecimentos e atinge a integralidade do ser humano. Algumas instituições confessionais avançam nesse particular, preocupando-se com a dimensão transcendente dos seres humanos que lhes são confiados, além de preocuparem-se com a educação da dimensão emocional, artística e moral.

As instituições confessionais de ensino superior têm também relevante papel nesse processo, visto que o estudante universitário não é um ser concluso, como na realidade nenhum outro ser. A chegada à universidade não pressupõe maturidade emocional, moral e espiritual. Tampouco pressupõe impossibilidade de revisão de valores e princípios norteadores de vida. A respeito dessa inconclusão, Paulo Freire (2002) sustenta que todos os seres humanos são inconclusos, assim como também o são todos os demais seres vivos. Para Freire, o que distingue os seres humanos das demais criaturas é o fato de o homem ser o único capaz de se saber inconcluso e, portanto, de responsabilizar-se pelo processo de sua própria construção como pessoa. Isso significa que nenhum ser humano está pronto e pode rever princípios de vida, normas e valores. Todo ser humano pode crescer como pessoa humana ao longo da vida e até nos últimos instantes de sua trajetória. Tanto estudantes quanto professores são transformados na relação educativa que se processa no espaço acadêmico. Mais do que isso, os efeitos de uma relação transformadora podem extrapolar os limites da mesma relação e alcançar outras esferas de relacionamento, numa continuidade ilimitada. Assim, é importante considerar a capacidade do estudante universitário de ainda ser transformado, mas também de ser um agente transformador.

A Declaração Mundial sobre Educação Superior, documento da Organização das Nações Unidas Para a Educação e Cultura (Unesco), destaca, entre outras necessidades da educação superior para o terceiro milênio, a de incorporar nas práticas educativas a dimensão moral e espiritual dos seres humanos, para o benefício não somente do estudante, mas de toda a humanidade. As instituições de educação superior são desafiadas a desenvolver a capacidade para mudar e provocar mudanças, atender aos desafios sociais, promover a solidariedade e a igualdade, desempenhar seu papel na identificação e no tratamento dos problemas que afetam o bem-estar das comunidades, nações e da sociedade global. São desafiadas ainda a utilizar sua capacidade intelectual e prestígio moral para defender e difundir ativamente os valores aceitos universalmente, de modo particular a paz, a justiça, a liberdade, a igualdade e a solidariedade, tal como consagrados na Constituição da Unesco. O referido documento ainda destaca, como objetivo da educação superior, o desenvolvimento da capacidade de enfrentar problemas éticos e sociais de forma independente e com plena consciência de suas responsabilidades, almejando a criação de uma nova sociedade, não-violenta e não-opressiva, formada por indivíduos altamente motivados e íntegros, inspirados pelo amor à humanidade e guiados pela sabedoria e pelo bom senso.

Esse plano de ação para a educação superior no século XXI não pode ser cumprido sem que sejam feitos grandes esforços para mudanças na maneira como funcionam as universidades neste início de século. A educação voltada para o aspecto puramente técnico e econômico não possui os requisitos fundamentais para aparelhar professores capazes de formar alunos com essas competências listadas como necessárias para a criação de uma nova sociedade. Para tanto, é necessário um referencial de valores que a sociedade moderna fez questão de abandonar, em sua priorização do materialismo e utilitarismo.

Nesse novo e necessário projeto de universidade, as instituições confessionais têm uma oportunidade de resgatar o sentido de sua própria existência em favor do resgate do sentido da educação e da dignidade dos educandos. Essas instituições possuem um capital simbólico que pode tornar-se proveitoso nesse momento histórico. As instituições confessionais de ensino superior, de modo particular as cristãs de linhagem reformada, possuem longa história de investimento na formação humana, na busca pela humanização dos seres humanos, considerados por Comênio e outros como a coroa da criação, mas também reconhecidos como incompletos e carentes da intervenção externa para desenvolverem essas características que os distinguem como tal.

A educação confessional cristã protestante fundamenta-se em pilares que podem, ainda neste momento histórico, servir como referenciais para a construção de uma sociedade mais igualitária, justa e solidária, conforme preconiza o documento da Unesco. A educação para a humanização passa, necessariamente, pela construção da personalidade moral, embora não seja concluída com ela. Dar a devida atenção à formação moral também não pode significar descuido com outras áreas de formação da personalidade humana. A preparação do bom profissional também se dá com a formação do caráter desse profissional, e não apenas com a transmissão de conhecimentos técnicos referentes à sua área de atuação. Existem muitos pontos comuns entre a prática educativa no contexto do ensino superior, conforme proposta pela Unesco e pelos valores éticos, morais e espirituais defendidos pelas institucionais confessionais.

O próximo capitulo abordará a trajetória da Universidade Presbiteriana Mackenzie, enfocando pontos-chave desde sua fundação até a decisão pela pública explicitação de sua identidade confessional. O objetivo é preparar o terreno para, em seguida, analisar essa instituição confessional de ensino superior como um meio de experiência moral, procurando identificar sua eficácia em dar respostas às necessidades de formação integral, próprias do atual momento histórico.

2

A UNIVERSIDADE PRESBITERIANA MACKENZIE E A EDUCAÇÃO CONFESSIONAL: UMA ABORDAGEM HISTÓRICA

> Comprometo-me diante do Instituto Presbiteriano Mackenzie a fazer valer, dentro dos limites da minha função e dentro dos limites institucionais, a confessionalidade que a Igreja Presbiteriana do Brasil deseja para sua Universidade, respeitada a autonomia universitária[1].

Neste capítulo será feita uma tentativa de compreensão da trajetória da identidade confessional da Universidade Presbiteriana Mackenzie ao longo dos seus 137 anos de existência. Para que esse objetivo seja atingido, torna-se necessário considerar, de forma especial, alguns momentos cruciais dessa trajetória, entre os quais se destacam o período de fundação, a fase de transferência das propriedades e da direção para a Igreja Presbiteriana do Brasil, em 1961, e a inclusão da designação "Presbiteriana" no nome da instituição, fato consumado em 1998.

Quando se procura entender a história da instituição, é comum perceber as diferenças de pontos de vista, mesmo entre a li-

---

1   Discurso de posse do reverendo Dr. Augustus Nicodemus Gomes Lopes, atual chanceler da Universidade Presbiteriana Mackenzie.

derança institucional. Por exemplo, é possível ouvir ou ler antagonismos como os que se seguem[2]:

> [...] a Universidade Presbiteriana Mackenzie é uma instituição confessional desde suas origens e o que houve em 1998 deve ser compreendido apenas como resultado da decisão da mantenedora de dar maior visibilidade a este fato centenário [...]

> [...] o Mackenzie vive um sério momento de transição, já há algumas décadas e o processo de reafirmação de sua confessionalidade é lento e difícil, pois trata-se de uma radical mudança de mentalidade e de cultura.

Tais incompatibilidades de discurso justificam retomar uma história que começou em 1870 e que, embora pareça ser bastante conhecida, é ainda ignorada por grande parte dos milhares de estudantes e mesmo de muitos professores e funcionários, os quais constituem atualmente parte importante de uma história da qual desconhecem as origens.

UMA ESCOLA AMERICANA NO BRASIL

A Igreja Presbiteriana do Brasil foi fundada em 12 de agosto de 1859 quando chegou ao Rio de Janeiro o reverendo Ashbel Green Simonton, formado pelo Seminário de Princeton, nos Estados Unidos. Alguns meses depois, chegou Alexander Blackford, casado com a irmã de Simonton. Enquanto o primeiro missionário ficou no Estado do Rio de Janeiro, o casal Blackford dirigiu-se a São Paulo, onde iniciou os trabalhos de evangelização.

---

2   Depoimentos extraídos de entrevistas da autora feitas com gestores da instituição.

No dia 16 de julho de 1867, apenas cinco meses antes de seu prematuro falecimento, Simonton apresentou ao Presbitério do Rio de Janeiro, à época o Concílio Superior da Igreja Presbiteriana no Brasil, um documento intitulado "Os meios necessários e próprios para o desenvolvimento do Reino de Jesus Cristo no Brasil". No texto, Simonton (2002, p. 180) chama a atenção para a "necessidade de esforços humanos para que a conversão do mundo seja realizada" e ilustra sua declaração com uma "parábola":

> [...] o lavrador da terra tem de distinguir entre a parte que a Deus cabe, e a que cabe a si mesmo. Ele vira a terra, a planta e a cultiva, mas as propriedades da terra que a fazem produzir como também a chuva e o sol que concorrerem para isso vêm de Deus. O homem trabalha, Deus o abençoa e a seu tempo se colhem os frutos da terra. Disto vemos que é bom distinguir o lado humano de qualquer trabalho do seu lado divino tanto em relação às causas deste mundo como às do reino de Cristo. Tenho agora em vista indicar os meios próprios para a conversão do Brasil. Deixando de parte, por enquanto, a menção particular do modo por que Deus opera, quero falar nos meios que Deus tem posto ao alcance de sua igreja e pelo uso dos quais nós somos responsáveis perante o seu tribunal.

Ao abordar esses meios, Simonton relaciona os pontos seguintes: a relevância do testemunho pessoal por meio da vida fundamentada nos princípios do Evangelho e na pregação de cada cristão aos seus vizinhos e amigos, bons livros (os quais ainda não existem no Brasil) e pregação oficial realizada pelos homens especialmente preparados para esse trabalho. Simonton (2002, p. 184) conclui destacando o papel da educação:

> Outro meio indispensável para assegurar o futuro da igreja evangélica no Brasil é o estabelecimento de escolas para os filhos de seus membros. Em outros países é reconhecida a

superioridade intelectual e moral da população que procura as
igrejas evangélicas. O evangelho dá estímulo a todas as faculdades do homem e o leva a fazer maiores esforços para avan-
tajar-se na senda do progresso. Se assim não suceder entre nós
a culpa será nossa. Se a nova geração não for superior à atual
não teremos preenchido nosso dever.

Simonton (2002) enfatiza a importância da educação para asse-
gurar o progresso moral e intelectual, e não apenas o religioso. Não
desvincula a conversão ao protestantismo da possibilidade de desenvolvimento pessoal e social. Aqui não se trata de fundar escolas para,
por meio delas, pregar o Evangelho. Trata-se de fundar escolas para os convertidos e para seus filhos, pois estes, após acolherem o
Evangelho que "dá estímulo a todas as faculdades", necessitariam de
condições adequadas para seu crescimento intelectual e moral. O
progresso do povo, da igreja e do país dependeria tanto das escolas
quanto das igrejas, segundo a concepção de Simonton.

Três anos após essa expressão pública de interesse pela educação dos brasileiros, inicia-se a história do Mackenzie. Fundada
em 1870 por Mary e George W. Chamberlain, ligados à Junta de
Missões da Igreja Presbiteriana do Norte dos Estados Unidos (Board
of Foreign Mission of the Presbyterian Church), a instituição recebeu, em seus primeiros dias, apenas três crianças, e, em 2007, ao
atingir 137 anos de atividades, atende 34 mil[3] estudantes entre gra-
duandos e pós-graduandos, além da educação infantil e o ensino
fundamental e médio.

Ao ser reconhecida oficialmente como Universidade em 1952,
o nome Universidade Mackenzie foi apenas consolidado. O Mackenzie College já existia desde 1898, quando o Instituto fora estabeleci-

---

3   Conforme relatório apresentado pelo Conselho de Curadores do IPM ao Supre-
    mo Concílio da Igreja Presbiteriana Brasil, em julho de 2006 (SUPREMO CON-
    CÍLIO DA IGREJA..., v. 1, p. 321).

do como um departamento da Universidade do Estado de Nova York. A designação "Presbiteriana" viria apenas em 1998 (128 anos após a fundação da escolinha missionária) quando, por meio de documento aprovado pela Comissão Executiva do Supremo Concílio da Igreja Presbiteriana do Brasil, a instituição assumiu publicamente seu caráter confessional, passando a ser denominada Instituto Presbiteriano Mackenzie.

Apesar das origens presbiterianas, enfatizadas tanto como algo extremamente positivo por uns como um aspecto digno de reprovação por outros, persistiu desde seus primeiros representantes e dirigentes certa dificuldade em relação ao seu papel como tal. Desde o início (1871), é possível perceber ruídos na comunicação entre igreja e escola, e não há clareza nem unanimidade quanto à vocação da escola, de modo especial para os representantes da igreja. George W. Chamberlain possuía a "visão gloriosa"[4] de uma universidade cristã que usaria métodos e organização das escolas norte-americanas com o objetivo de formar as elites brasileiras, enquanto a Junta de Missões Presbiterianas de Nova York, à qual ele estava subordinado, não queria que a missão brasileira desviasse a atenção do projeto principal que era a evangelização. Segundo Garcez (2004, p. 53), tanto o Presbitério do Rio de Janeiro, responsável pela igreja de São Paulo, quanto os membros da missão norte-americana estavam de acordo em relação ao papel atribuído à questão educacional no Brasil, pois consideravam "o ensino dos menores em idade escolar, atribuição do Estado brasileiro". À igreja competia inicialmente preocupar-se em promover educação para os convertidos e seus filhos. Assim sendo, a criação de escolas paroquiais atenderia

---

4   Essa expressão é utilizada diversas vezes por Ribeiro (1981, p. 201-232, por exemplo), provavelmente fazendo referência à mesma expressão utilizada por alguns missionários da Igreja Presbiteriana do Sul dos Estados Unidos, em relação ao Colégio Internacional, fundado em Campinas.

muito melhor aos interesses das juntas missionárias do que a criação de grandes colégios ou uma universidade cristã.

O Presbitério e a Junta de Nova York concordavam quanto à dificuldade ou inviabilidade do sonho de Chamberlain, pois aprovavam ensino superior apenas com a finalidade de formação de pastores e professores nacionais. Entretanto, Chamberlain também era missionário enviado pela referida Junta de Nova York e, igualmente, membro do Presbitério. Dessa forma, era natural que não medisse esforços na tentativa de influenciar a Junta, sempre que possível, favoravelmente aos seus projetos educacionais. Ao mesmo tempo, empenhava-se em atender às expectativas dos companheiros de missão e de Presbitério.

Chamberlain, então, apresentou um projeto de escola que, segundo sua percepção, atenderia às necessidades de formação dos futuros pastores nacionais e ainda prepararia professores para as escolas paroquiais. Mas sua visão pedagógica ia muito além. Incluía a idéia do College (inicialmente Training School) que lhe parecia perfeita porque poderia atender a essas necessidades e ainda formar a elite brasileira, utilizando a educação e não a religião como estratégia de reforma social. Segundo Hack (2002, p. 61-62):

> A nova proposta educacional de alcançar a sociedade brasileira e a formação de novas gerações com a ética protestante começava a receber o apoio da liderança republicana liberal. Todos comungavam os ideais do progresso, liberalismo e um novo sistema de governo com mais liberdade e direitos. As missões protestantes rediscutiram seus propósitos, no sentido de priorizar a evangelização ou a educação.

Ao considerar o que diz Ribeiro (1981, p. 239), não parece que a Junta da Igreja Presbiteriana de Nova York estivesse muito disposta para essa rediscussão de suas prioridades, mas Chamberlain estava. Em 1885, em relatório ao Presbitério, ele defendeu a necessidade de um diretor de tempo integral para que a escola pudesse cumprir o seu papel na cidade de São Paulo. Nesse relatório, seus argumentos se mostraram bastante veementes: "as benéficas influências das escolas de Társis" e depois a educação recebida aos pés de Gamaliel é que capacitaram São Paulo a ser o "vulto proeminente do apostolado do Mestre". Em 1885, no discurso de inauguração do primeiro prédio construído na região da Consolação, George Chamberlain assinalou o duplo propósito da instituição que completava 15 anos de existência: seria, por um lado, grande auxiliar da reforma evangélica no país e, por outro, um agente de reformas seculares, pois

> [...] o fim deste internato é educar ministros para a Igreja Presbiteriana, e ao mesmo tempo dar educação leiga aos que se quiserem utilizar do método e disciplina da Escola Americana, que existindo já há 15 anos, e estando aberta à inspeção do público, é já suficientemente conhecida (RIBEIRO, 1981, p. 249).

Uma seqüência de fatos ocorridos em 1885 evidencia o conflito entre o campo religioso e o educacional. Chamberlain, preocupado com o futuro da escola e sabedor da necessidade de contratar um diretor que o ajudasse na difícil tarefa de administrá-la, entendeu que Horácio Lane, um cristão não-presbiteriano (pelo menos ainda não declarado ou batizado), seria a pessoa adequada para o papel. Essa opinião foi, de certa forma, imposta aos demais dirigentes da Igreja Presbiteriana nacional e às Missões Presbiterianas nos Estados Unidos[5].

Alexander Blackford, então presidente do Presbitério, diante do fato consumado, batizou o primeiro diretor do Colégio Protestante e o recebeu à comunhão da igreja. Curiosamente, Horácio

---

5 Ribeiro (1987) relata os detalhes do convite feito por Chamberlain ao futuro diretor antes de obter a autorização do Presbitério e da Junta.

Lane, ao ser batizado, já respondia também pelo que deveria ser o Instituto Teológico, destinado à formação do futuro clero nacional e dos professores para as escolas paroquiais. Segundo Ribeiro (1987, p. 232), o Instituto Teológico funcionou muito precariamente apenas no ano de 1886, sendo, no entanto, motivo de controvérsias infindáveis, a Training School nunca saiu do papel e o assunto da formação de pastores tornou-se "espinhento labirinto eclesiástico até hoje difícil de atravessar" do que se conclui que a esse respeito "as boas intenções e os esforços do Rev. Chamberlain se frustraram".

Dos arranjos feitos por Chamberlain e, provavelmente, da falta de alternativa por parte da liderança missionária, derivou a aceitação de Horácio Lane como primeiro diretor oficial do Colégio Protestante. Pouco tempo depois, em 1893, ele foi afastado da comunhão da igreja – "excomungado" é a expressão utilizada por Boanerges Ribeiro (1987, p. 262 e 275) – por não participar dos cultos. Afastado da comunhão com a Igreja Presbiteriana, Horácio Lane tornou-se membro de uma igreja nos Estados Unidos e não mais se viu obrigado a prestar contas aos missionários, como membro da igreja ou como diretor do colégio.

Em 1889, um grupo de homens de negócios ligados à Igreja Presbiteriana de Nova York (dois deles também vinculados à Junta de Missões) organizou-se para criar o Colégio Protestante nos moldes dos *colleges* norte-americanos. Conforme os Estatutos então aprovados, todo o poder referente ao colégio passou para esse grupo, que vinculou-se à Universidade do Estado de Nova York, estabelecendo sua sede nessa cidade norte-americana. Nas palavras de Ribeiro (1987, p. 287), a partir de então "não mais se falará em Training School, nem o Sínodo ou um Presbitério serão chamados a opinar sobre o colégio que a sucedeu".

A escola se distanciou rapidamente da igreja. A formação de professores para as referidas escolas paroquiais parece não ter sido bem-sucedida, e o seminário, com vistas apenas à formação teológica totalmente desvinculada do Colégio Protestante, conforme pretendia o Sínodo, tornou-se realidade apenas em 1895.

A identidade confessional ficou seriamente comprometida ou, no mínimo, tornou-se tema de controvérsia entre os seus representantes. Nas palavras de Ribeiro (1987, p. 298,), em 1902 "o Colégio 'protestante' já é apenas um eco histórico; o Mackenzie College vai secularizando-se". Em 20 de junho desse mesmo ano, em correspondência dirigida a Horácio Lane, Chamberlain mencionou uma carta que recebera de sua própria esposa, dois anos antes, quando estivera nos Estados Unidos em busca de recursos financeiros para o colégio. A carta de Mary Chamberlain expressava sua opinião sobre a escola que ela mesma e seu esposo haviam fundado. Seus sentimentos expressos na carta são relatados por Chamberlain ao diretor do colégio nestes termos:

> Recebi (então) carta de minha mulher em que ela dizia que se eu não tivesse outro motivo de demora, esse não me detivesse mais, pois "tivesse ela um milhão de dólares, nem um centavo deles iria para o Mackenzie" e que eu não tinha o direito de pedir a cristãos fundos votados ao Senhor para aumentar as construções de uma escola excelente, a melhor que o Brasil tem, cujo fim não é trazer seus discípulos a Cristo, mas formá-los bem como homens desse mundo, para cumprirem seus deveres de cidadãos em suas diversas profissões (sic) (RIBEIRO, 1987, p. 298).

Segundo esse relato, percebe-se que a formação de pessoas íntegras e bons cidadãos era considerada, ao menos para a fundadora do colégio, como pouco relevante, caso não houvesse uma declarada ação de evangelização. Embora o próprio Chamberlain parecesse não defender a visão da esposa, essa queixa estava longe de ser apenas desabafos da fundadora. Muitos missionários americanos e muitos pastores nacionais expressavam[6] seu antagonismo no tocante à escola que antes havia gerado tantas expectativas em relação ao projeto missionário.

Em pouco tempo, o Colégio Protestante já era considerado pelos membros da liderança presbiteriana absolutamente inadequado para a formação dos futuros pastores e professores para as escolas cristãs. E isso não apenas quanto ao curso teológico. Mesmo em relação aos preparatórios (equivalente ao atual ensino médio), alguns do Presbitério consideram irreparavelmente secularista qualquer formação oferecida pelo colégio universitário de Nova York, resultando daí a necessidade da criação de um seminário que oferecesse ambos os cursos: preparatórios e teológico. Em 1893, a Universidade do Estado de Nova York expediu carta autorizando definitivamente o funcionamento do Mackenzie College.

Para Ribeiro (1987), em 1898, quando o Colégio Protestante passou oficialmente a chamar-se Mackenzie College, a identidade confessional, pelo menos no que se refere à expectativa que dela tinham seus fundadores, já estava severamente comprometida. Entretanto, os documentos de implantação registram que a escola deveria ser "uma instituição educacional da maior qualidade, baseada na Bíblia Protestante" e que, no Mackenzie College, "em cada ano letivo", seriam transmitidos os "ensinos de Jesus Cristo e de seus apóstolos conforme os registra a já aludida Bíblia" (RIBEIRO, 1987, p. 294). Pouquíssimo tempo depois (1894), surgiram dificuldades na viabilização das exigências referidas nos documentos de implantação.

---

6   Este se torna um dos três grandes motivos dos desentendimentos entre os pastores nacionais e os missionários, colimando com primeira divisão dentro da Igreja Presbiteriana no Brasil, da qual resultou a criação da Igreja Presbiteriana Independente. *A Igreja Presbiteriana do Brasil:* da autonomia ao cisma (RIBEIRO, 1987) é uma entre as diversas obras que tratam desse assunto.

Essas dificuldades são descritas por Ribeiro (1987, p. 297) nos seguintes termos:

> [...] o problema são as exigências evangélicas. Nem há professores protestantes na proporção da demanda, nem os fundos permitem classes muito pequenas, nem os alunos do Curso Superior são dóceis como os do primário às práticas protestantes programadas.

Muitas referências ao nome do Mackenzie transmitem uma impressão de homenagem póstuma a John Mackenzie, doador dos recursos utilizados para a construção do primeiro prédio do atual complexo educacional, prédio este primeiramente utilizado pela Escola de Engenharia (cf. HACK, 2001, 2002; MÁSPOLI, 2000; GARCEZ, 2004). Ribeiro (1987, p. 294) transcreve o documento no qual o doador e os componentes do Board of Trustees se comprometiam a "incorporar, até 15 de dezembro de 1891, uma instituição educacional da melhor qualidade, baseada na Bíblia protestante, localizada em São Paulo, Brasil, com direito de possuir imóveis e outros bens e a ser perpetuamente denominada 'Mackenzie College'".

Subordinado então às leis norte-americanas e funcionando no Brasil, o Mackenzie College passou a primeira metade do século XX procurando superar os desafios dessa sua condição singular. Essa dupla cidadania foi considerada, em alguns momentos e por alguns segmentos sociais, como um grande privilégio e, em outros momentos ou por outros segmentos, como um grande problema para a educação nacional. Também a identidade confessional, relacionada ao protestantismo norte-americano, resultou tanto em aceitação especial quanto em rejeição radical. Os diretores utilizavam essa identidade como propaganda, conforme demonstram alguns documentos oficiais citados por pesquisadores como Mendes (2000), Máspoli (2000), Hack (2002, 2003) e Garcez (2004). São alguns exemplos de referências à identidade confessional com intuito de propaganda as seguintes citações:

> Somos uma instituição missionária e, como tal, mantemos distância de qualquer vínculo com o Governo, tendo sempre em mente os interesses do Cristianismo protestante (MACKENZIE COLLEGE, 1909, p. 12, apud MENDES, 2000, p. 41).

> O Mackenzie College é uma sucursal da Universidade do Estado de Nova Iorque. Seus cursos são, portanto, equivalentes aos de Cornell, Columbia, Union [...] os alunos do Mackenzie College poderão ser admitidos em qualquer outro estabelecimento de ensino do Estado de Nova Iorque (MACKENZIE COLLEGE, 1921, p. 37, tradução nossa, apud HACK 2002, p. 177).

Enquanto isso, os opositores se valiam da mesma identidade para lançar suas críticas e apresentar suas razões para defenderem o fechamento da instituição. No jornal *Gazeta de Notícias* (1923 apud MENDES, 2000, p. 64), escreveu-se:

> O Mackenzie é um estabelecimento fundado e mantido por uma seita religiosa americana, no qual se pratica a propaganda desse culto.
> Há muitos anos, nos Estados Unidos, um velho presbiteriano, ao morrer, deixou parte de sua fortuna para ser aplicada à educação popular no Brasil.

A identidade protestante emergia nas situações mais diversas. Hack (2002) afirma que o Mackenzie participava da política acadêmica e religiosa, enfrentando os desafios da legislação ou mesmo da falta de uma legislação específica e também os desafios da intolerância religiosa. Em trecho da matéria publicada pelo jornal *O Estado de S. Paulo* em 1922 e citado por Hack (2002, p. 181), quando se debatia a questão da equiparação dos diplomas da Escola Superior de Engenharia, revelava-se um pouco do sentimento de contrariedade que tal identidade provocava nos radicais opositores ao protestantismo.

> A equiparação projetada pode ser muito benéfica aos engenheiros que preparam (sic) dentro daquele estabelecimento; será maléfica, talvez (não afirmamos em absoluto), aos cidadãos que lá se cozinham ao bafejo de uma cultura saturada de princípios imponderáveis, mas penetrantes, alheios ao nosso modo de ser [...].

Ainda em outra tentativa de convencimento das autoridades para não atenderem ao pedido de equiparação, desta vez oriunda da Escola Politécnica, congênere à Escola de Engenharia do Mackenzie College e publicada no *Diário Oficial da União*, em 1922, (HACK, 2002, p. 181), a questão da religião aparece como fator relevante para a depreciação da escola:

> Trata-se de conceder favores a uma escola estrangeira [...] que, sob o pretexto de instrução, faz sobretudo propaganda religiosa protestante junto da mocidade que a freqüenta. [...] É a essa escola que se vão conceder regalias oficiais, em detrimento e com achincalhe para as outras [...].

Educadores que não participaram diretamente da vida do Mackenzie também mencionam sua identidade confessional como um diferencial. Fernando de Azevedo (1960), em solenidade comemorativa dos 90 anos da instituição, atribui o sucesso alcançado ao caráter de novidade que tinha a mensagem que os educadores norte-americanos apresentaram aliada aos métodos eficazes que trouxeram seus fundadores. Azevedo destaca o acentuado contraste existente entre as novas idéias e técnicas importadas e as que orientavam a precária organização escolar existente no país quando da chegada dos fundadores do Mackenzie.

Segundo Azevedo (1960, p. 3), o contraste "vivo demais para não ser percebido de todos" provocou "um choque em nosso mundo pedagógico por implicarem uma ruptura com a tradição escolar do país". A liberdade de consciência foi defendida no Mackenzie, enquanto nos sistemas educacionais do país predominava a intolerância, pois a escola estava aberta a todos, sem discriminação de crenças e de culto. Outras observações de Azevedo referem-se à educação conjunta de meninos e meninas e aos demais métodos, sempre os relacionando com a cultura protestante. Segundo ele (1960, p. 3):

> Em lugar da separação de meninos e meninas por classe, quando não por escolas diferentes, o que procurou estabelecer foi o regime de co-educação. Métodos que faziam mais apelo à inteligência do que à memória tomavam o lugar às práticas habituais do estudo em voz alta e da decoração que convidavam ao sono nas escolas. Em oposição ao dogmatismo reinante, ao espírito de rotina e à cristalização de processos, instalados nas escolas públicas, passam à ordem do dia a busca, a análise e a experimentação de novas técnicas de ensino. [...] Essas idéias que correspondiam ao tipo de vida e de educação na América vinham marcadas do espírito protestante no que ele tem de essencial, e um de cujos traços característicos é um sentimento muito vivo da liberdade: livre exame, liberdade de consciência, de crítica e de discussão.

Ao unir "tipo de vida e de educação", Azevedo (1960) evoca o ideal da educação puritana segundo o qual vida e educação são inseparáveis, pois a teoria da educação é naturalmente derivada da filosofia de vida (RYKEN, 1992, p. 168). No entanto, é necessário considerar o processo de aculturação que aqui se deu com a chegada dos educadores americanos e com seu posterior estabelecimento entre os brasileiros[7].

Considerando o que postula Bastide (1971), num processo de intercâmbio cultural nunca existe uma cultura apenas doadora e outra apenas receptora. Mesmo em caso de dominação considerada total, o dominador é influenciado, em alguma medida, pela cultura dominada. Dessa forma, há de se considerar que as abordagens pedagógicas e as idéias religiosas dos missionários foram influenciadas e, em alguma medida, transformadas pelas características do povo brasileiro da época.

Quando chegaram ao Brasil na segunda metade do século XIX, os protestantes enfrentaram uma realidade muito diferente da que viviam em seus países de origem. A religião católica exercia pleno domínio não apenas por questões de Estado, visto que era a religião oficial. Mais do que isso, "era a religião do povo brasileiro, era a configuração de seu mundo em todos os sentidos da vida" (MENDONÇA, 1995, p. 81). Mendonça (1995) afirma que as peculiaridades do protestantismo no Brasil, incluindo suas diferenças em relação às suas origens, têm algo a ver com a maneira como ele enfrentou e contornou o catolicismo. Essas observações são igualmente válidas para a questão educacional protestante. Na interpretação de Mendonça, a educação protestante possuía duas abordagens

---

7   A palavra "aculturação" foi utilizada inicialmente (desde 1880) pelo antropólogo H. W. Powel (cf. CUCHE, 1999, p. 114) – para denominar a transformação dos modos de vida e de pensamento dos imigrantes no contato com a sociedade americana – e passou a ser utilizada, de forma mais rigorosa, nos círculos científicos, somente a partir de 1930. Nessa década, Herskovits (cf. CUCHE, 1999, p. 115), embora preocupado com as "origens" africanas das culturas negras do continente americano, acabou contribuindo para o reconhecimento da aculturação como um fenômeno tão digno de estudos científicos quanto os fatos culturais considerados pelos antropólogos como "puros" e "originais". A partir de 1936, a aculturação passou a ser compreendida como "o conjunto de fenômenos que resultam de um contato contínuo e direto entre grupos de indivíduos de culturas diferentes e que provocam mudanças nos modelos (*patterns*) culturais iniciais de um ou dos dois grupos" (CUCHE, 1999, p.115).

distintas: o caráter ideológico, que visava introduzir elementos transformadores na cultura brasileira a partir dos escalões mais elevados, e o instrumental, que visava contribuir para a sobrevivência das igrejas. Essas circunstâncias devem ter influenciado, significativamente, o tipo de cultura confessional que foi construída nas escolas fundadas pelos protestantes.

Assim, não é possível falar em uma instituição confessional presbiteriana brasileira rigorosamente semelhante às instituições confessionais de educação que existiam na outra América ou em qualquer outro país. Um fato importante nesse processo de aculturação, no caso Mackenzie, é a escolha do idioma. Desde o início, foi decidido que as aulas seriam ministradas em língua portuguesa (RIBEIRO, 1981, p. 230), embora a escola tivesse assumido o nome de "Escola Americana".

DUPLA NACIONALIDADE

A expressão "dupla nacionalidade" reflete melhor as características da escola do que o nome "Escola Americana", apesar de os mais altos postos administrativos da instituição ficarem a cargo dos americanos até 1959. De igual forma, em relação à confessionalidade, não é possível identificar apenas os valores protestantes permeando a prática educacional. Os altos dirigentes da instituição foram também presbiterianos, além de americanos, durante todo o tempo em que esta esteve ligada à Universidade de Nova York. Como estes dois fatores (nacionalidade norte-americana e identidade protestante) eram, ao mesmo tempo, motivo de orgulho para uns e de acusações e questionamentos por parte dos opositores, ambos acabaram constituindo fatores cruciais no desenrolar dos acontecimentos ao longo da história institucional. Mendes (2005, p. 21) afirma que os aspectos relacionados com a questão religiosa tiveram acentuada importância no processo chamado de "nacionalização do Mackenzie":

> [...] no cenário de tensões e conflitos suscitados em torno do processo de "nacionalização do Mackenzie", as questões relacionadas com a confessionalidade e a vinculação eclesiástica da instituição tiveram preponderância sobre outras incidências e contribuíram significativamente para a incorporação de novos traços no ethos institucional do Mackenzie.

Na tentativa de apontar contribuições para o processo de formação de um *ethos* institucional do Mackenzie, Mendes (2005, p. 327) conclui que a nacionalidade norte-americana e a confessionalidade protestante constituem parte relevante da identidade institucional, não podendo ser interpretadas como episódicas ou pontuais.

O processo de nacionalização foi bastante lento e traumático. Iniciou-se, simbolicamente, no ano de 1923 (MENDES, 2005, p. 99) quando os cursos de Engenharia foram equiparados aos congêneres nacionais e quando foi criada a figura jurídica do Conselho do Mackenzie College. Trata-se de uma demarcação temporal mais simbólica do que prática, pois o estatuto do referido Conselho não era suficientemente claro ou preciso em pontos relevantes, e as nomeações continuaram sendo feitas pelo Board de Nova York ou por ele homologadas até o ano de 1961.

Em 1940, foram feitas alterações nos estatutos e a figura jurídica denominada Conselho do Mackenzie College foi então substituída por Conselho do Instituto Mackenzie. Tratou-se de uma alteração significativa, pois, pela primeira vez desde 1886, a instituição deixou de utilizar o termo *college* – típico do ambiente anglo-saxão e utilizado pelos primeiros componentes do Board of Trustees ao definirem o nome e a finalidade da instituição escolar que se criaria no Brasil (RIBEIRO, 1987, p. 294).

O Estatuto do Conselho do Instituto Mackenzie, entretanto, foi aprovado quase uma década depois. Seu texto final, lavrado no primeiro mês da década de 1950, serviu de pretexto para muitas polêmicas, controvérsias e dificuldades de toda ordem, conforme ressalta Mendes (2005, p. 92):

> [...] do artigo 3º do respectivo diploma legal ressalta a figura do "Associado Vitalício", representado unicamente pelo "Board of Trustees of Mackenzie College", o conhecido *Board* de Nova York, que permaneceu detentor de amplos poderes de nomeação e veto. Na composição do quadro associativo foram definidas mais três categorias, a saber: "Associados Efetivos", nas pessoas do presidente, vice-presidente e tesoureiro, todos nomeados pelo *Board* de Nova York; "Associados Eleitos" (em número de nove), escolhidos pelo Conselho Deliberativo e homologados também pelo *Board* de Nova York; finalmente, os "Associados Antigos Alunos" (em número de três), eleitos entre seus pares. A redação do artigo 13 desses estatutos, alusivo à indicação, nomeação e posse dos membros da "Administração Geral" fundamentaria, em contexto futuro, longa controvérsia administrativa e jurídica que só seria superada na instância da mais elevada corte do Poder Judiciário, em 1973.

O período seguinte não pode ser identificado como um significativo progresso rumo à nacionalização. Ao contrário, o termo "nacionalismo" parece mais apropriado mesmo porque a mudança do nome da instituição deu-se muito mais por causa da situação social e política que o Brasil atravessava naquele momento do que em decorrência de qualquer intenção de transferir a liderança da instituição para as mãos de brasileiros.

A Universidade Mackenzie foi organizada e instalada ainda sob a regência norte-americana, em abril de 1952. No discurso do primeiro reitor (PEGADO, 1953 apud MENDES, 2005, p. 104), no entanto, não foram feitas referências a essa filiação ou às origens confessionais do Mackenzie, limitando-se a mais alta autoridade universitária a mencionar sua confiança "num futuro cheio de esperanças pela fé dos que elevaram tão alto a despretensiosa 'escolinha' (sic) do século passado". Na interpretação de Mendes (2005, p. 104), a referência àqueles que tiveram fé e elevaram a instituição a grau tão elevado não diz respeito aos missionários presbiterianos fundadores, mas aos antigos alunos e professores, sendo também sobre estes que deveria ser construída a nova identidade da Universidade.

Parece ainda que a palavra "despretensiosa" atribuída à escola de Mary e George Chamberlain é inadequada quando comparada à "visão gloriosa" do fundador, o qual já em 1871 convocara um grupo de pessoas da sociedade com a finalidade de delinear um projeto de *college* para o Brasil. Segundo Hack (2002, p. 15), "desde a criação do Colégio Protestante em 1886 até a concretização da proposta que redundou na criação da Universidade em 1952", o ideal perseguido sempre foi a criação de um sistema educacional que trazia no seu bojo a idéia de universidade. Chamberlain procurou convencer a Junta de Missões da Igreja de Nova York sobre a necessidade de um *college* em São Paulo e, com essa intenção, organizou duas assembléias (uma em São Paulo e outra em Campinas) em 1861. O tema foi o mesmo: a criação de uma instituição de ensino que no futuro possa tornar-se uma academia, para ensinar "alguns dos ramos do ensino superior". Resultou dessa reunião o plano que foi utilizado para a criação do Mackenzie (RIBEIRO 1981, p. 228). Diante de tais evidências, não se pode falar em "despretensiosa escolinha", mas é forçoso perceber na criação da universidade a concretização de um sonho do seu fundador.

Mendes (2005, p. 104), citando as autoridades presentes na solenidade, chama a atenção para a representação do cardeal arcebispo de São Paulo e manifesta sua estranheza em relação à ausência de um representante oficial da Igreja Presbiteriana do Brasil.

Não são muito claras as pistas sobre as características do vínculo existente entre a Igreja Presbiteriana do Brasil e o Mackenzie naquele significativo momento da instituição educacional. Na ata da reunião ordinária do Supremo Concílio da Igreja Presbiteriana do Brasil, realizada em fevereiro de 1951, portanto antes da organização da Universidade, lê-se apenas a seguinte nota: "registra-se que o Instituto Mackenzie oferece aos filhos dos ministros o desconto de 50% em favor dos mesmos" (DIGESTO PRESBITERIANO, 1998a, p. 14).

Parece que, ao chegar ao alvo sonhado por Chamberlain, a Universidade Mackenzie tinha muito pouco da confessionalidade pretendida por aqueles que a idealizaram e lutaram pela sua viabilização nas primeiras décadas. Mas o vínculo com a Igreja Presbiteriana do Brasil estava sendo construído ou talvez fortalecido. Na reunião da Comissão Executiva do Supremo Concílio da Igreja Presbiteriana do Brasil, no ano de 1957, surgiram as primeiras referências à "transferência de Colégios das Missões para a IPB". As referências são um tanto vagas e nem sequer aparece o nome do Instituto Mackenzie. É nomeada uma comissão para "preparar a Igreja Nacional para receber as instituições educativas". A comissão é formada por José Borges dos Santos Júnior, Amantino Adorno Vassão e Boanerges Ribeiro (DIGESTO PRESBITERIANO, 1998a, p. 146).

A razão dessas providências justificava também iniciativas que iam sendo tomadas por parte de dirigentes da Universidade e pela Associação dos Antigos Alunos – a vinda de um colegiado do Board of Trustees of New York para negociar definitivamente a transferência do patrimônio e da direção do Instituto Mackenzie para os brasileiros. A visita aconteceu em junho de 1957. Uma delegação composta por integrantes do Board of Trustees e por membros da Junta de Missões Estrangeiras da Igreja Presbiteriana dos Estados Unidos ouviu, em reuniões particulares, cada um dos grupos interessados. Encontraram-se com essa delegação representantes da Igreja Presbiteriana do Brasil, do Conselho Deliberativo do Instituto Mackenzie, da Associação dos Antigos Alunos do Mackenzie e dos Centros Acadêmicos – órgãos de representação discente da Universidade (MENDES 2005, p. 111). Cada um desses grupos manifestou seu interesse em assumir as responsabilidades e os bens pertencentes ao Board e este voltou aos Estados Unidos sem manifestar suas conclusões ou previsão de quando alguma decisão seria tomada.

A CONFESSIONALIDADE COMO DETERMINANTE DA TRANSFERÊNCIA

O plano de nacionalização do Mackenzie saiu da esfera dos grupos mais diretamente interessados e tornou-se público por meio de um veículo oficial da instituição, de forma que parecia refletir mais a opinião pessoal do editor do que os fatos concretos. Decorrente do vínculo deste com a Igreja Presbiteriana do Brasil, a notícia chegou ao leitor como uma defesa da primazia da igreja em relação aos demais grupos interessados na transação. Na opinião do articulista e editor Jorge César Mota, apenas com a transferência das instalações e da direção do Mackenzie para a Igreja Presbiteriana do Brasil, ficaria assegurada a continuidade da identidade institucional. Por meio do vínculo entre a Igreja Presbiteriana do Brasil e o Mackenzie

> [...] ficarão garantidas as características que o têm distinguido. Trata-se exatamente de preservar as qualidades da instituição educacional com orientação cristã, porém, sem discipli-

nas religiosas nos currículos das faculdades, sem exames obrigatórios de doutrinas religiosas, sem constrangimento nem coações. [...] Não nos move o desejo de "protestantizar" ninguém, mas de contribuir para dar ao Brasil homens e mulheres que, além da cultura e da saúde física, levam consigo uma formação moral cristã. [...] Teria porventura alguém a idéia de negar aos jesuítas, franciscanos, salesianos, dominicanos ou beneditinos o direito de exigirem que os colégios por eles fundados se mantenham fiéis aos seus princípios? (MOTA, 1957 apud MENDES, 2005, p. 117).

Nesse mesmo contexto, o então presidente do Instituto Mackenzie expressou seu interesse em preservar a identidade confessional, afirmando que seria necessário documentar e registrar, quando da transferência, a impossibilidade de se alterarem os objetivos que Chamberlain, John Mackenzie e o Board tinham em mente quando da fundação da instituição.

Houve imediata reação da Associação dos Antigos Alunos do Mackenzie, que manifestou sua posição contrária ao critério de atribuir a evangélicos os destinos do Mackenzie, visto serem estes minoria dentro da coletividade. A Associação apresentou então um plano alternativo: a criação da Fundação Mackenzie, instituição sem nenhuma finalidade lucrativa ou partidarismo político ou religioso, para a qual seria transferido o título de propriedade da instituição. Fica bastante claro na proposta que a referida Fundação seria dirigida preponderantemente pelos antigos alunos, visto serem eles os possuidores das legítimas credenciais para zelar pelo patrimônio da instituição (MENDES, 2005, p. 123). Em resposta ao documento da Associação dos Antigos Alunos, o Board destacou a importância da identidade confessional cuja preservação constituía o núcleo do projeto de nacionalização.

No ano seguinte, quando se comemorava o centenário da chegada dos primeiros missionários presbiterianos ao Brasil, o Mackenzie inaugurou festivamente o seu maior edifício educacional e respectivo auditório, em presença de personalidades do presbiterianismo mundial, entre os quais, alguns representantes integrantes do Board de Nova York e da igreja norte-americana. Mas o ano do centenário chegou ao seu final sem que as negociações fossem levadas a bom termo.

Em 1960, o Board de Nova York nomeou dirigentes, pela última vez, para a instituição. Dessa vez, porém, o nomeado era um brasileiro nato, o primeiro a ocupar o cargo de presidente do Instituto Mackenzie, ainda que nomeado pela junta norte-americana. Seu nome: Richard L. Waddell. Seu pai: William A. Waddell – o qual havia presidido o Mackenzie College em duas diferentes gestões, sendo a primeira de 1914 a 1927 e a segunda de 1933 a 1934. Seu avô não era outro senão o próprio George W. Chamberlain, fundador da escola que deu origem ao Mackenzie College. Ele era realmente nascido no Brasil, mas também tinha dupla nacionalidade.

Para o cargo de vice-presidente do Instituto, foi indicado pelo Board Millard Richard Shaull, também norte-americano. Não é suficientemente conhecida a influência desse teólogo e educador na vida do Instituto Mackenzie. Sabe-se, entretanto, que nessa ocasião ele já havia influenciado muitos colombianos e brasileiros[8] com sua teologia voltada para a ação social da igreja. Shaull tinha sido missionário na Colômbia no período de 1942 a 1950. Veio para o Brasil aos 32 anos e foi, ao mesmo tempo, professor no Seminário Presbiteriano do Sul, em Campinas, São Paulo, colaborador no mo-

---

8   O testemunho de Rubem Alves, em crônica escrita após a morte de Richard Shaull, em 2002, evidencia a profundidade da influência exercida por este teólogo presbiteriano na teologia brasileira e latino-americana na última metade do século XX. Nas palavras de Rubem Alves (2008) "eu posso dizer que a minha vida se divide em dois períodos: antes de conhecê-lo, depois de conhecê-lo".

vimento estudantil cristão e no Setor de Responsabilidade Social da Igreja na antiga Confederação Evangélica do Brasil. Nesse tempo, ajudou a fundar o Seminário Presbiteriano do Centenário[9].

O espaço aberto neste contexto da pesquisa para tratar desse teólogo deve-se principalmente à surpresa causada pela descoberta de seu nome, ainda que por brevíssimo tempo, entre os dirigentes do Instituto Mackenzie. Shaull foi obrigado a deixar o Brasil em 1962, tornando-se professor do Seminário de Princeton, onde Simonton, o primeiro missionário presbiteriano no Brasil, havia se formado, em 1858.

Lopes (2003b) traduziu uma mensagem escrita por Shaull, em 2001, por ocasião dos atos terroristas de 11 de setembro. Nessa mensagem, Shaull critica a postura de supremacia assumida pelo seu país em detrimento dos demais povos e desafia os cristãos a explicitarem sua fé e esperança no Evangelho através de vidas vividas em comunidades de fé que rejeitam a dominação. Para ele (2003b),

> [...] nós, na América do Norte, temos nos contentado em desenvolver em nosso benefício e até os seus limites um sistema econômico que produz riqueza para nós – que somos uma mui pequena proporção dos povos criados por Deus – e que desenvolve as mais avançadas tecnologias para nos enriquecer ainda mais a nós mesmos e aumentar o nosso poder. Temos feito muito pouco para transformar esta ordem e servir às mais urgentes necessidades de centenas de milhões de povos pobres e excluídos.

Sobre a identidade confessional do Mackenzie, esse notável teólogo escreveu, antes de retornar aos Estados Unidos:

---

9   A autobiografia desse educador e pastor presbiteriano foi publicada em 2003 sob o título *Surpreendido pela graça*: memórias de um teólogo (tradução de Waldo César, Record).

A influência cristã e evangélica sempre tem sido um fator decisivo na obra do Mackenzie. Isto nunca foi concebido em termos de proselitismo, mas no sentido mais amplo de fazer da fé cristã e dos ideais do cristianismo elementos vitais na vida da instituição e na formação do cristianismo. Em grande parte a tradição mackenzista tem a sua inspiração nesta realidade. Com o rápido crescimento do Mackenzie e com as transformações que estão ocorrendo no mundo moderno, torna-se necessário descobrir novas maneiras de continuar esta influência cristã na vida da instituição. [...] Durante este ano preocupamo-nos com este problema, procurando descobrir novas possibilidades de fazer real esta herança cristã da instituição. Chegamos à conclusão de que isto não pode ser feito através de cultos, assembléias e outras coisas desta natureza, mas que tem que ser o resultado da presença real do cristianismo na vida diária da escola, através de professores e alunos (SHAULL, 1961 apud MENDES, 2005, p. 144).

As negociações prosseguiram, com a colaboração direta de presidente brasileiro-norte-americano. Em 24 de fevereiro de 1961, Richard L. Waddell escreveu para o Board informando sua opinião sobre a transferência: considerava que a atitude mais sensata seria transferir propriedade e direção para a Igreja Presbiteriana do Brasil, pois era a única maneira de impedir que a instituição futuramente caísse em mãos de um governo comunista. Segundo ele "o mesmo não se pode dizer, caso a transferência se dê para uma 'associação', ou 'fundação', ou algo desse tipo" (WADDELL, 1961 apud MENDES, 2005, p. 144).

Uma história é feita por fatos e pessoas. Aliás, os fatos são também resultados da atuação das pessoas. No entanto, nem todas as ações significativas para a compreensão de um fato são devidamente registradas nem se tornam documentos históricos concretos como cartas, relatórios, diários e demais formas escritas, as quais constituem provas materiais dos fatos. É sabido que muitas ações de pessoas pouco conhecidas em determinado momento histórico exercem influências que não são objeto de registro oficial, embora tais ações sejam muitas vezes determinantes para a história. Marcel Mendes se refere a esta possibilidade histórica ao mencionar a presença de Boanerges Ribeiro na cidade de Nova York, por ocasião das finalizações dos acertos para a transferência das propriedades e da direção do Mackenzie. Conforme registro no *Digesto Presbiteriano* (1998b, p. 11), Boanerges Ribeiro fora convidado pela Comission on Ecumenical Mission and Relations (COEMAR – Comissão de Missão e Relações Ecumênicas) para atuar naquela junta como "obreiro fraternal". O registro refere-se à decisão da Comissão Executiva do Supremo Concílio da Igreja Presbiteriana do Brasil (IPB) de aceitar o convite com a seguinte condição: "durante sua permanência nos Estados Unidos, seja ele oficialmente um representante da IPB junto ao COEMAR" (DIGESTO PRESBITERIANO, 1998b, p. 12).

Para Mendes (2005, p. 1+59), em sua interpretação da história, a ida desse pastor presbiteriano que "já começava a despontar no cenário eclesiástico brasileiro" e as próprias afirmações anos mais tarde quando já de volta ao Brasil permitem identificar sua influência no rumo dos acontecimentos que culminaram com o total abandono da idéia de criação da Fundação Mackenzie, resultando na transferência total para a Igreja Presbiteriana do Brasil, visto que,

> [...] logo que chegou àquele país, Boanerges Ribeiro aproximou-se do "Board of Trustees" que já estava em fase de auto-extinção, mas que era representado, na prática, pelos mesmos executivos que dirigiam a *COEMAR*, antiga Junta de Missões Estrangeiras. Essa aproximação contribuiu para o fortalecimento das teses da Igreja Presbiteriana do Brasil junto às esferas norte-americanas que, em alguns momentos, ainda hesitavam em transferir toda a propriedade e todos os poderes exclusivamente para a Igreja brasileira.

Quando Boanerges Ribeiro voltou ao Brasil e assumiu novos cargos, como o de diretor e redator-chefe do jornal Brasil Presbiteriano, tornou-se pública a colaboração que prestara no tempo em que estivera no Hemisfério Norte (MENDES, 2005, p. 159).

Ao discorrer sobre acertos de última hora nos detalhes da transferência, Mendes (2005, p. 160) interroga:

Que mãos habilidosas, que influências poderosas promoveram tão rápidas mudanças no cenário do último ato? Talvez a resposta se encontre revelada na mesma carta do secretário do "Board", que registrava a nova presença brasileira em 475 Riverside Drive, New York 27.

Finalmente, o desfecho. A escritura de doação foi assinada no dia 20 de novembro de 1961. A Igreja Presbiteriana do Brasil tornava-se proprietária de todos os bens móveis e imóveis pertencentes anteriormente ao Board of Trustees e assumia a responsabilidade de promover a educação

[...] em ambiente de fé cristã evangélica, encargo esse que poderá ser cumprido pela donatária, diretamente ou por intermédio de outras entidades que ela designar, desde que respeitados os princípios estabelecidos nesta cláusula e sem qualidade lucrativa (FAORO, 2000, v. 2, p. 365-366, apud MENDES, 2005, p. 163)[10].

Mendes (2005, p. 167) destaca os títulos dos jornais da cidade que noticiaram o acontecimento: *Diário de S. Paulo, A Folha de S. Paulo, O Estado de S. Paulo*. Também chama sua atenção o fato de

---

10 Escritura de Doação, livro 973, fls. 78, do 7º Ofício de Notas da Capital, lavrada em 20 nov. 1961.

não encontrar referências ao assunto no *Brasil Presbiteriano,* órgão oficial da Igreja Presbiteriana do Brasil, com circulação em todo o território nacional. Assim como por ocasião da instalação da Universidade, não havia nenhum representante oficial na cerimônia, também as notícias sobre tamanho acontecimento não chegaram aos presbiterianos a não ser apenas quatro anos mais tarde, "na oportunidade em que reacenderam tensões internas que testaram a elasticidade do tecido presbiteriano e quase o levaram à ruptura" (MENDES, 2005, p. 164).

Também é observada a ausência da mais alta autoridade da Igreja Presbiteriana do Brasil, no ato de assinatura da transferência. O reverendo José Borges dos Santos Jr. que – além de presidente do Supremo Concílio da Igreja, estava ligado diretamente ao próprio Instituto e teria ido diversas vezes à Nova York para tratar dos detalhes da transação – encontrava-se, nesse dia histórico, na cidade de Nova Delhi (Índia), participando, na condição de observador, da III Assembléia do Conselho Mundial de Igrejas (CMI). Representando a igreja no momento decisivo, estava o secretário-executivo da Igreja Presbiteriana do Brasil, Amantino Adorno Vassão, o qual se tornaria presidente da igreja em 1962.

PRIMEIROS ANOS SOB A NOVA DIREÇÃO E CRISES DECORRENTES DA CONFESSIONALIDADE

Uma acentuada diferença entre as escolas confessionais católicas e a maioria das confessionais protestantes poderia ser determinada pela noção de carisma. No catolicismo, existem ordens religiosas com "carismas" definidos: algumas ordens possuem um "carisma" específico para cuidar dos enfermos, e estas dirigem toda sua atividade para o cumprimento desse "chamado". No cuidado aos doentes encontram toda sua realização, todo o significado de sua própria existência.

Inúmeros hospitais em todas as partes do mundo são dirigidos por esses religiosos e religiosas que se preocupam em identificar e formar seguidores com o mesmo carisma e a missão contínua. Jovens identificados como vocacionados para o ministério sacerdotal podem ser encaminhados para essas ordens, e, em lugar de sacerdotes como comumente se conhecem nas igrejas, tornam-se enfermeiros, médicos e administradores de hospitais, vivendo longe de suas famílias, fazendo voto de pobreza e de castidade. Alguns avanços na medicina são atribuídos a essas ordens religiosas como a ordem de São Camilo e de São João de Deus[11].

Outras ordens católicas identificam seu "carisma" com a educação, e a missão desses religiosos centra-se na obra educacional. Os Lassalistas[12], assim como os Maristas[13], constituem exem-

---

11 A Ordem Hospitaleira São João de Deus tem origem na ação e exemplo de vida de S. João de Deus que, em 1538, em Granada (Espanha), iniciou a nova maneira de tratar e acolher os pobres, os doentes e os necessitados, sendo por isso um marco importante na história da medicina. Em 1606, os irmãos de S. João de Deus iniciam a Ordem em Portugal, indo posteriormente para a Itália e para o Brasil. Em São Paulo, atualmente, esses religiosos dirigem um hospital na Estrada Turística do Jaraguá. Jovens "vocacionados" vêm de diferentes cidades e fazem seus estudos elementares e superiores na própria Ordem, dedicando toda sua vida à obra de assistência à saúde (Disponível em: <www.oecumene.radio-vaticana.org/por/Articolo.asp>. Acesso em: 15 abr. 2006).

12 As Obras Educativas Lassalistas têm sua origem na proposta educativa de São João Batista de La Salle, sacerdote francês (1651-1719) que se dedicou à criação de escolas para as crianças das classes menos favorecidas. Sua primeira escola foi fundada em 1679. Criou, também, uma congregação religiosa cujo objetivo central tem sido a dedicação de seus membros à educação de crianças, jovens e adultos e à formação de professores. Essa congregação chamou-se Instituto dos Irmãos das Escolas Cristãs (1684) (Disponível em: <http://www.unilasalle.edu.br/institucional/historico.php>. Acesso em: 15 abr. 2006).

13 Os Irmãos Maristas das Escolas formam um Instituto de Religiosos fundado em 1817, na França, por São Marcelino Champagnat. Hoje, os Irmãos Maristas estão presentes em mais de setenta países, com a missão primordial de "tornar Jesus Cristo conhecido e amado". Champagnat dizia muitas vezes: "Não posso ver uma criança, sem sentir o desejo de lhe ensinar o catecismo, sem desejar fazer-lhe compreender quanto Jesus Cristo a amou". Ele fundou a ordem dos Irmãos Maristas para a educação cristã dos jovens, particularmente os mais necessitados. O instituto está dividido em províncias e distritos que agrupam as casas maristas. Cada província, ou distrito, é animada e governada por um superior e seu conselho, sob a autoridade do irmão superior geral e seu conselho (Disponível em: <http://www.marista.edu.br/area_aberta/colegios/pagina.asp?CodItemMenu=1>. Acesso em: 15 abr. 2006).

plos de missionários ou religiosos cujo "carisma" é a educação. Não se casam, não residem com suas famílias, não assumem nenhum compromisso com uma atividade remunerada. A tarefa educacional não é para eles uma carreira profissional. É a sua opção de vida. Geralmente, moram nas escolas. Não são padres. São educadores religiosos e sua função, além de educar, inclui a preparação de educadores e administradores para as obras educacionais.

Essas escolas contam então com significativo número de pessoas preparadas para explicitar sua confessionalidade na vida acadêmica, ainda que seja pela presença ostensiva daqueles e daquelas que se identificam como seguidores dos princípios de sua ordem. Teriam essas ordens algo a ensinar às igrejas protestantes e às suas instituições educacionais? Teriam esses exemplos alguma utilidade para a educação protestante?

Mesmo que não sejam considerados relevantes os exemplos extremos das ordens católicas que preparam sucessores para os mestres e gestores de suas obras educacionais, percebe-se que as instituições confessionais protestantes, de um modo geral, parecem ter privilegiado a formação de pregadores em detrimento da formação de educadores. No início da história do Mackenzie, havia entre alguns missionários a preocupação com a criação do curso normal para que fossem bem preparados os professores para o próprio Mackenzie e também para as escolas paroquiais. Tal preocupação parece ter sido relegada a plano secundário, quando não totalmente abandonada pelas autoridades da igreja.

Provavelmente, um dos fatores que contribuíram para tal negligência foi a própria dicotomia do binômio evangelização/educação. Ao considerar a educação "secular" como um fator estranho à missão da igreja, não haveria razão para preocupações em relação à formação de educadores. Se a educação era percebida apenas como uma estratégia para a evangelização, tal estratégia seria naturalmente abandonada na medida em que a ineficácia desta fosse denunciada pelo pequeno número de convertidos oriundos das escolas. Ficou, portanto, prejudicada a formação de educadores capacitados para a educação formal e comprometidos com os ideais da educação protestante.

Assim, quando a Igreja Presbiteriana do Brasil assumiu uma instituição educacional do porte do Instituto Mackenzie, quem estava habilitado para cumprir as cláusulas estabelecidas nos estatutos, segundo os quais se deveria promover a educação em ambiente de fé cristã reformada? Onde estavam os professores e os administradores com os quais a igreja poderia contar não necessariamente para falar dos valores da instituição, mas, principalmente, para vivê-los no contexto educacional e fora dele?

Essa dificuldade se fez sentir logo que a Igreja Presbiteriana assumiu a obra educacional. Quem seriam as pessoas mais adequadas para tocar esse projeto sem permitir que a qualidade fosse prejudicada e ainda implantando valores relacionados com a identidade confessional da mantenedora?

Na reunião da Comissão Executiva do Supremo Concílio da Igreja Presbiteriana do Brasil, ocorrida em fevereiro de 1962, foram tomadas as seguintes providências:

1) Registrar a passagem das propriedades do Mackenzie para a Igreja Presbiteriana do Brasil; 2) Louvar o esforço vitorioso do Presidente do Supremo Concílio e demais membros da Comissão Mista para conseguir a transferência; 3) Oficiar à COEMAR, uma vez extinto o "Board of Trustees", agradecendo a valiosa doação; 4) Oficiar, também, ao Deputado Dr. Camilo Aschar e ao Dr. Oswaldo Müller da Silva,

agradecendo a preciosa colaboração prestada para que se efetivasse a referida transferência; 5) Convidar a Diretoria do Instituto Mackenzie, nas pessoas do Sr. Presidente, Sr. Oswaldo Müller, vice-presidente, Sr. Guaracy Adyron Ribeiro e do Tesoureiro, Coronel Teodoro Almeida Pupo, para falar à CE–SC-IPB sobre a situação atual do Mackenzie (DIGESTO PRESBITERIANO, 1998b, p. 85).

Oswaldo Müller, Guaracy Adyron Ribeiro e o coronel Teodoro Almeida Pupo foram os primeiros representantes da Igreja Presbiteriana do Brasil na direção do Instituto Mackenzie. Menos de dois meses após a transferência, Richard Waddell, neto do fundador, fora substituído na presidência do Instituto por Oswaldo Müller, e o posto ocupado pelo teólogo Richard Shaull foi assumido por Guaracy Adyron Ribeiro, irmão de Boarnerges Ribeiro. Teodoro Almeida Pupo já havia servido como tesoureiro, ainda sob a direção norte-americana.

A pesquisa no Digesto Presbiteriano revela que o nome do vice-presidente havia sido mencionado nos documentos referentes às reuniões ordinárias e extraordinárias do Supremo Concílio e de sua Comissão Executiva apenas duas vezes, em 1958 e 1959. Na primeira vez, tratava-se de uma comissão para cuidar da Associação Umuarama[14], em Campos de Jordão. A segunda nota refere-se ao relatório da respectiva comissão. Quanto ao nome de Oswaldo Müller, a primeira referência nos documentos oficiais da Igreja Presbiteriana do Brasil é exatamente a que se relaciona com sua nomeação para ocupar o cargo de presidente do Instituto.

---

14 Associação fundada pela Comissão Brasileira de Cooperação (CBC), entidade que congregava as igrejas de diferentes denominações, sendo dirigida pelo pastor presbiteriano Erasmo Braga desde sua fundação, em 1920, até 1932.

Esses três nomes escolhidos pela IPB como seus primeiros representantes junto ao Instituto Mackenzie motivaram o início das discórdias que se prolongaram por muitos anos entre a instituição educacional e a mantenedora. Dois anos após essas indicações da igreja para a administração do Instituto Mackenzie (novembro de 1964), o Conselho Deliberativo demitiu o vice-presidente Guaracy Adyron Ribeiro e o tesoureiro Coronel Teodoro Almeida Pupo, sem consulta prévia à Igreja Presbiteriana do Brasil, embora com voto de aprovação do representante da IPB junto ao Conselho Deliberativo (e também vice-presidente do Supremo Concílio, reverendo José Borges dos Santos Jr.).

Esse incidente deu origem a prolongados questionamentos sobre a autoridade da igreja em relação às questões de ordem administrativa dentro do Instituto, de modo particular em relação ao poder de nomeação e destituição dos cargos diretivos dentro do Mackenzie.

Em reunião da Comissão Executiva do Supremo Concílio, em fevereiro de 1965, Guaracy Adyron Ribeiro, o vice-presidente demitido em novembro de 1964 sem o consentimento da igreja, foi substituído por seu cunhado (e, portanto, também cunhado de Boanerges Ribeiro), Cláudio Pereira Jorge, presbítero da igreja do Rio de Janeiro (DIGESTO PRESBITERIANO, 1998b, p. 205).

Em 1966, ocorreu a reunião ordinária do Supremo Concílio da Igreja Presbiteriana do Brasil, com a eleição de Boanerges Ribeiro para a presidência. Essa reunião tem sido considerada por alguns autores um divisor de águas para a Igreja Presbiteriana do Brasil, com sérias conseqüências também para a história do Mackenzie, além de outras instâncias do protestantismo nacional (PAIXÃO JÚNIOR, 2000).

Além da eleição do novo presidente da IPB, outros fatores contribuíram para o agravamento dos conflitos entre o Mackenzie e a igreja a partir de 1966. Mendes (2005, p. 264) cita alguns desses fatores, entre os quais a elevação do presidente do Instituto Mackenzie, Oswaldo Müller da Silva, ao primeiro escalão do governo Laudo Natel; a criação do Conselho de Curadores junto ao Instituto Mackenzie pelo Supremo Concílio da Igreja Presbiteriana do Brasil e a nomeação de novos titulares para a administração geral do Instituto; a busca de solução pela via judicial e o decreto estadual dispondo sobre a desapropriação dos bens da Igreja Presbiteriana do Brasil cedidos em comodato ao Instituto Mackenzie para finalidades educacionais.

Ao assumir a presidência da igreja, Boanerges Ribeiro assumiu também a presidência do recém-criado Conselho de Curadores, tornando-se representante do Associado Vitalício junto à Associação Instituto Mackenzie. Abordando o significado da eleição de Boanerges Ribeiro para a direção da IPB e sua inserção cada vez mais explícita no Mackenzie, Mendes (2005, p. 265) adverte para a dificuldade na qual se encontrará qualquer pesquisador que se propuser a analisar tais eventos e afirma de forma categórica: "se a análise é tarefa difícil, a síntese é missão impossível". Diante de tal testemunho de um historiador, seria imprudência a tentativa de sintetizar, neste capítulo, esse período, já nomeado por Paixão Júnior (2000) como "Era do Trovão". Da mesma forma não é possível nem é pretensão deste livro sumarizar os inúmeros acontecimentos que marcaram os 36 anos transcorridos entre a transferência oficial e a mudança do nome da Universidade Mackenzie para Universidade Presbiteriana Mackenzie.

Mendes (2005) apresenta ao leitor interessado farto e inédito material referente ao período compreendido entre 1961 e 1973, e revela alguns detalhes das acirradas crises, incluindo inúmeras demandas judiciais nas quais Boanerges Ribeiro figura como representante da igreja. Entretanto, a partir de 1973, muitas outras crises sobrevieram, e, numa parte significativa e pouco pesquisada nesse período, o mesmo personagem figurou como representante do Mackenzie contra a igreja que antes defendera tão ardorosamente.

Este trabalho se limitará a retomar o tema da confessionalidade em 1997, quando as relações entre Universidade, Instituto e mantenedora chegaram ao nível de tranqüilidade que permitiu a mudança no nome e nos estatutos que representam a configuração atual da instituição. Providências foram tomadas, a partir de 1997, para explicitar a identidade, a visão e a missão, bem como a Declaração de Princípios e Valores. Entre tais providências, foi estabelecida a disciplina Ética e Cidadania como parte da grade curricular de todos os cursos de graduação. Esse tema será abordado no Capítulo 5.

REAFIRMANDO A CONFESSIONALIDADE

A confessionalidade não pode ser feita apenas com documentos como estatutos, declarações e cartas de princípios. Mas também não se faz sem estes. Os documentos, nesse caso, são os registros das intenções, dos compromissos e das estratégias definidas por aqueles que se tornaram responsáveis pela construção da cultura confessional e balizam a ação de outros interessados no tema. Desde o ano de 1992, por determinação do Supremo Concílio da IPB, os membros do Conselho Deliberativo do Instituto Presbiteriano Mackenzie haviam se empenhado na reformulação de seus estatutos. Esse trabalho constituiu parte de um esforço maior da IPB de tornar cada vez mais explícita a identidade da instituição.

Assim, a Comissão Executiva do Supremo Concílio da Igreja Presbiteriana do Brasil, em reunião ordinária realizada no período de 11 a 17 de março de 1996, aprovou o Estatuto do Instituto Presbiteriano Mackenzie, entidade sucessora da Associação Civil Instituto Mackenzie. No artigo 2º, o referido estatuto faz menção às origens da instituição, "fundada em 1870, por missionários presbiterianos convictos dos benefícios da educação na melhoria das condições sociais do povo" (DIGESTO PRESBITERIANO, 1998e, p. 230). Reitera sua determinação em conservar as "tradições do antigo estabelecimento" e manter "ambiente de fé cristã evangélica, firmada na Bíblia". Nesse mesmo artigo, o parágrafo 3° destaca:

> O Instituto Presbiteriano Mackenzie é a entidade mantenedora da Universidade Presbiteriana Mackenzie, dos cursos, escolas e filiais existentes e a serem criadas por delegação expressa da Igreja Presbiteriana do Brasil (DIGESTO PRESBITERIANO, 1998e, p. 230).

Hack (2003, p. 128), ao comentar o fato, questiona: por que o acréscimo do nome "presbiteriano" depois de mais de um século? Em seguida, apresenta sua resposta, nos seguintes termos:

> Razões históricas, institucionais e confessionais contribuíram para a tomada de decisão da Igreja Presbiteriana do Brasil por meio de sua representação sinodal de todas as regiões do território nacional, a Comissão Executiva do Supremo Concílio da Igreja Presbiteriana do Brasil. Não foi apenas uma decisão eclesiástica, foi, na verdade, um resgate histórico importante para o Mackenzie, que sempre perseguiu sua confessionalidade nos textos estatutários.

Em 1997, realizou-se uma reunião de planejamento estratégico na qual foram definidas visão, missão e declaração de valores e princípios, com base na nova postura confessional. Reuniões posteriores, em 1999 e 2001, reafirmaram as posições assumidas em 1997 em relação a esses aspectos. Já em 1997, os conselhos de curadores e deliberativo, administração geral, reitoria e entidades universitárias e escolares, em reunião conjunta, definiram o lema utilizado desde então: "Mackenzie: tradição e pioneirismo na educação".

Segundo Hack (2001, p. 63), ao elaborarem o planejamento estratégico, os dirigentes da Universidade Presbiteriana Mackenzie definiram valores fundamentados na ética cristã, explicitando sua crença no caráter divino como princípio básico da própria ética:

> Um conceito de ética, de origem estritamente humana, pressupõe uma ênfase nos direitos como ponto de partida que regula todo relacionamento humano (ultrapessoal, interpessoal e estrutural).
>
> Um conceito ético que flua do próprio caráter do Deus Criador pressupõe que todo o relacionamento humano deva ser regulado por deveres e responsabilidades em relação a Deus, à verdade, à integridade pessoal, ao semelhante e às estruturas conjunturais, sociais e institucionais. Dessa maneira uma ética cristã de fundamentação reformada presbiteriana é diferenciada por ser teocêntrica e por direcionar todo relacionamento humano para a responsabilidade individual, coletiva e institucional, quanto à justiça e ao amor ao próximo, que é a manifestação objetiva do caráter divino, das relações com o mundo criado e no mundo criado segundo sua própria vontade soberana.

Em 1998 é lançado o primeiro número da *Revista Mackenzie*, com a informação expressa na capa: "Publicação do Instituto Presbiteriano Mackenzie – ano 1 – n. 1, 1998". O número inaugural apresenta-se bastante comprometido com a identidade confessional e histórica. A partir de então, a *Revista Mackenzie* tem sido publicada sempre contendo matérias que procuram explicitar a identidade confessional. Notícias envolvendo as autoridades da Igreja Presbiteriana do Brasil e referências à tradição presbiteriana são publicadas com regularidade. Os números referentes aos meses de outubro de cada ano, desde 1998, são sempre edições de aniversário, e de forma especial trazem notícias sobre as solenidades comemorativas e referências a personalidades importantes da história da instituição. Da mesma forma, todos os números de aniversário que foram consultados trazem também a história dos primórdios da instituição, geralmente enfatizando a identidade presbiteriana dos fundadores.

O estatuto aprovado em 1996 tem passado por algumas alterações desde então, e a cada modificação enfatizam-se a identidade confessional e as implicações desta para a prática educacional. Da mesma forma, o estatuto da Universidade e os regimentos internos de cada uma das unidades acadêmicas gradativamente estão sendo adequados à nova visão confessional da instituição.

O Instituto Presbiteriano Mackenzie constitui-se, atualmente, num complexo educacional do qual fazem parte a Escola Americana, o Colégio Presbiteriano Mackenzie e a Universidade Presbiteriana Mackenzie. A instância superior do Instituto é o Conselho Deliberativo, composto pelo Associado Vitalício (a Igreja Presbiteriana do Brasil representada pelo Conselho de Curadores) e por mais doze associados eleitos.

O Conselho de Curadores é formado por sete membros, sendo cinco deles eleitos pelo Supremo Concílio da Igreja Presbiteriana do Brasil e dois membros natos. Os membros natos têm direito a voz e voto, e são o presidente e o secretário executivo do Supremo Concílio da IPB, enquanto no exercício de seus respectivos cargos. E ainda

> [...] compete ao Conselho de Curadores, cumprir e fazer cumprir as cláusulas contratuais celebradas por ocasião da transferência dos bens para a Igreja Presbiteriana do Brasil. Parte dessa competência se refere à escolha dos cargos executivos como presidente, chanceler e indicar nomes para o Conselho Deliberativo e eleger seu representante para este referido conselho. Deve também pronunciar-se sobre Regimentos Internos, acompanhar a ação educativa do Instituto, zelando para que a educação nele ministrada "se realize de forma eficaz, em

ambiente de fé cristã evangélica fundamentada na Bíblia Sagrada" (DIGESTO PRESBITERIANO, 1998e, p. 226).

FORMAÇÃO DE EDUCADORES LIGADOS À CONFESSIONALIDADE

Foi apontado no tópico anterior que uma das grandes dificuldades enfrentadas pela Igreja Presbiteriana do Brasil ao assumir o complexo educacional foi a escassez de educadores e educadoras competentes do ponto de vista de sua formação acadêmica, experiência profissional e comprometimento com os ideais da confessionalidade[15]. Apontou-se ainda que parece não ter existido, por parte da Igreja Presbiteriana do Brasil, a preocupação necessária com a formação desses quadros profissionais para a educação formal.

O distanciamento da Igreja Presbiteriana do Brasil em relação aos colégios e a falta de preocupação com a formação de educadores envolvidos com a educação formal podem ser verificados por meio da consulta às resoluções da igreja, publicadas no *Digesto Presbiteriano*. No volume I, que contém as resoluções do Supremo Concílio constantes de suas atas desde 1888 até 1942 e ainda do anexo às atas e aos apêndices de 1942, publicadas em 1943, existem 32 páginas dedicadas ao tema "Educação", subdividas em três tópicos: educação religiosa, educação teológica, e educandários e instrução (DIGESTO PRESBITERIANO, s. d.). A educação religiosa trata das questões relacionadas com o ensino nas igrejas (escolas dominicais, sociedades internas etc.). A educação teológica trata de todos os assuntos relacionados aos seminários e à formação de pastores (currículos, professores, preparação adequada para o candidato etc.). Esses temas ocupam trinta páginas, sobrando duas e

---

15 Mendes (2005) aponta alguns nomes de educadores ilustres, os quais se destacaram em cargos de liderança no Mackenzie. Entretanto, trata-se de exceções que servem para confirmar a regra.

meia para os "educandários" e apenas meia página para "instrução". Em relação ao Mackenzie, apenas três referências (1891, 1896 e 1897) sob o mesmo título: "Dificuldades na direção do '*Protestant College*" (DIGESTO PRESBITERIANO, s. d.). Com exceção de uma nota isolada, no ano de 1951[16], nos registros das decisões do Supremo Concílio da Igreja Presbiteriana do Brasil voltam a figurar informações sobre o Mackenzie apenas em 1958, já em referência à questão das providências sobre a nacionalização.

O formato de organização e apresentação das resoluções do Supremo Concílio da IPB e de sua comissão executiva no período posterior a 1942 é totalmente diferente do número I, citado anteriormente, e, portanto, não é possível realizar uma pesquisa comparativa sobre o espaço atribuído ao tema da educação nos anos que se seguiram à transferência das propriedades da igreja. Pelo que foi possível observar dos documentos e mesmo pelo que já foi mencionado neste capítulo, depreende-se que a situação não mudou significativamente a não ser na década de 1990.

A partir de 1998, a Igreja Presbiteriana do Brasil e a Universidade Presbiteriana Mackenzie parecem ter encontrado uma forma de contribuir, solidariamente, para melhor formação de educadores cristãos. O projeto da chancelaria, entretanto, se destina aos bacharéis em teologia nos seguintes termos:

> CE-1998-Doc. 85 – Assunto: Ofício do Chanceler da Universidade Mackenzie, divulgando "Oportunidades Acadêmicas" oferecidas pela universidade aos bacharéis em teologia, para ingressar no Programa Especial de Formação de Professores e no Curso de Filosofia sem vestibular, quanto ao documento n. 129, a CE-SC/IPB, considerando a importância

---

16 Decisão já referida neste capítulo. Trata-se de informação sobre bolsa de estudos para os filhos de ministros.

do assunto em tela, resolve tomar conhecimento, e determinar a publicação da matéria no Brasil Presbiteriano (DIGESTO PRESBITERIANO, 2000, p. 34).

Como resultado dessa publicação, muitos pastores acorreram à Universidade Presbiteriana Mackenzie para cursar Filosofia e Pedagogia, e alguns ainda fazem parte do atual corpo docente da Universidade.

A CONFESSIONALIDADE NA UNIVERSIDADE PRESBITERIANA MACKENZIE EM 2008: INTEGRAÇÃO E HARMONIA

No mês de julho de 2006, o Supremo Concílio da Igreja Presbiteriana do Brasil, reunido em Aracruz, no Estado do Espírito Santo, recebeu e aprovou o relatório do Conselho de Curadores do Instituto Presbiteriano Mackenzie, referente ao quadriênio 2002/2004. O relatório ressalta "o perfeito entrosamento existente dentro da instituição no que diz respeito ao trabalho do Conselho de Curadores e do Conselho Deliberativo, estendendo-se até os dirigentes" (SUPREMO CONCÍLIO DA IGREJA..., v. 1, p. 314-315) e ainda esclarece que

> [...] a eleição do Presbítero Manassés Claudino Fonteles e do Presbítero Pedro Ronzelli Jr. para Reitor e Vice-Reitor, respectivamente, determinou a inserção, na Universidade Presbiteriana Mackenzie – UPM, pela primeira vez, de oficiais da IPB, no mais alto posto da Universidade. Isto tem assegurado com maior vigor o caráter confessional da Instituição, tendo como condutor desse processo, o Chanceler da Universidade Rev. Augustus Nicodemus Gomes Lopes (SUPREMO CONCÍLIO DA IGREJA..., v. 1, p. 314-315).

O relatório ainda atribui destaque especial às atividades desenvolvidas pela capelania universitária e chancelaria, bem como pela Escola Superior de Teologia, como referenciais da identidade confessional da Instituição.

Além dos documentos oficiais, existem muitas outras formas de identificar o clima confessional na instituição, na atualidade. A observação direta de quem vivencia diariamente inúmeras experiências no âmbito institucional já é uma estratégia de pesquisa. Mesmo somada a essa vivência, a análise das múltiplas faces e interfaces de uma instituição é tarefa que demanda esforço paciente e método consistente. A opção feita tem a ver com o objetivo institucional explicitado desde sua fundação, qual seja o de oferecer educação integral em ambiente de fé cristã reformada calvinista. Identificando nessa meta o mesmo ideal proposto por diferentes órgãos ligados à educação superior nos diversos países no mundo, conforme expresso pela carta da Unesco sobre educação superior no século XXI – a formação da pessoa e não apenas do profissional –, a análise institucional caminhará nesta direção. Procurar-se-á identificar a explicitação da confessionalidade com a contribuição que esta possa conferir à formação moral do estudante.

O trabalho desenvolvido até este ponto pode ser resumido da seguinte forma: a confessionalidade no ensino superior é uma realidade histórica, bem como uma necessidade no contexto atual, marcado pelo processo de globalização e pela pluralidade e relatividade de valores. Instituições cristãs de ensino superior, em diferentes partes do planeta, têm procurado respostas para as questões que desafiam todos os sistemas educacionais interessados em oferecer educação de qualidade e contribuir para a formação humana e não apenas para a formação profissional.

Entre as instituições confessionais cristãs, a Universidade Presbiteriana Mackenzie também passa por um período no qual busca a consolidação de sua identidade. Este capítulo procurou delinear a trajetória institucional, partindo da pequenina escola fundada por missionários presbiterianos em 1870, até os dias atuais, quando mais de trinta mil estudantes de graduação e pós-graduação desenvolvem suas atividades acadêmicas num contexto em que os documentos oficiais definem como ambiente regido pelos princípios da ética e da fé cristã reformada, que prima pela formação integral do cidadão.

Diante do exposto, e com a intenção de analisar a efetiva presença dos valores confessionais no dia-a-dia da instituição e a possibilidade de contribuição desses valores para a formação integral dos estudantes, optou-se pelo estudo institucional à luz da teoria da construção da personalidade moral de Josep Maria Puig (1998).

O referido autor parte do pressuposto de que a educação nunca é neutra, e em todos os ambientes nos quais se desenvolvem práticas intencionais de educação existe, igualmente, uma intrincada rede de elementos que cooperam conjuntamente para a formação de características morais dos envolvidos. Puig (1998) denomina esses ambientes "meios de experiência moral". Segundo ele, a construção da personalidade moral é uma tarefa inteiramente social e ao mesmo tempo inteiramente individual, pois cada indivíduo interage com os elementos do meio de forma singular. Mesmo assim, da qualidade dos elementos do meio e da consistência entre os mesmos, derivam as características das experiências morais que o meio proporciona e, portanto, a contribuição oferecida pelo meio para a construção de pessoas e de um mundo mais condizente com a condição humana. No Capítulo 3, a teoria da construção da personalidade moral será abordada de forma detalhada, tendo cm vista a compreensão das categorias de Puig, para sua efetiva utilização como referencial de análise institucional, o que será feito no Capítulo 4.

3

A CONSTRUÇÃO
DA PERSONALIDADE MORAL

A formação completa da consciência moral requer
determinadas condições de complexidade do meio
social e práticas educativas e dialógicas especialmente dirigidas neste sentido (PUIG, 1998, p. 87).

Francis Shaeffer (2002, p. 47), um dos grandes apologetas cristãos do século XX, em sua obra intitulada *O Deus que se revela*, afirma que "ninguém jamais demonstrou como o tempo, acrescido de probabilidade, partindo do impessoal, poderia produzir a complexidade do universo, sem falar da personalidade do homem". Shaeffer trata a personalidade humana como um milagre, por sua complexidade, singularidade e improbabilidade. Se o tema da personalidade humana como um todo é desafiador para alguém como Shaeffer, parece prudente gastar tempo e esforço na tentativa de conhecer essa maravilha e o que estudiosos do tema têm afirmado sobre ele.

O propósito básico deste capítulo é apresentar a teoria da construção da personalidade moral, conforme proposta por Josep Maria Puig (1998), dando especial atenção ao conceito de meio de experiência moral, o qual será utilizado para análise da Universidade Presbiteriana Mackenzie, no Capítulo 4. Entretanto, estudar um meio de experiência moral seria incoerente sem pelo menos uma reflexão preliminar sobre os conceitos de personalidade e de personalidade moral.

O QUE É PERSONALIDADE?

Apresentar o conceito de personalidade moral é uma tarefa complexa e exige a contribuição de diferentes teorias. Não é menos complexo apresentar o conceito de personalidade, ainda que desvinculado do adjetivo "moral". Para demonstrar isso, Yves de La Taille (2002), cita Jean Piaget, o qual, em 1954, identificou o conceito de personalidade como sendo o termo menos suficientemente definido dentro do vocabulário da psicologia[1]. Gordon Allport havia identificado, já em 1937, aproximadamente cinqüenta diferentes definições para o termo (SARWEY; TELFORD, 1972, p. 314). Atualmente, ainda existe grande inconsistência na definição do conceito. É o que se conclui diante de citações como a de Lima (2002), na introdução ao programa do curso de Psicologia da Personalidade, da Faculdade de Psicologia na Universidade de Coimbra. O texto apresentado em epígrafe é o seguinte:

> É quase tão difícil definir o conceito de personalidade como deveria ser reter alguém nas malhas da descrição/explicação que em torno desse conceito ousamos construir. Que é a personalidade? Uma autonomia, um distintivo, uma integridade, uma impressão digital? Com a mesma palavra, para tornar tudo mais complicado e indecifrável, brindamos às solenidades, fazemos discursos, citamos Pessoa (o Fernando) e os imortais ("foi uma personalidade")... "Adjectivamola, ha-

---

1   O texto ao qual se refere é *Les relations entre l'affectivit et l'intelligence.*

bituados que estamos às classificações, às hierarquias, aos submissos e aos dominantes: 'forte' ou 'fraca', a personalidade confere um lugar na relação".

Nessa mesma linha, Magnusson e Torestad (1993) afirmam que não existe definição de personalidade. O que existe é um organismo vivo, ativo, intencional, funcionando e desenvolvendo-se como um ser total e integrado. Para esses autores, a investigação da personalidade deve ser definida por meio do estudo de como e por que os indivíduos pensam, sentem, atuam e reagem tal como eles o fazem, ou seja, do ponto de vista do indivíduo como um organismo total e integral.

Coerente com essa visão da pessoa humana como ser único, e também sem preocupar-se com a definição de personalidade, a logoterapia[2] postula que

[...] a criatura humana é como a semente que traz em seu interior um código preservador de sua identidade e assegurador do crescimento perfeitamente organizado. Além desta programação determinada por códigos genéticos, há, no caso humano, uma característica peculiar que é a sua capacidade de assumir a direção de seu destino. Isto somente por força de uma consciência da capacidade de ser livre e assumir responsabilidade, coisa que possibilita e faculta ao homem uma transcendência em relação ao Destino aprioristicamente determinado e faz dele uma criatura sem destino, porém dono de um sentido pessoal e intransferível, que o leva acima dos condicionamentos (GOMES, 1988, p. 32).

2 Desenvolvida pelo psiquiatra Victor Frankl a partir de suas vivências em um campo de concentração nazista, a logoterapia é considerada a terceira escola vienense, sendo a primeira a de Sigmund Freud e a segunda a de Alfred Adler. Para a logoterapia, a busca de sentido para a própria existência é a principal força motivadora. Sobre Frankl, ver Gomes (1988).

Os autores que tratam da Psicologia do Desenvolvimento Humano, quer do ponto de vista psicanalítico como Sigmund Freud, Melaine Klein, Hanna Segal, entre outros, quer do ponto de vista da Psicologia Experimental como Albert Bandura, Paul H. Mussen, Jerome Kagan, James Sarwey e Chartels Telford, geralmente utilizam a palavra "personalidade" sem uma definição do termo.

A dificuldade para definir o conceito de personalidade não deve, contudo, impedir a tentativa de fazê-lo. Nessa busca, retornar aos gregos antigos permite uma aproximação do sentido original do emprego da palavra e também favorece a possibilidade de um novo olhar sobre a percepção que eles tinham sobre o assunto. Para eles, *persona,* palavra da qual derivou personalidade, era utilizada para designar a máscara utilizada pelos atores na representação de seus "personagens" no teatro. Uma das utilidades dessa máscara era ampliar a potência da voz, como se fosse um tipo de amplificador (SARWEY; TELFORD, 1972, p.270). Considerando esse significado, parece consistente afirmar que a personalidade poderia ser descrita como uma forma de amplificação das características individuais, uma ilusão, ou até uma fraude. A pessoa mostraria, de forma amplificada, características que lhe parecessem convenientes e ocultaria outras que, embora continuassem a existir, não seriam percebidas pelos demais. A personalidade poderia ser descrita, então, apenas como sendo a parte conhecida ou explicitada pelo próprio ser humano no espaço de convivência com os demais. A consideração sobre a possibilidade de que existam características percebidas pelo sujeito como indesejáveis – as quais este não tem interesse em revelar, mas que continuam fazendo parte de sua personalidade – inviabiliza ou ao menos enfraquece a definição anterior, inspirada na cultura grega.

Cabral e Nick (s. d., p. 270) afirmam que os inúmeros significados atribuídos à palavra "personalidade" são todos influenciados, em alguma medida, "pelo aspecto particular que se pretenda dar, estudar ou definir da pessoa como entidade dotada de propriedades que a distinguem individualmente e a configuram física, psíquica, social e culturalmente". Isso fica claro quando consideradas as diferenças entre as definições apresentadas por autores das mais diferentes linhas de pesquisa psicológica que vão da psicanálise ao behaviorismo.

Sarwey e Telford (1972, p.270), por exemplo, como autores behavioristas, afirmam que a palavra "personalidade" deve ser utilizada apenas para descrever características e atitudes observáveis, pois "de modo geral, as teorias da personalidade são teorias do comportamento" e "as condutas particulares que são observadas pela pessoa que define personalidade determinam, em parte, sua definição". Ou seja, também para esses autores a definição de personalidade dependerá da pessoa que observa e dos comportamentos que o observador escolher como objeto de seu interesse. Isso porque, segundo eles, não é possível a formulação de conceitos globais que expliquem todos os comportamentos dos seres humanos, não sendo possível também a elaboração de uma teoria da personalidade que seja suficientemente clara, precisa, previsível e demonstrável. Assim, enquanto alguns estudiosos concentram-se no estudo de aspectos da aprendizagem e definem a personalidade em termos dessa característica, outros estudam a percepção ou a motivação, e suas teorias da personalidade darão ênfase especial aos componentes desses traços estudados.

Mesmo tendo definido personalidade em termos de comportamentos observáveis, Sarwey e Telford (1972) admitem que o observador, para definir a personalidade de um determinado indivíduo, deverá atentar especificamente para as características únicas ou distintivas desse mesmo indivíduo, pois são estas os verdadeiros indicadores da personalidade.

[...] embora dificilmente possamos excluir as considerações àquelas características que constituem traços humanos universais, a personalidade confere um peso particular àquelas qualidades ou combinações de qualidades que distinguem um indivíduo de todos os outros (SARWEY; TELFORD, 1972, p. 318).

E mais:

[...] a personalidade de um indivíduo não é distintamente caracterizada pelo fato dele ser humano, ou possuir a fala ou ser normalmente gregário. A sua personalidade é identificada, sobretudo, em função de como ele se desvia da norma nesses aspectos. A personalidade do indivíduo é caracterizada pela sua organização única de tendências comportamentais dinâmicas (SARWEY; TELFORD, 1972, p. 318).

Para esses autores, além de ser caracterizada pela organização única de tendências comportamentais, a personalidade é também resultado de uma complexa dinâmica "estímulo e resposta" (E-R). Sendo a personalidade resultado da forma peculiar como cada indivíduo percebe os estímulos ambientais e é afetado por eles, essa definição parece atribuir valor equivalente às tendências pessoais únicas e aos fatores ambientais. Sarwey e Telford (1972), entretanto, não esclarecem o que, para eles, significam essas "tendências individuais", já que pressupõem o ser humano como totalmente condicionado pelo ambiente. Os autores citados recorrem também à origem do termo "personalidade" e identificam a presença do elemento E-R no próprio radical *persona*, que se referia originalmente à máscara utilizada pelo ator. Utilizando esse exemplo eles procuram explicar que a personalidade, mesmo para os antigos, referia-se ao indivíduo da forma como este era socialmente percebido, "experimentado, avaliado e respondido por outras pessoas" (SARWEY; TELFORD, 1972, p. 318).

Sarwey e Telford (1972, p. 316) incluem em sua compreensão da personalidade apenas as expressões visíveis no contexto social, pois, segundo eles, "a personalidade do indivíduo compõe-se mais do que ele faz do que de qualquer dinâmica interna que pudesse estar produzindo o comportamento". Essa definição é questionável quando confrontada, por exemplo, com a visão psicanalítica do ser humano, segundo a qual, em inumeráveis situações, nem mesmo o indivíduo poderia dizer com absoluta veracidade quais as motivações que o levam a realizar determinado comportamento. Nesse caso, sua personalidade não poderia ser definida em termos de comportamento, e somente uma análise aprofundada de suas motivações inconscientes proporcionaria melhor nível de adequação na definição de sua identidade pessoal.

Mesmo restringindo a definição de personalidade aos aspectos comportamentais observáveis, Sarwey e Telford (1972, p. 318) apresentam uma tentativa de distinguir entre caráter e personalidade:

> [...] o caráter se refere àquelas tendências de comportamento socialmente relevantes que possuem implicações morais e éticas particulares. Quando nos interessamos pelo comportamento vulgarmente rotulado de bom ou mau, e quando as atividades são consideradas em referência às suas implicações morais e éticas, estamos falando de traços de caráter em vez de traços de personalidade. Mentir, ludibriar e roubar são, de um modo predominante, traços de caráter, ao passo que a dominação e a submissão, a introversão e a extroversão constituem características de personalidade.

Na tentativa de distinguir caráter e personalidade, os autores, provavelmente sem o desejar, apontam para a possibilidade de inclusão da dimensão moral como parte da personalidade. Em outras palavras, pode-se dizer que o que eles concebiam como caráter é o mesmo que outros autores têm considerado como personalidade moral.

Pesquisas desenvolvidas nos últimos anos partem da tipologia de Jung[3] e privilegiam o estudo dos traços ou dos tipos psicológicos como parte da personalidade, mas também naqueles autores, assim como em Jung, não está clara uma definição do conceito.

Por sua vez, Madureira Dias (2006), ao estudar a relação entre a personalidade e as cardiopatias, apresentou a seguinte contribuição:

> Apesar da diversificação dos conceitos, a personalidade representa essencialmente a noção de unidade integrativa da pessoa, com todas as características diferenciais permanentes (inteligência, caráter, temperamento, constituição, entre outras) e as suas modalidades únicas de comportamento. Assim, personalidade não é mais do que a organização dinâmica dos aspectos cognitivos, afetivos, conativos, fisiológicos e morfológicos do indivíduo. Trata-se de uma idéia dinâmica de personalidade em constante mutação, dinâmica essa que depende da interação entre todos aqueles aspectos.

Essa visão da personalidade como dinâmica integradora das inúmeras características distintivas do indivíduo já havia sido des-

---

3   Carl Gustav Jung, psiquiatra suíço, identificou duas atitudes ante o mundo (introversão e extroversão) e quatro funções psíquicas (pensamento, sentimento, sensação e intuição). Os tipos psicológicos resultam da combinação das quatro funções psíquicas com a atitude predominante (extroversão ou introversão). Algumas das principais obras desse autor são: *Tipos psicológicos* (1991a) e *O homem e seus símbolos* (1991b). Outros estudos encontram-se nas *Obras completas de Karl Gustav Jung* (1982).

crita por Gordon Allport (1973), para quem a personalidade é a organização dinâmica e distinta dos sistemas psicofísicos que determinam o pensamento e o comportamento característico do indivíduo, bem como sua adaptação típica ao meio social. Murray (apud SILVA 1984, p. 7) considera que essa organização é sempre provisória, pois a personalidade é um fenômeno em constante mudança, e essas características podem ser e são, inúmeras vezes, contraditórias entre si.

Considerando a afirmação de Murray, torna-se necessário reconhecer que nem sempre existe a esperada harmonia, integração e equilíbrio entre os diferentes componentes físicos, intelectuais, emocionais, espirituais, artísticos, morais etc., que tornam os seres humanos únicos e diferentes dos demais. O conflito é inerente à condição humana, mas nem sempre o que é conflito para uma pessoa o é igualmente para outra. A forma como esses conflitos ocorrem e se são ou não percebidos pela própria pessoa também constitui uma particularidade que distingue uma pessoa das demais. De acordo com a teoria de Josep Maria Puig (1998), a dimensão moral exerce significativa influência na maneira como tais ambigüidades e conflitos são vivenciados, tanto no plano pessoal como no relacional.

Diante do exposto, assume-se que personalidade é o conjunto das características pessoais, sejam elas perceptíveis ou não pelos demais e conhecidas ou não pela própria pessoa, que, de qualquer maneira, influenciam sua forma de ser e estar no mundo e com o mundo, determinando também as particularidades de seu modo de agir e de reagir aos eventos, sentimentos e estímulos, tanto internos quanto externos. Esse conjunto de características é necessariamente diferente para cada indivíduo. Cada ser humano organiza suas múltiplas experiências e percepções das experiências de forma singular, construindo um conjunto particular ou uma forma singular de ver o mundo e de situar-se no mundo, que é sua própria identidade. Em outras palavras, a personalidade é a maneira como cada pessoa assume sua própria condição de ser humano como ser totalmente diferenciado dos demais, mas também totalmente inserido num meio social que lhe confere referenciais para construir e explicitar suas particularidades e sua singularidade.

Tal compreensão parece estar alinhada com o argumento de D'Andréa (1996, p. 9), segundo o qual aqueles que desejam conceituar o termo "personalidade" devem saber, antes de tudo,

> [...] que não há duas personalidades idênticas, assim como não há duas pessoas idênticas, embora muitas pessoas possuam traços em comum. A personalidade é temporal [...]. Na sua temporalidade não pode ser considerada como uma simples soma de funções vitais, mas uma integração dinâmica cuja resultante se expressa pelo comportamento individual, frente a estímulos de variada natureza.

PERSONALIDADE MORAL

O conceito de personalidade moral é relativamente novo nos contextos acadêmicos brasileiros[4], mas as pesquisas sobre esse assunto não são tão recentes. O próprio conceito tem alcançado

---

4   Em pesquisa na internet, "personalidade moral" remete, entre outros, a *sites* jurídicos nos quais a expressão é utilizada para referir-se, por exemplo, à pessoa como um todo ou como um ser de direitos. Em relação à psicologia e à pedagogia, nas últimas décadas do século XX, os pesquisadores que se ocupam do estudo da personalidade moral o fazem com base na noção de educação integral e/ou de formação integral da pessoa humana. Como exemplo, ver MARTINS, Lincoln Coimbra. *Desenvolvimento moral:* considerações teóricas a partir de uma abordagem sócio-cultural construtivista (Disponível em: <http://www.scielo.br/pdf/ptp/v17n2/7877.pdf>. Acesso em: 3 mar. 2006).

maior espaço em termos de pesquisa e discussão em diferentes países, inclusive no Brasil, sobretudo a partir da década de 1990. Contudo, não se pode afirmar que se trata de uma preocupação nova entre os estudiosos do comportamento humano.

Jean Piaget (1977) e Laurence Kohlberg (1984) têm sido identificados como precursores do estudo sobre desenvolvimento moral. O primeiro estudou o julgamento moral da criança, e o segundo chegou a definir os estágios do desenvolvido moral até a maturidade.

Na construção de sua teoria sobre o desenvolvimento do juízo moral, Piaget (1977, p. 2) demonstra acentuada valorização dos sistemas de regras e normas responsáveis pela organização da vida em sociedade: "toda moral consiste num sistema de regras e a essência de toda a moralidade deve ser procurada no respeito que o indivíduo adquire por estas regras". Essa moralidade se desenvolve durante a infância e adolescência, partindo de uma completa anomia, passando pela moral heterônoma e atingindo o ideal da moral autônoma. Em outras palavras, o desenvolvimento da moral inicia-se em decorrência da pressão exercida pelos adultos, mas deve caminhar em direção a uma moral de cooperação e autonomia. Para Piaget (1977), nenhuma realidade moral é completamente inata, mas resulta do desenvolvimento cognitivo e, sobretudo, das relações sociais estabelecidas entre crianças e adultos, e entre as crianças com seus iguais. É importante ressaltar a relevância atribuída por Piaget ao papel das relações interpessoais como o principal fator na elaboração dos critérios de julgamento moral: as relações de coerção resultarão no prolongamento da moral heterônoma, e as relações sociais de cooperação facilitarão o desenvolvimento de uma moral autônoma.

Além da regra, Piaget destaca a importância da consciência do dever e da noção de justiça para o desenvolvimento moral da criança. A diferença entre dever e justiça está na forma como cada um destes se apresenta: o dever é algo pronto e determinado como um imperativo a ser obedecido, enquanto a justiça é algo a ser conquistado, é um bem a ser alcançado. Para fazer justiça, é necessário avaliar, pensar, antecipar as diversas situações e suas possíveis conseqüências para então decidir o que fazer (LA TAILLE, 2002). Mesmo quando se trata de conceitos muito simples como a igualdade, a prática pode tornar-se extremamente difícil. A operacionalização dos conceitos depende do nível de desenvolvimento cognitivo e afetivo.

Por meio de pesquisas empíricas, testando suas hipóteses e seus conceitos, e verificando o desempenho de crianças de diferentes idades, Piaget (1977) oferece uma contribuição que ainda é considerada extremamente relevante para a compreensão do desenvolvimento desse importante aspecto da formação do ser humano. Segundo Piaget, o desenvolvimento cognitivo e a cooperação entre iguais constituem elementos necessários para que seja atingido o ideal da autonomia moral.

Partindo da teoria de Jean Piaget, Laurence Kohberg (1984) pesquisou a capacidade progressiva do sujeito para raciocinar sobre problemas morais. Kohberg entende por juízo moral a capacidade cognitiva que lhe permite distinguir entre o certo e o errado, capacidade esta que se encontra estreitamente vinculada às idéias de justiça como igualdade e eqüidade. O método de Kohlberg consistia em realizar entrevistas de julgamento moral, apresentando aos entrevistados pequenas histórias nas quais ficavam explícitos conflitos de valores. São os chamados dilemas morais de Kohlberg. Um exemplo desses dilemas é a história de um homem cuja esposa se encontra enferma, quase à morte. Existe um remédio que pode curá-la, mas é muito caro, e o farmacêutico não oferece nenhuma possibilidade de negociação para que o marido possa pagar pelo remédio. O marido então rouba o medicamento e salva a vida da esposa. Algumas questões são apresentadas:

- Foi correto roubar o remédio? Por quê?
- Se você fosse o juiz, você condenaria este homem? Por quê?
- Se não gostasse da mulher, deveria roubar para salvá-la?

Da análise das respostas, o autor identificou a existência dos seis estágios de desenvolvimento moral, os quais são baseados em concepções distintas de certo e errado: 1. orientação para a punição e obediência, 2. orientação instrumental relativista, 3. orientação do "bom menino", 4. orientação da lei e da ordem, 5. orientação pelo contrato social ou legalista e 6. orientação pelos princípios éticos universais (cf. STEFANO,1996, p. 57-95).

Para Kohlberg (1984), dois fatores são igualmente importantes para o desenvolvimento do juízo moral: o desenvolvimento cognitivo ou intelectual e a perspectiva social. Do nível de desenvolvimento cognitivo depende o estágio do juízo moral e também a capacidade para assumir papéis e defender idéias e valores.

Ao definir os estágios de desenvolvimento moral, Kohlberg não se ateve à discussão sobre regras e normas concretas de conduta, mas preocupou-se em compreender como as pessoas podem chegar a agir por meio de princípios gerais e critérios de raciocínio. Agir por meio de princípios consiste em elevado grau de desenvolvimento moral, pois são os princípios gerais que funcionam como guias para que cada pessoa ou grupo possa deduzir, a partir deles, as normas que consideram mais adequadas ao momento e à situação.

Kohlberg (1984) identifica três níveis básicos de desenvolvimento moral, e a cada nível correspondem dois estágios distintos:

- Ao primeiro nível, chamado pré-convencional, correspondem os estágios da moralidade heterônoma e da troca instrumental.

- Correspondem ao segundo nível, chamado de nível convencional, os estágios das relações interpessoais mútuas e do sistema social e consciência.

- Ao último nível, denominado pós-convencional, que é baseado em princípios, correspondem os estágios do contrato social e direitos individuais e dos princípios éticos universais.

O primeiro nível de desenvolvimento moral identificado por Kohlberg (o pré-convencional) ocorre na segunda metade da infância, quando a criança começa a freqüentar a escola elementar. Nesse primeiro estágio, é comum o comportamento condicionado pelas normas socialmente aceitáveis, simplesmente em virtude do temor à autoridade. O comportamento moral ou o que é considerado certo ou errado está relacionado ao exemplo ou ao medo da punição por parte dos pais, dos professores e das pessoas significativas para a criança. No segundo estágio do primeiro nível, o comportamento moral já se vincula aos interesses pessoais. Agir corretamente significa fazer aquilo que se deseja para si mesmo, e agir errado, fazer aquilo que não se deseja que outros façam consigo. A noção de mérito substitui a noção do medo da punição. Se o outro faz o bem para mim, então também faço o bem para o outro. Nas palavras de Kohlberg, "você coça as minhas costas e eu coço as tuas"(cf. DOWNS, 2001, p. 120-133).

O segundo nível é chamado de convencional porque a criança passa a assimilar os valores da sociedade. No primeiro estágio desse nível, a atitude moral já será realizada com vistas à aprovação dos outros. Espera-se que as ações sejam reconhecidas como boas e justas, e a criança espera ser vista como "bom garoto" ou "boa menina". O segundo estágio desse nível passa a ser regido pela consciência e pelas normas, independentemente de aprovação ou reconhecimento do grupo. Passa-se a desejar fazer o que é certo porque as normas dizem que deve ser assim. São as obrigações do dever que determinam o que se deve fazer.

Ao atingir o primeiro estágio do terceiro nível (pós-convencional), a pessoa madura adquire uma genuína preocupação com o bem-estar da sociedade como um todo e não apenas das pessoas que lhe são próximas. Kohlberg (1984) acreditava que bem poucas pessoas chegam a esse nível e menos ainda atingem o último, no qual prevalece o respeito para com os princípios universais e as demandas da consciência individual.

Embora essa visão do desenvolvimento moral tenha sido amplamente divulgada e aceita por incontáveis pesquisadores, uma "voz diferente" tem procurado se fazer ouvir a partir das últimas décadas do século XX. Trata-se de Carol Gilligan (1997), primeiramente colaboradora de Kohlberg, que, partindo das suas próprias premissas, passou a pesquisar as questões de gênero no que concerne ao desenvolvimento moral. Indignada com a precária atenção dada às pesquisas sobre a psicologia feminina, ela começou a estudar e pesquisar o desenvolvimento das mulheres. Gilligan realizou pesquisas com adolescentes com o propósito de estudar o raciocínio moral e a solução de conflitos. Tornou-se conhecida por meio de seu livro *In a different voice,* publicado no Brasil com o título *Uma voz diferente* (1982). Na versão portuguesa, o livro recebeu o título de *Teoria psicológica e pensamento da mulher* (1997). Gilligan tem criticado a teoria dos estágios do desenvolvimento moral de Kohlberg, afirmando que este estudo apresenta apenas a visão masculina dos direitos individuais e das regras como um estágio superior ao ponto de vista feminino de desenvolvimento em termos de cuidado e de valorização dos relacionamentos humanos. De acordo com Gilligan, os homens pensam mais em termos de regras e justiça, enquanto as mulheres estão mais inclinadas a considerar o cuidado e os relacionamentos humanos como valores supremos. A proposta da autora é que a sociedade comece a valorizar ambos igualmente. Gilligan destaca ainda três estágios do desenvolvimento moral: o egocentrismo, a moralidade social ou convencional e a moral pós-convencional ou moral por princípios. É principalmente no último estágio que aparece a diferença entre homens e mulheres, segundo Gilligan, pois a diversidade dos princípios (de justiça e direitos para os homens e de cuidado para as mulheres) será mais evidente.

Larry Nuccy e Elliot Turriel (apud BIAGGIO, 1999), também partindo da teoria de Kohlberg, têm trabalhado com o conceito de "domínio moral" (BIAGGIO, 1999). Turiel, apesar de ter sido o primeiro orientando de doutorado de Kohlberg, propôs uma teoria do desenvolvimento moral que contraria os pressupostos de seu orientador em um ponto central. Para ele, as crianças bem pequenas, mesmo na idade pré-escolar, são capazes de distinguir entre as meras convenções sociais e os princípios morais obrigatórios, semelhantes ao que Kohlberg chama de pensamento pós-convencional.

Segundo Turiel, a personalidade é composta de três domínios que se desenvolvem paralelamente desde a infância: o domínio pessoal, o convencional e o moral. Esses domínios são considerados estruturas cognitivas que seguem as características de desenvolvimento intelectual conforme proposto por Piaget, mas são construídas distintamente, ainda que coordenáveis entre si. Por domínio convencional, Turiel se refere às regras sociais arbitrárias compartilhadas pelo sujeito inserido em seu grupo. O domínio moral refere-se aos preceitos morais propriamente ditos, isto é, tudo que implica o bem ou o mal da outra pessoa. O domínio pessoal ainda é aquele em que a escolha não tem implicações sociais nem morais, tal como o corte de cabelo que uma pessoa adora.

Biaggio (1973), utilizando a entrevista do julgamento moral (MJI, *Moral judgement interview*), elaborada por Kohlberg, pesquisou estudantes universitários norte-americanos e brasileiros, e não encontrou diferenças significativas entre os escores médios dos grupos, mas verificou que os norte-americanos apresentavam, significativamente, mais respostas características de um pensamento moral baseado no respeito à autoridade, à lei e à ordem, enquanto os brasileiros apresentavam mais respostas relacionadas à moral do prazer e à moral voltada para o questionamento das leis e para o bem-estar social.

Yves de La Taille (1998), ao estudar a relação entre o sentimento de vergonha e a moralidade, utiliza o conceito de personalidade moral ou moral *self*, justificando que essa abordagem permite incluir a dimensão afetiva nas explicações psicológicas das ações morais. Para ele, a dimensão moral é indissociável da própria constituição da pessoa como tal, e cada ser humano possui uma percepção de si mesmo que leva em conta esse aspecto, pois sempre pensa em si mesmo como um ser dotado de certos valores (independentemente de quais sejam esses valores) e nunca como mero organismo biológico neutro e objetivo.

Ainda parafraseando La Taille (1998), é possível afirmar que o conceito de moral, embora trabalhado pelas diversas áreas do conhecimento como a antropologia, sociologia, filosofia, religião e psicologia, não é abordado de forma satisfatória por nenhuma dessas áreas de forma isolada. La Taille (1998, p. 8) acrescenta que a psicologia talvez seja um campo privilegiado para as investigações sobre a moral, pois é a ciência que estuda a pessoa e o comportamento humano em suas multifacetadas dimensões, mas essa possibilidade tem sido prejudicada pela dificuldade de definição do próprio objeto (a moral) e das variáveis psicológicas que devem ser evocadas para explicar o desenvolvimento moral.

Sendo a dimensão moral tão fundamental para a própria condição humana, supõe-se que ela deveria ter sido considerada pelo menos tão relevante para o processo educativo quanto a dimensão intelectual. Esta é a preocupação central deste capítulo.

A TEORIA DE JOSEP MARIA PUIG

Josep Maria Puig (1998), educador e pesquisador da Universidade de Barcelona, oferece significativa contribuição nessa área ao apresentar uma concepção sistêmica da dimensão moral, distinguindo-a como personalidade moral. O texto aqui utilizado para a exposição do pensamento de Puig é o livro publicado pela Editora Ática, cujo título é *A construção da personalidade moral*.

Puig estudou, de forma particular, o aspecto moral do ser humano, levando em consideração todas as "facetas" da personalidade como relevantes, mas identificando a moral como sendo a "faceta" principal, pois para ele é esta a que determina e orienta todas as demais. A personalidade moral pode ser entendida, ainda que de forma bastante simplificada, como a resultante (sempre inacabada) de uma tarefa de construção e reconstrução, ao mesmo tempo pessoal e coletiva, de formas de vida consideradas valiosas e desejáveis.

A personalidade moral não é dada de antemão, nem é descoberta ou escolhida casualmente. Ao contrário, assim como é construída historicamente a própria moral dos grupos ou das coletividades, a personalidade moral exige um trabalho contínuo de elaboração pessoal, social e cultural. Apesar de ser também uma construção social, a personalidade moral é a forma individual (singular) pela qual o sujeito adapta-se a si mesmo e à sociedade. É também a forma como ele assimila, internaliza e vivencia os elementos culturais de valor, a maneira como formula e emite julgamento valorativo e ainda a maneira como escolhe proceder em relação aos diferentes conflitos valorativos com os quais se defronta. Finalmente, a personalidade moral se refere à maneira como o indivíduo decide construir sua própria biografia.

A CONSTRUÇÃO DA PERSONALIDADE MORAL

Ao apresentar sua definição de "personalidade moral", Puig utiliza tal expressão como sinônima de pessoa moral. Da mesma forma, ao trabalhar com a expressão construção da personalidade moral, ele o faz no sentido de definir sua concepção de educação moral. É necessário esclarecer, desde o início, que Puig não entende como eficaz nenhum processo de educação moral que não leve em conta a participação equilibrada tanto do meio quanto do próprio sujeito. A construção da personalidade moral é tarefa que não pode ser cumprida por uma dessas duas instâncias de forma isolada. A mera transmissão de conceitos e normas morais ou a exigência do cumprimento destas não é, segundo sua visão, uma concepção que legitimamente possa ser denominada de educação moral, visto que não atinge o alvo de contribuir para a construção da personalidade moral.

A educação moral como construção da personalidade moral também não pode ser confundida com um processo de doutrinação sociopolítica como ocorreu nas escolas brasileiras, principalmente durante o período da ditadura militar, perdurando em algumas escolas mesmo após esse período. A educação moral, para Puig (1998, p. 149), é a tarefa de formar uma realidade humana complexa

> [...] que implica trabalhar simultaneamente na formação da consciência moral autônoma, no desenvolvimento de suas capacidades ou procedimentos de reflexão e ação e, finalmente, na aquisição dos elementos substantivos que constituem a identidade moral de cada indivíduo.

Puig entende como pessoa moral ou personalidade moral aquela que possui uma consciência moral autônoma, capaz de agir conforme critérios que sejam, ao mesmo tempo, pessoalmente desejáveis e socialmente justos. Ou seja, a pessoa moral é aquela que possui tanto a competência para compreender com clareza o que lhe parece correto diante de situações controvertidas, quanto o sentimento de estar obrigado por si mesmo a fazê-lo com independência dos pontos de vista e das pressões dos demais. Para Puig (1998, p. 27), a construção da personalidade moral

> [...] envolve a formação de uma personalidade consciente, livre e responsável, capaz de enfrentar a indeterminação humana e capaz de mover-se de forma equilibrada nos planos pessoal e coletivo, objetivando assegurar a criação de formas de vida viáveis, pessoalmente desejáveis e coletivamente justas e livres.

Puig demonstra considerar o comportamento moral menos importante que a consciência moral, sendo o desenvolvimento desta mais importante para o processo educativo que a simples exteriorização daquele. Isso porque o desenvolvimento da consciência moral resulta em ações ou comportamentos morais, mas muito do que poderia ser entendido e até premiado como comportamento moral poderá ser apenas ato mecânico, sem conteúdo moral, caso não resulte da ação crítica e responsável da consciência autônoma. A obediência mecânica não pode ser considerada uma ação moral no sentido defendido pelo autor.

Sua teoria da construção da personalidade moral compara a educação da dimensão moral humana com o trabalho que é desenvolvido numa oficina: existem "pupilos" que precisam aprender fazendo e não apenas ouvindo teorias sobre o fazer e também há mestres ou oficiais que dominam as ferramentas e as técnicas necessárias para a aprendizagem. A obra a ser realizada nessa ofi-cina é a construção das personalidades morais dos envolvidos no processo educativo. Entretanto, nessa oficina é possível que cada aprendiz venha a ser mais hábil na utilização de uma ferramenta em detrimento de outra, ou ainda que o mestre seja superado por algum aprendiz capaz de perceber ou de utilizar algum dos recur-sos de forma diferenciada. É, portanto, atribuído acentuado valor ao processo educativo para o desenvolvimento das características morais dos seres humanos.

Puig (1998) chama essas oficinas de meios de experiência moral, e as ferramentas ou instrumentos necessários para a cons-trução da personalidade moral são os procedimentos da consciên-cia moral e os guias de valor. O material com o qual os aprendizes trabalham continuamente são os problemas morais contextualiza-dos. Não é suficiente a existência de problemas ou conflitos morais. É necessário que esses conflitos sejam problematizados e trabalha-dos com as "ferramentas" adequadas para que haja possibilidade de construção da consciência moral autônoma.

Embora reconheça a impossibilidade de defender a idéia de uma consciência moral sem condicionamentos, Puig (1998) afirma ser igualmente impossível falar de sujeito moral sem reconhecer sua autonomia, pois a moralidade é atingida somente quando se tem a liberdade de refletir sobre a forma como comportar-se ou sobre as decisões que se deseja tomar. Quando os comportamen-tos são determinados externamente e não existe a possibilidade de refletir sobre eles, estes não são de fato comportamentos resultantes de uma consciência moral, portanto não são genuínos atos morais. No entanto, o devido manejo dos procedimentos da consciência moral autônoma e dos guias culturais de valor na problematização dos conflitos produz efeito dinâmico, que afeta tanto os sujeitos quanto o próprio contexto sociocultural no qual estão inseridos.

À consciência moral cabe a responsabilidade e a capacidade de atribuir valor, pensar e decidir por si mesma não apenas sobre os atos, mas também sobre os próprios valores, pensamentos, motivações e decisões que resultaram nos referidos atos. Puig (1998) não subestima as dificuldades em relação ao tema da consciência moral autônoma, mas também insiste em afirmar que tais dificuldades não constituem prova definitiva da inexistência de um espaço e de meios que permitam orientar-se de modo racional diante das exigências da realidade e comprometer-se na construção racional e voluntária de modos justos e eficazes de viver. Entende, também, que esta não é tarefa que um indivíduo possa realizar de forma desvinculada do meio. Este é o paradoxo com o qual o autor procura trabalhar: chegar ao ideal de uma consciência moral autônoma somente será possível com a cooperação do meio social, pois a própria moral é, para ele, uma tarefa de construção e reconstrução pessoal e coletiva de formas valiosas de vida e por isso exige um trabalho de elaboração pessoal, social e cultural.

A construção da consciência moral, assim como não pode ser entendida como tarefa solitária, também não acontece de forma desvinculada do passado ou à margem do contexto histórico. Pelo contrário, deve ser enfatizada como uma tarefa de cunho social que não pode prescindir dos elementos culturais de valor que contribuem para configurar seus resultados. Para a construção da consciência moral autônoma, são necessárias ainda determinadas condições de complexidade do meio social, bem como o planejamento intencional das práticas educativas reflexivas e dialógicas especialmente dirigidas nesse sentido.

Não se trata de atribuir toda a responsabilidade ao meio, pois, em última instância, a construção da personalidade moral depende de cada sujeito e da maneira como este percebe e se move nos diferentes contextos sociais com os quais se relaciona durante o processo de construção de sua identidade.

O ser humano é essencialmente um ser social ou um ser relacional. Sua tendência natural para a construção e preservação de vínculos decorre de sua incapacidade para a sobrevivência de forma isolada e também do caráter de inconclusão ou de indeterminação, próprios da condição humana. Conforme demonstram as pesquisas de Vygotsky (1998), as características tipicamente humanas, como a fala, a criatividade, a imaginação e o planejamento, entre outras, desenvolvem-se apenas como resultado da interação social e dependem do desenvolvimento dos processos psicológicos superiores (PPS). São esses PPS que proporcionam ao ser humano a possibilidade de agir responsavelmente, exercendo a capacidade de refletir, planejar suas ações, decidir, imaginar, criar. Os comportamentos conscientes e voluntários, os quais possibilitam a ação descontextualizada, ou seja, independentemente dos estímulos do momento e do espaço presentes, não se desenvolvem de modo natural, caso o indivíduo seja privado do convívio social.

Mesmo em se tratando de um ser social, que necessita do grupo para desenvolver as características tipicamente humanas, cada indivíduo depara em algum momento de sua existência com a necessidade de decidir como deve ser sua adaptação ao meio, como realmente deseja viver e como deseja resolver os conflitos vitais da existência.

A moralidade está intrinsecamente relacionada com tal necessidade. Puig (1998, p. 26) chama esse processo de

> [...] jogo que conjuga o inacabamento e a indeterminação humana com a possibilidade de decidir reflexivamente o que fazer com tal abertura. Um jogo que obriga a construir o modo como se quer ser e o modo como se quer viver.

A construção da personalidade moral consiste então numa tarefa que tem como objetivo a formação de personalidades conscientes, livres e responsáveis, com capacidade para enfrentar a indeterminação humana e para mover-se de forma equilibrada tanto no plano pessoal como na esfera coletiva. A construção moral necessita ser compreendida em sua perspectiva relacional e também pessoal, pois a moralidade sempre está vinculada à resolução de conflitos no âmbito interpessoal e intrapessoal de forma igualmente importante. A construção da personalidade moral deve ser considerada uma tarefa que é, ao mesmo tempo, totalmente individual e totalmente influenciada pela relação com o meio, assim como suas conseqüências e resultados são igualmente percebidos no indivíduo e na coletividade.

Desse modo, a construção da personalidade moral é simultaneamente um processo de formação pessoal e social, pois acontece dentro de uma comunidade que, por sua vez, está em contínua reconstrução. Como não existem seres humanos "concluídos", os grupos e as comunidades formados por seres humanos também são dinâmicos e sofrem alterações contínuas. Os indivíduos são ao mesmo tempo atingidos por essas transformações sociais e causadores delas:

> [...] a educação moral talvez tenha como tarefa própria a formação da personalidade moral, mas sua contribuição para a reconstrução das formas de vida social não pode ser esquecida: isto porque a pedagogia dificilmente pode desconsiderar o imperativo de contribuir para tornar melhores as relações entre os homens e os grupos humanos e porque também a formação da individualidade moral depende da qualidade do espaço social em que cada indivíduo se forma. Dito de outra forma, a construção da personalidade moral depende das condições sociais e culturais do âmbito em que este processo

educativo é desenvolvido. Portanto, a educação moral como construção é uma tarefa que pensa em cada indivíduo, mas não pode esquecer sua contribuição para a reconstrução das formas de vida social (PUIG, 1998, p. 20).

Muitos dos problemas da atual situação da sociedade e do sistema de educação devem-se ao fato de que

> [...] esquecemos que uma pessoa só pode ser uma pessoa de fato em comunidade. Quer estejamos conscientes disso ou não, cada um de nós é uma comunidade em microssomo. A condição de pessoa de cada um de nós é delineada por uma interseção móvel interior de vários seres – família, amigos, colegas e estranhos (PALMER, 1999, p. 91).

A consciência moral autônoma

A consciência moral é uma entidade funcional que auxilia ao longo da vida do sujeito na construção de formas de vida individualmente desejáveis e socialmente justas. Ao introduzir o tema da consciência moral autônoma, Puig (1998) faz referência aos reguladores morais conforme descritos por autores que o antecederam nesse ramo de pesquisa. Puig (1998, p. 87-103) cita Dewey, Piaget, Kohlberg e Habermas, entre outros. Não cita, entretanto, Pestalozzi, o qual, com sua teoria dos três estados (natural, social e moral), já apresentava, no final do século XVIII, uma proposta de compreensão do que sejam os reguladores morais (INCONTRI, 1996). Puig (1998, p. 88) afirma que a consciência moral autônoma constitui o ápice ao qual o ser humano pode atingir após percorrer

> [...] um caminho que parte de um "egoísmo-altruísmo" quase todo hereditário, passa pela aceitação das formas morais da sociedade e chega à aquisição de um modo de orientar-se moralmente regido por critérios próprios de cada pessoa.

Essa forma de referir-se à consciência moral autônoma como um percurso que parte do natural (ou biológico), passando pelo social e somente então chegando ao moral, tem suas raízes no pensamento de Pestalozzi. Na teoria do desenvolvimento moral proposta por John Dewey (1953) e posteriormente desenvolvida por Piaget (1977) e Kohlberg (1984), também ressoam as idéias do educador suíço do século XVIII, como se verá a seguir. Conforme Puig (1998, p. 46), Dewey (1953) estabeleceu três níveis de desenvolvimento moral:

- O primeiro é o nível pré-moral ou pré-convencional, que se caracteriza por uma conduta guiada pelos impulsos sociais e biológicos.

- O segundo é o nível convencional, no qual se encontram as pessoas que aceitam as normas conforme estabelecidas pelo grupo social e o fazem de forma totalmente submissa, sem nenhuma reflexão crítica.

- No terceiro e último nível de desenvolvimento do ser moral, o nível autônomo, o indivíduo atua conforme sua compreensão da moralidade e de acordo com sua capacidade de estabelecer juízos morais em relação aos modelos estabelecidos.

Esses níveis "propostos" por Dewey (1953), e dos quais derivaram as teorias de Piaget (1977) e Kohlberg (1984), seguem a linha inicialmente estabelecida por Pestalozzi em sua teoria dos três estados (INCONTRI, 1996, p. 61). Para Pestalozzi, tanto o ser humano quanto as culturas e religiões passam por um processo de desenvolvimento que inclui três estados: natural, social e moral. De acordo com essa visão do desenvolvimento, no estado natural o ser humano encontra-se sob domínio das forças do próprio egoísmo, vivendo de forma irracional. No estado social, acontece apenas uma limitação do estado natural, pois

[...] o choque dos egoísmos individuais leva os homens a desejar uma ordem que, embora limite de certa forma a livre manifestação de seus instintos, garanta a sua fruição tranqüila (INCONTRI, 1996, p. 61).

Segundo essa concepção de Pestalozzi, o estado social é apenas mais um condicionante do indivíduo que acaba sendo aceito pela maioria como necessário para que sua natureza biológica (a qual ele chama de animalidade) possa manifestar-se de maneira aceitável pelo grupo. Essa condição social é constrangedora porque não produz liberdade, mas transfere o poder coercitivo dos instintos para a lei social. A religião também pode estar presente nos três estados e reproduzir as características de cada um deles. Conforme demonstrado em trabalho anterior (Borges 2002, p. 167), Pestalozzi considera que

[...] no estado natural ou pré-social, a religião se manifesta predominantemente através da magia, da superstição, do medo do castigo que possa ser provocado pela ira das divindades. Ao mesmo tempo, a religião típica do estado natural almeja sujeitar a natureza através de rituais místicos, também neste particular, desprezando a racionalidade. No estado social predomina a religião institucional, na qual não faltam as relações de poder, de intimidação e de hipocrisias. Neste estado, a individualidade é pouco considerada, valorizando-se o comportamento e a obediência externos, em detrimento da verdadeira interioridade da pessoa humana. A religião moral, na concepção de Pestalozzi, representa a valorização dessa interioridade e integridade, através do reconhecimento da essência divina presente em cada ser humano e da proposta de um estilo de vida responsável e autônomo.

O verdadeiro estado moral somente é alcançado, segundo Pestalozzi, quando o ser humano exercita a capacidade de elevar-se acima dos próprios instintos sem renegá-los e acima das leis e mecanismos sociais, sem violentá-los, pois a realização do ser humano, como tal, reside na liberdade de não se escravizar aos instintos e na autonomia de transcender a moral social.

Na concepção de Pestalozzi, a passagem de um estado a outro pode ocorrer apenas como resultado do processo educativo. Mas não é qualquer processo educativo que resolve a questão da formação da autonomia moral. Por exemplo, a educação como processo de socialização apenas contribui para certa redução dos egocentrismos, visto que a sociedade pode limitar, mas não pode transformar; pode reprimir, mas não sublimar os instintos. A simples socialização não promove o desenvolvimento da consciência moral, e o Estado ou qualquer outra instituição não pode exigir moralidade do indivíduo, mas apenas cumprimento da lei. Conforme interpretado por Incontri (1996, p. 56), o pensamento de Pestalozzi reflete um conflito existente em sua percepção do ser humano, ora visto como naturalmente mau, ora apresentado como cheio de essência divina. Segundo Incontri (1996, p. 56), duas posturas entrecruzam-se nos discursos dos personagens de Pestalozzi:

> [...] a de que a sociedade mal-organizada propicia o desabrochar de más tendências (por isso é preciso organizá-la convenientemente) e a de que existe algo instintivamente mau, radicado em algum aspecto de nossa natureza (e é preciso impedir, ou pelo menos, controlar a sua manifestação, desde a primeira infância). Mas, como pano de fundo, permanece a concepção de que o homem pode se tornar bom e a sociedade pode se tornar justa.

Essa percepção do conflito pestalozziano em relação à condição humana fica mais evidente diante de citações apresentadas por Incontri (1996, p. 55):

> O homem é por natureza, se abandonado a si mesmo, sel-
> vagem, ocioso, ignorante, imprudente, desatencioso, fútil,
> crédulo, temeroso e ambicioso sem limites [...] Este é o
> homem, por natureza, se deixado a si mesmo, cresce selva-
> gemente: ele rouba como come e mata como dorme. O di-
> reito de sua natureza é a sua necessidade; a base de sua jus-
> tiça é o seu prazer, os limites de suas exigências são sua
> ociosidade e a impossibilidade de conseguir mais.

A possibilidade de ligação entre essas posturas apontadas
como contraditórias é, no entanto, apresentada pelo próprio Pestalozzi, ao considerar o ser humano, como essencialmente religioso
e portador de uma natureza divina (*Imago Dei*), sendo esta não um
"produto final, mas germe, potência de moralidade que deve se
desenvolver nos atritos do homem consigo mesmo e com a sociedade" (INCONTRI, 1996, p. 67). É por meio do desenvolvimento
dessa natureza divina que o ser humano poderá elevar-se "acima
dos próprios instintos, sem renegá-los e acima da própria lei social
sem necessidade de violentá-la" (INCONTRI, 1996, p. 67).

Será apenas por meio do processo educativo que essa natureza divina ou, segundo Pestalozzi, o verdadeiro estado moral poderá
superar o estado natural e o social. Pestalozzi considera a formação
moral como o principal objetivo de todo processo educativo, pois
essa dimensão educacional abrange

> [...] algo que vai além do mais profundo conhecimento do
> mundo externo, a saber, o significado divinamente ordena-
> do da própria vida. A resposta ao questionamento desta
> ultrapassa a todos os princípios empiristas. Em outros ter-
> mos, há uma prioridade da dimensão moral do homem. Esta
> não consiste em observar simples formas convencionais de
> comportamento e tampouco na simples formação de hábito.

> Trata-se de um imperativo para cada membro da sociedade
> [...] ou seja um estado de mente, uma consciência de har-
> monia com respeito tanto ao mundo externo quanto ao
> mundo interno. Ela coloca os desejos nos seus devidos limi-
> tes e propõe o mais alto objetivo às faculdades humanas: a
> elevação do homem à verdadeira dignidade de um ser espi-
> ritual (cf. GILES, 1987, p. 193).

Essa visão é consistente com a ênfase dada por Puig (1998) à consciência moral como sendo o mais elevado dos reguladores morais, embora não o único. Puig entende que não é possível desconsiderar a dimensão biológica e social da condição moral humana, mas é necessário também não reduzi-la a essas duas instâncias. Ao longo da apresentação e reflexão sobre os complexos aspectos da teoria da construção da personalidade moral e sobretudo em relação ao valor por ele atribuído à consciência moral autônoma, é possível perceber a relação desse pensamento com as proposições pestalozzianas dos três estados do ser humano. Ainda citando Incontri (1996, p.65), o estado moral é, para Pestalozzi, a resposta ao conflito entre a natureza biológica e as pressões sociais: se o estado natural revela o homem como obra da natureza e o estado social, como obra da sociedade, o estado moral é aquele em que o homem se faz a si mesmo.

O desenvolvimento da consciência moral autônoma precisa ser considerado também do ponto de vista das dificuldades que representa. Segundo Puig (1998), a superioridade da consciência autônoma na hierarquia dos reguladores morais se torna uma possibilidade de grande perigo exatamente por causa de sua maior flexibilidade e autonomia. Esse ganho, segundo o autor, é pago com a perda da segurança e da firmeza, pois, enquanto os reguladores inferiores são estáticos e (por isso mesmo) seguros, a consciência autônoma está muito exposta ao auto-engano e à elaboração de conceitos e expectativas que podem tornar-se pouco adequados e conduzir a grandes erros. Nas palavras de Puig (1998, p. 95):

> [...] provavelmente, os piores atos que a humanidade já realizou e que cada indivíduo pode vir a realizar são os que têm origem no uso perverso e equivocado das capacidades da consciência pessoal.

Gênese social da consciência moral

Para Vygotsky (1988), a consciência moral resulta da interação linguisticamente mediada entre o indivíduo, o mundo natural e o meio social, mas é essa mesma mediação que dota o indivíduo de um espaço de reconhecimento de si mesmo, de autonomia, de julgamento e de ação. Assim, a consciência moral dos sujeitos parte e se nutre da história social de cada um. É nas múltiplas relações interpessoais vivenciadas ao longo da história de vida que surge, para o indivíduo, um espaço de reflexão capaz de conduzi-lo a um nível eficaz de autonomia. Segundo Piaget (1977), uma primeira condição para o surgimento dessa consciência moral autônoma é a inter-relação de sujeitos que não estão em posição de impor normas uns aos outros, mas que devem dialogar, corajosamente, para mediar suas diferenças. Essa condição é ainda potencializada quando entre esses atores existe respeito mútuo, capaz de superar os egoísmos individuais.

Coincidindo com essas posições, George H. Mead (1934)[5], psicólogo norte-americano, questionou o processo educativo principalmente quanto à cisão entre intelecto e personalidade. Conforme esse autor, o uso da linguagem é que permite o desenvolvimento, em

---

5   Educador norte-americano nascido em 1863. Influenciou filósofos educadores como William James, John Dewey, Habermas e outros.

cada indivíduo, da consciência de si mesmo e posteriormente da consciência moral. Sem as experiências proporcionadas pela inter-relação social mediada pela linguagem não é possível a construção da consciência moral. Dessa forma, as metodologias privilegiadas ao longo dos últimos séculos – segundo as quais o aluno é apenas um receptor de informações e não tem possibilidade de interação lin-güística com seus mestres ou mesmo com seus pares durante o período escolar – não seriam eficientes meios para trabalhar com a formação da consciência moral. Esses modelos pedagógicos esta-riam apenas informando (ou tentando informar) e não formando pessoas morais.

Paulo Freire (2002) chama de educação bancária ou "ban-carismo" essa prática educativa já denunciada por Mead. Segundo Freire (2002, p. 25), tal abordagem deforma a criatividade do edu-cando e do educador, dando ao primeiro a noção de que é um objeto moldado pelo segundo. Disso resulta que, quando o edu-cando se torna educador, sente-se também no direito de deformar ou destruir a criatividade e a criticidade de outros educandos, num círculo de dominação, irresponsabilidade e ausência de ética. Mas a pedagogia de Paulo Freire é também uma pedagogia de espe-rança e da liberdade. Para ele, uma das vantagens do ser humano é a capacidade de ir além de seus condicionantes e encontrar uma forma de ser no mundo que o diferencia e o caracteriza como dife-rente de todos os demais e o torna responsável por essa condição de ser no mundo e com o mundo. Em suas palavras:

> [...] seria incompreensível se a consciência de minha presen-ça no mundo não significasse já a impossibilidade de minha ausência na construção da própria presença. Como presen-ça consciente no mundo não posso escapar à responsabili-dade ética no meu modo de ver-me no mundo. Se sou puro produto da determinação genética ou cultural ou de classe,

sou irresponsável pelo que faço no mover-me no mundo e se careço de responsabilidade não posso falar em ética. Isto não significa negar os condicionamentos genéticos, culturais, sociais a que estamos condicionados. Significa reconhecer que somos seres *condicionados*, mas não determinados (FREIRE, 2002, p.20, grifo do autor).

Com base nesta e em inúmeras outras explícitas declarações de esperança no papel preponderante que a educação exerce na formação de seres humanos mais conscientes, livres e responsáveis, é possível perceber a estreita ligação entre o pensamento de Freire e o de Puig. Ambos identificam o caráter social da construção da consciência moral e reconhecem que a educação é uma das forças sociais mais efetivas nessa construção. Nesse processo, entretanto, é necessário que o educador esteja consciente de seu papel formador, bem como da dignidade e do potencial de autonomia do educando, vendo-o como ser indeterminado e inconcluso, o qual pode superar condicionamentos, sendo capaz de agir como sujeito de seu próprio projeto de vida.

Ainda citando Mead, Puig (1998) procura apresentar uma visão desenvolvimentista da construção da consciência moral. Sob esse ponto de vista, o indivíduo não possui, desde o início de sua vida, uma capacidade de reflexão direta sobre si mesmo, mas esta é construída indiretamente na medida em que vai percebendo que outros membros do grupo possuem uma perspectiva a respeito dele próprio. Ou seja, a construção da consciência moral do indivíduo é construída inicialmente de forma indireta, através da perspectiva dos interlocutores ou do ponto de vista generalizado do grupo social ao qual pertence. O sujeito vai incorporando os papéis sociais e as pautas com os quais os demais sujeitos respondem ao seu comportamento comunicativo. A inter-relação comunicativa leva o sujeito a assumir, inicialmente, os papéis coerentes com as expectativas que os outros têm a respeito dele. Num momento posterior, o sujeito assume a atitude e os papéis que a totalidade do grupo espera que ele assuma. É por meio da expectativa do grupo que o indivíduo vai simultaneamente assumindo papéis que dele são esperados e afastando-se de outros.

Concordando com a teoria de Mead, retomada por Puig, torna-se possível acrescentar que a interação do indivíduo com diferentes grupos dinamiza esse processo. Como o indivíduo não participa de um único grupo e mesmo em cada um dos grupos não é alvo de apenas um tipo de expectativa, ele precisa fazer escolhas quanto aos papéis que assume e assim vai se individualizando. À medida que se envolve em diferentes grupos, é requerida maior consciência de si mesmo e da comunidade à qual pertence, bem como dos diferentes e, às vezes, contraditórios valores presentes nesses grupos. Acabarão por surgir momentos radicais nos quais, para pertencer a determinado grupo e atender às expectativas deste, será necessário romper com outros e frustrar as expectativas desses outros, o que requer também acentuado nível de consciência de si e dos valores que deseja assumir e dos que deseja abandonar. É, portanto, a partir do desaparecimento das formas sociais convencionais de comportamento que o sujeito se vê obrigado a construir um espaço de autonomia, gerido por princípios que ele cria ou aceita como válidos para a construção de sua própria biografia.

Parece possível compreender então que a formação da consciência moral resulta inicialmente das relações interpessoais que se experimentam na vida social e que desembocam na adoção de papéis e na generalização destes. Pela mediação da linguagem, essas relações permitem formular uma auto-imagem ou um espaço de si mesmo que se torna cada vez mais autônomo, à medida que cresce a diferenciação de papéis e normas sociais. A construção da consciência moral autônoma é entendida então como o resultado de múltiplos processos comunicativos, realizados em um meio social complexo e contraditório.

Os procedimentos da consciência moral

Puig (1998) identifica um conjunto de recursos necessários para o funcionamento da consciência moral. Ele chama esses recursos (aos quais se refere também como ferramentas ou instrumentos) de procedimentos da consciência moral. Os procedimentos ou funções psicológicas da consciência moral são instrumentos que marcam uma linha de conduta valiosa, mas que "não conduzem nem justificam uma uniformidade ou dogmatismo moral" (PUIG, 1998, p. 103). São os recursos que habilitam a pessoa a enfrentar as experiências morais e construir "formas de vida e modos de ser valiosos".

Trata-se de um conjunto de funções ou capacidades psicomorais que permitem a deliberação e a direção moral em situação de conflito de valores. Tais procedimentos são: o juízo moral, a compreensão e a auto-regulação. Fazem parte desses três: o conhecimento (autoconhecimento e conhecimento do outro), o pensamento (compreensão crítica e disposição para o diálogo) e o sentimento (capacidades emocionais e de sensibilidade).

Juízo moral

Possuir a competência do juízo moral significa saber julgar com base em princípios e critérios claros, definidos e coerentes. O juízo moral é a faculdade que permite formar opiniões racionais sobre o que deve ser, sobre o certo e o errado, o justo e o injusto.

Mas é preciso dizer que por juízo moral se está querendo significar a capacidade de ultrapassar a avaliação sobre o que as coisas são e determinar o que elas deveriam ser. Formar juízo moral exige o dinamismo do querer racional do sujeito que enfrenta a realidade, reflete sobre como deve modificá-la e orientá-la para que coincida com sua vontade racionalmente motivada (PUIG, 1998, p. 104).

Puig (1998) reafirma que por juízo moral entende a capacidade de emitir juízo deôntico, ou seja, juízo do *dever ser*. Afirma também que esse procedimento da consciência moral não pode ser descritivo, mas prescritivo. Ele deve ser utilizado quando se enfrentam situações ou fatos de natureza pessoal, interpessoal ou social que apresentam um conflito de ações ou controvérsias de complexidade significativa.

O juízo se faz necessário sempre que o sujeito se coloca um dilema de valor que o obriga a tomar posição e a estar disposto a apresentar razões para fazê-lo. Tal produção requer a apresentação de razões imparciais que permitam justificar o que é correto e o que não é. Por isso, a validade de um juízo moral "depende do uso concreto de princípios e critérios que permitam fundamentar cada um dos juízos concretos que os sujeitos formulam e trocam entre si" (PUIG, 1998, p. 104). A produção de razões deve ser regida por princípios ou guias de valor, os quais serão tratados em momento oportuno.

Compreensão

A compreensão, como procedimento da consciência moral, implica saber considerar as diferentes situações nos seus múltiplos aspectos e distingui-las umas das outras para não aplicar princípios certos às situações erradas. É necessário desenvolver senso crítico e avaliativo para captar o significado das situações morais concretas e plenamente contextualizadas, para, então, poder agir de acordo com as peculiaridades e exceções de cada situação e em conformidade às prescrições incondicionadas do juízo moral. Juízo moral e compreensão crítica constituem procedimentos essencialmente cognitivos da consciência moral.

Para alcançar um nível adequado de compreensão que permita articular o caráter universal do juízo moral com o caráter particular da situação que no momento é enfrentada, a compreensão apela para a razão, mas também apela para o sentimento e para as atitudes de benevolência, amor e perdão. Para tanto, é necessário um adequado nível de conhecimento de si mesmo e do outro para que as motivações individuais sejam devidamente avaliadas na questão abordada.

O autoconhecimento é descrito como a capacidade de obter informação sobre si e de construir uma representação conceitualizada do próprio "eu", a habilidade de clarificar os próprios sentimentos, os desejos e as motivações, e ainda reconhecer os valores, princípios e ideais que sejam pessoalmente significativos. Por último, o autoconhecimento é também a capacidade de integrar as diversas experiências biográficas e projetar o futuro.

Para Puig (1998), a dimensão moral está ligada definitivamente à imagem que se tem de si mesmo, ou seja, ao auto-respeito. Assim, a identidade ou o conjunto de valores que o indivíduo assume como sendo aqueles que o distinguem como ser humano ou os que lhe atribuem significado ou segurança (sentimento de ser aceito ou valoroso) podem ser determinantes de sua conduta moral. Essa idéia é também descrita por Laurence Craab (1984; 1985). Para esse autor, a forma aprendida pelo indivíduo como eficaz para sentir-se seguro de sua aceitação pelo grupo ou de seu efetivo valor como pessoa pode tornar-se seu padrão de comportamento social.

O conhecimento dos outros, como procedimento da consciência moral, implica a capacidade para empatia, para colocar-se em lugar do outro, para identificar-se com os sentimentos e as necessidades dos demais, sabendo, no entanto, diferenciá-los dos próprios sentimentos. Isso significa conhecer as razões e os valores dos outros sem confundir-se com eles. Neste item, Puig (1998) insere a capacidade para generalizar a perspectiva de uma terceira pessoa, a perspectiva de toda a sociedade e a perspectiva ideal que defenderiam todos os sujeitos que defendessem os valores morais universais como a justiça e a solidariedade acima de qualquer outro interesse pessoal ou coletivo.

Puig (1998) ainda enfatiza a disposição para a comunicação e diálogo e as capacidades emocionais e de sensibilidade como importantes auxiliares no processo de compreensão que auxiliam na tomada de decisão perante contextos de problematização dos conflitos morais.

Auto-regulação

O terceiro "instrumento" ou procedimento da consciência moral é a auto-regulação. Embora ainda relacionada aos aspectos cognitivo e reflexivo, a auto-regulação é a dimensão ativa da consciência moral. É apenas por meio da auto-regulação que o sujeito se torna realmente capaz de agir de acordo com sua compreensão e juízo moral.

Nesse aspecto entra a questão da vontade e da motivação. Quando uma pessoa, por meio de sua consciência moral autônoma, sabe claramente o que é certo fazer e não sofre nenhum tipo de coerção externa, ou ainda mais quando a coerção existe em um sentido oposto ao do seu juízo moral e da sua compreensão, será a auto-regulação a responsável pela ação moral. Para Puig (1998, p. 115):

À medida que o juízo moral trabalha com critérios morais formais que normalmente estão bastante afastados das evidências culturais e dos costumes condutuais que a socialização moral transmite, é preciso cobrir de algum modo a distância que há entre o mundo das idéias morais e a vida moral cotidiana.

A auto-regulação é, então, a capacidade que o sujeito possui de controlar sua conduta e orientá-la de acordo com critérios morais, propósitos, metas e interesses idealizados por si mesmo. É a auto-regulação que contribui para a aquisição de hábitos desejados por serem coerentes com a reflexão moral e que vão além da adequação às normas externas. É a auto-regulação que, em última instância, revela a maneira de ser, própria de cada sujeito. A capacidade que cada indivíduo possui de agir conforme suas próprias decisões – sem atribuir aos demais, ou às circunstâncias, as responsabilidades que lhe são próprias – constitui uma característica que vai além da formação de hábitos, estando diretamente relacionada com o que Puig denomina caráter moral. Dessa forma, Puig (1998, p. 114) afirma que:

> A auto-regulação é um procedimento universal de formação da personalidade moral que contribui para conseguir maior coerência entre juízo e ação para configurar hábitos morais conscientes e desejados e para formar um modo de ser pessoal que consideramos valioso.

Sendo a auto-regulação um instrumento de construção moral, é necessário entender quais são os componentes e aspectos desse instrumento necessários para que o sujeito possa manejá-lo. Em primeiro lugar, "a auto-regulação requer do sujeito uma consciência clara de ser um 'eu' que quer e pode autodeterminar-se" (PUIG,

1998, p. 115). Isso requer uma representação de si mesmo com o mundo social, uma auto-imagem ou auto-referência sem a qual dificilmente serão possíveis projetos pessoais que mereçam o investimento e o esforço da autoconstrução e ainda a capacidade de dialogar consigo em busca da solução dialógica dos conflitos intrapsíquicos.

Após adquirir essa consciência clara de ser um eu capaz de autodeterminação, é indispensável, como segundo passo para a auto-regulação, a compreensão crítica de si mesmo e da realidade.

Fica clara aqui a relação entre os procedimentos da consciência moral, pois o conhecimento de si mesmo, do outro e da realidade mais ampla é uma condição imprescindível não apenas para a compreensão e para a formulação do juízo moral, mas também para o estabelecimento de objetivos precisos ou linhas de ação mais gerais, que permitem a auto-regulação. A compreensão crítica como convergência de juízo moral e da compreensão é que permitirá fixar o horizonte que servirá de guia no processo de modificação comportamental que a auto-regulação supõe.

MEIOS DE EXPERIÊNCIA MORAL

Os meios de experiência moral são fundamentais para o desenvolvimento da personalidade moral. Para Puig (1998, p. 151), um meio de experiência moral é

> [...] um contexto de desenvolvimento que apresenta dificuldades valorativas, que opera num determinado clima moral e, finalmente, que se serve de espaço no qual transcorre o processo de formação moral do sujeito. Portanto, o meio, ou contexto, fornece as experiências vitais a partir das quais os sujeitos podem reconhecer o que para cada um deles vai ser

um problema sociomoral expressivo. Meios e problemas são, pois, os dois primeiros fatores de construção da personalidade moral.

O meio de experiência moral é também definido como um espaço constituído por uma cultura moral, que se expressa em elementos de natureza muito variada. Entre esses elementos, estão os valores, as normas e as formas estabelecidas de inter-relação. É também um sistema formado por elementos e relações culturais que produzem efeitos, os quais não podem ser explicados pela ação de nenhum de seus componentes isoladamente.

Importante para a compreensão do conceito de meio de experiência moral é a noção de ambiente ecológico-moral. Tal expressão descreve "a relação entre um sujeito e o conjunto de meios em que simultaneamente se encontram ou que o influenciam" (PUIG, 1998, p. 159). Em condições normais de vida coletiva, ninguém permanece limitado a um único meio de experiência moral. Desde o nascimento até a morte, os indivíduos participam de diferentes meios e são ainda afetados indiretamente por inúmeros outros. Assim, além dos elementos que compõem os meios de experiência moral, é necessário estar ciente de que as relações entre diferentes meios podem maximizar ou minimizar mutuamente as influências dos meios. Entretanto, é pertinente e necessário estudar os meios como unidades de experiência moral.

Os meios de experiência moral são entendidos como elementos ativos, com características sociais, culturais e históricas diferenciadas, e que afetam de forma específica o processo de construção da personalidade moral. Entretanto, quando se consideram os meios de experiência moral, é necessário cautela para não atribuir a estes, indevidamente, o papel de agentes heteronômicos de pressão, pois, para Puig (1998, p. 153), "a influência do meio é uma condição da autonomia do sujeito". É em presença dos problemas sociomorais próprios de cada meio de experiência moral que os sujeitos utilizam sua capacidade individual (os procedimentos de sua consciência moral) e influenciam o meio, enquanto são influenciados por ele.

Segundo Puig, um meio de experiência moral é constituído pelos seguintes elementos: metas, possibilidades de comportamento, formas de relação e regulação, guias de valor e dispositivos físicos e organizacionais.

As metas

As metas são as razões pelas quais o meio efetivamente existe. Elas correspondem "às funções que são ou devem ser cumpridas no meio considerado" (PUIG, 1998, p. 155). Em alguns meios, essas metas são claramente conhecidas pelos seus integrantes e, em alguma medida, mesmo por aqueles que deles não participam de maneira direta. Já em outros casos, as metas permanecem apenas nos documentos ou nas mentes dos responsáveis pela organização dos meios, e a prática se apresenta deles distanciada. De qualquer forma, são as metas que definem o "para quê" da existência do meio. Assim, a finalidade da existência da família, por exemplo, não é a mesma que a de uma escola ou de um clube, e assim por diante.

Em algumas instituições, as metas podem não estar claras nem mesmo para seus criadores ou dirigentes. Esse pode ser o caso quando dois ou mais sócios se unem em torno de um empreendimento com aspirações diferentes, as quais, em alguma medida, conseguem conciliar num primeiro momento. O tempo, a mudança de mentalidade e de objetivos de pessoas envolvidas ou mesmo a substituição dessas podem fazer que, ao longo do tempo, as metas e os objetivos que moveram os fundadores tornem-se secundários ou até irrelevantes. Nesses casos, o "para quê" da existência da instituição ou do "meio" não é mais o mesmo "para quê" de sua criação.

As possibilidades de comportamento

Por possibilidades de comportamento, Puig (1998) inclui tanto as atividades ou os projetos que devem ser realizados em virtude das metas próprias do meio quanto os projetos e as atividades que são sugeridos ou permitidos, sem que tenham o caráter de obrigatoriedade.

Na consideração das possibilidades de comportamento, é necessário não esquecer que cada sujeito vive e organiza essas possibilidades de maneira própria. Cada indivíduo é capaz de perceber de forma diferenciada as mesmas possibilidades, o que acaba por ampliá-las ou restringi-las. Também há acentuada influência dos pequenos grupos na forma como as possibilidades de comportamento são percebidas. No âmbito das possibilidades de comportamento, Puig insere as atividades, as ações e as operações.

Atividades

Por atividades, Puig (1998) designa os projetos de grande abrangência relacionados com as metas próprias do meio. Ele cita como exemplo a atividade de criar filhos como um projeto ou uma atividade naturalmente vinculada à meta pela qual existe uma família.

Existem atividades ou projetos obrigatórios e outros possíveis, que dependerão das características das pessoas envolvidas nos grupos para que sejam ou não planejadas e realizadas. Uma igreja, por exemplo, pode ter como atividades obrigatórias reuniões ou cultos semanais. Os membros dessa hipotética igreja podem, contudo, decidir realizar um bazar para arrecadar fundos para a construção de um espaço maior de culto. A realização de bazares não é uma atividade obrigatória desse meio específico, mas é uma atividade possível.

Tanto nas atividades obrigatórias quanto nas possíveis, Puig identifica duas possibilidades distintas de comportamentos: os relacionados às ações e os vinculados às operações.

Ações

As ações, diferentemente das atividades, referem-se a uma seqüência de interações que podem ocorrer no contexto de uma atividade, por meio da qual vários sujeitos coordenam seus desejos ou planos por meio da palavra.

Dentro ou fora das atividades ou projetos elaborados para cumprimento das metas, é possível que os sujeitos, cada um por seu lado, possuam interesses, motivos e desejos diferenciados, e que a ação se faça necessária para articular essas diferenças. As ações representam um maior espaço de liberdade dentro do que Puig (1998) chama de possibilidades de comportamento, visto que é por meio das ações que se define o "como" da atividade.

Considerando a família como exemplo de meio de experiência moral, o autor cita o ato de combinar o regime de saídas de um adolescente como um exemplo dessa articulação de desejos dentro do plano maior das atividades próprias e características do referido meio. Assim, se criar filhos é uma atividade, esta será marcada por uma seqüência imensa de ações nas quais os implicados deverão interagir para chegar a um consenso satisfatório para todos, sem perder de vista as metas que permitiram a própria existência da família.

As ações representam o espaço de relacionamento onde se explicitarão desejos e aspirações pessoais e coletivas que muitas vezes podem ser contraditórios. Mas as ações podem implicar necessidade de alterações nas operações com vistas ao bom resultado das atividades principais.

Operações

As operações são aquelas tarefas padronizadas e rotineiras que tornam possível e facilitam a execução das atividades. São necessárias em quase todas as áreas da vida humana e não deveriam representar fonte de conflitos morais, pois deveriam caracterizar-se pela clareza e repetição contínua. Dessa forma, não exigiriam o uso dos procedimentos da consciência moral e também não representariam significativo papel no desenvolvimento moral. Por exemplo, a tarefa de apertar parafusos em uma indústria ou de receber e carimbar papéis em uma repartição pública, segundo a definição de Puig, constituem operações e não atividades ou ações. No caso da família, o exemplo de Puig para operações é a realização cotidiana das tarefas domésticas. Também se poderia considerar o horário de saída para o trabalho e para a escola, as rotinas ligadas à higiene, e assim por diante.

Puig (1998) relaciona a quantidade de atividades, ações e operações com a qualidade das experiências morais que se tornam possíveis nos diferentes meios. Um meio pobre em oportunidades de ações e regido predominantemente por operações repetitivas será menos rico em possibilidade de ações sociomorais e, portanto, menos eficaz na tarefa de contribuir para o processo de construção da personalidade moral de seus integrantes. No entanto, em um meio no qual as operações sejam apenas as extremamente necessárias e as ações se tornem sempre possíveis, o nível de conflito sociomoral pode elevar-se.

Formas de relação e regulação

As formas de relação e regulação se referem à maneira de organizar os intercâmbios pessoais possíveis. Estão relacionadas às metas e às possibilidades de comportamento, mas não se restringem a esses elementos. São consideradas como formas de relação e regulação as normas, os papéis e as inter-relações sociais.

Em cada meio específico, existe diferença entre o que as normas e regras enfatizam sobre pessoas e papéis, e o que de fato pode acontecer em termos de relação e regulação desses intercâmbios pessoais.

Normas e regras

As normas e regras podem ser expressas por escrito, em forma de regimentos internos, estatutos etc. Podem também ser normas sociais determinadas pelo hábito e pela tradição. Em cada meio de experiência moral, mais do que as normas estatutárias, é importante compreender como estas são vivenciadas pelos indivíduos. Em alguns casos, será percebido que as normas determinadas pelos documentos não são as mesmas que regulam a vida diária. Algumas normas dependem, acima de tudo, das pessoas que ocupam determinados cargos ou exercem determinados papéis e a maneira peculiar como estes se relacionam com as normas formais.

Papéis

As formas de assumir os papéis podem ser determinadas tanto pelas normas como pelas características pessoais dos sujeitos e pela maneira como cada um vivencia o papel no qual se encontra. Inclusive, a forma como os sujeitos vivenciam a norma é alterada significativamente pela presença ou ausência de outros em seus respectivos papéis. Num ambiente empresarial onde existem diferentes diretorias e chefias, as normas, as regras e os papéis podem estar bem claros e a hierarquia pode ser muito bem demonstrada por meio de organogramas e fluxogramas. Entretanto, cada diretor assume e exerce seu papel de acordo com suas características individuais, e o ambiente se torna mais tenso ou mais agradável dependendo da personalidade dos ocupantes dos cargos e da maneira diferenciada como cada um desempenha seu papel.

Inter-relações sociais

Além disso, Puig (1998) afirma ser necessário considerar neste item as inter-relações sociais identificadas pelos laços afetivos que vão sendo estabelecidos entre duas ou mais pessoas do meio. Independentemente dos organogramas, as pessoas podem desenvolver simpatias ou antipatias, afetividade ou hostilidade umas em relação às outras, e isso dificilmente pode ser considerado indiferente na análise da influência que o meio de experiência moral exercerá na formação da personalidade de seus componentes. As formas de relação e regulação interferem na percepção e no tratamento dos diferentes problemas sociomorais que os meios apresentam. Além disso, as próprias formas de relação e regulação constituem conflitos morais que se tornam alvo de problematização moral e confronto entre metas, possibilidades de comportamento e guias de valor.

Guias de valor

Os guias de valor podem ser pensados como determinantes dos padrões dos meios de experiência moral, visto que são eles os principais norteadores ou indicadores da direção moral nos referidos meios. Se os guias de valor forem considerados no planejamento e na forma de execução das atividades, se forem de fato guias na forma de relacionamentos e nas regulamentações e, ainda, se considerados seriamente quando da existência de conflitos, então o meio de experiência moral poderá ser identificado pelos guias de valor que declara e assume como valiosos.

Para Puig (1998, p. 156 e 157), os guias de valor são produtos culturais que ajudam os sujeitos a pensar, a comportar-se e, "em definitivo, a construir-se como pessoa moral". "Trata-se da cultura moral do meio". Os guias de valor são comparados a "ferramentas", "muletas" ou "horizontes normativos" úteis para nortear os comportamentos individuais e as pautas de convivência. Os guias de valor são formados a partir de modelos pessoais significativos para o meio, além de acordos, tratados, declarações e tradições. Puig (1998, p. 195) ressalta que "os guias de valor não são apenas ajudas prestadas às capacidades morais, mas são, em si mesmos, recursos essenciais e imprescindíveis no processo de construção da personalidade moral".

A formação da personalidade moral é uma tarefa de construção ou uma reconstrução da consciência da identidade moral (PUIG, 1998, p. 194). Os procedimentos da consciência moral auxiliam nesse processo e são potencializados à medida que são utilizados. Mas a utilização adequada dos procedimentos da consciência moral não pode prescindir dos guias de valor. Puig considera os guias de valor como *kits* de ferramentas culturais valiosas para a solução de conflitos e problemas sociomorais, mas insiste que, como qualquer outro *kit* de ferramentas, algumas pessoas estarão mais habilitadas que outras para o devido manejo. Nem todas conhecem e manejam igualmente as mesmas ferramentas. O manejo dessas ferramentas também depende de conhecimento, capacidade de compreensão, avaliação e aplicação das mesmas nos diferentes casos. O fato de significar produtos culturalmente aceitos não significa ausência da necessidade de aprendizagem e apropriação por parte dos diferentes integrantes dos grupos culturais, nos quais esses guias de valor são considerados referenciais significativos.

De qualquer forma, esses guias de valor são mediadores da realidade sociomoral, isto é, "entram em relação com as experiências controvertidas e com os procedimentos da consciência moral para confeccionar um tipo de ação sociomoral correta e eficaz" (PUIG, 1998, p. 196). Nas palavras de Puig (1998, p. 196):

> [...] os guias de valor se colocam, de certo modo, entre o sujeito moral e as experiências de problematização, contribuindo de diversas maneiras para a compreensão da situação, para a atividade dos procedimentos da consciência e, enfim, para a realização da ação sociomoral. A cultura moral regula a ação sociomoral.

Puig nomeia e procura definir alguns dos guias de valor, quais sejam: as idéias morais, as tecnologias do eu, os modelos, as pautas normativas e as instituições sociais.

Idéias morais

As idéias morais são constituídas por um amplo leque de elementos simbólicos que permitem identificar valores e aspirações referentes à vida da comunidade. São conceitos que auxiliam na interpretação da realidade tanto quanto na avaliação de outras idéias. Como explica Puig (1998, p. 199):

> Ao falarmos de idéias morais nos referimos, em primeiro lugar, a conceitos e teorias éticas que descrevem, explicam e projetam a moralidade humana. Conceitos e teorias que tratam de "o que é" e "o que deve ser" ou de como saber "o que deveria ser". Idéias, por exemplo, como as de dignidade humana, anomia ou bem comum servem para nos enten-

dermos melhor e nortearmos nossa vida moral. [...] Por vezes, a tarefa de certos filósofos tem sido definida justamente como uma tentativa de abrir caminhos para pensarmos de outra maneira: de fornecer meios para transcendermos uma forma de ver a realidade. Sabemos, por outro lado, que uma forma de ver acaba sendo uma forma de viver.

Entre as idéias morais, deve-se distinguir entre máximas e conceitos de valor e as diferentes concepções que permitem interpretar a realidade.

As máximas morais podem ser aquelas regras ou critérios de juízo moral descritos por filósofos ou os provérbios e ditados popularmente conhecidos que recomendam um tipo específico de conduta em determinados casos. Não se trata de atribuir valor equivalente para os dois tipos de idéias morais, pois é necessário considerar as distâncias entre uma máxima moral resultante da reflexão teórica e um provérbio popular resultado da tradição de um povo. De qualquer maneira, ambas as idéias possuem o papel de fazer lembrar, seja num processo de reflexão interna seja num diálogo social, o que se deve fazer ou o como se deve fazer. Não são necessariamente valorativas, mas influenciam a tomada de decisão e as formas de vida de um modo geral. A frase bíblica "Basta ao dia o seu próprio mal" (Mt. 6:34) pode ser considerada uma máxima, sem de fato significar um conceito de valor.

Os conceitos de valor constituem critérios de julgamento. Isso quer dizer que eles definem como as coisas devem ser e permitem reconhecer a retidão do ato (ou ausência desta). Os valores oferecem certeza na determinação do correto, assim como objetivos e a motivação para a conduta humana. Mas também aqui não se deve pensar que os conceitos de valor permitem uma aplicação que resulte em solução pacífica para todos os conflitos humanos. Segundo Puig (1998), considerar a vida como o bem mais valioso não é garantia de ausência de conflito diante de situações como o aborto ou a eutanásia.

Puig inclui ainda no bojo das idéias morais as concepções de mundo que permitem dar sentido à realidade e à própria existência, e ainda tornam possível projetar formas de vida e convivência coerentes com essas cosmovisões. Para Puig (1998, p. 200), as "concepções como o cristianismo, o marxismo ou o liberalismo são, com certa plausibilidade, algumas das linguagens morais mais ativas em nossos contextos culturais".

Tecnologias do eu

As tecnologias do eu são guias de valor mais adequadamente relacionados aos procedimentos da consciência moral do que aos meios de experiência moral. Puig (1998, p. 201) define como "tecnologias do eu" as práticas "que os indivíduos realizam sobre si mesmos, cuja mera realização já é valiosa, embora seu valor máximo resida nas transformações pessoais que produzem". Puig inclui nesse item o clássico "exame de consciência", a meditação, a leitura, a oração, a conversa formativa, o cuidado do corpo, o aconselhamento psicológico regular, a escrita de um diário íntimo, a organização e o controle do tempo de trabalho e outras práticas similares. Trata-se de práticas reflexivas voluntárias que constituem tentativas de impor a si mesmo certas normas de conduta que visam conseguir uma transformação de si mesmo e atingir um estilo de vida e de personalidade considerado desejável. Essas tecnologias destinam-se a modificar a personalidade moral em todas as suas facetas. Nas palavras de Puig (1998, p. 201), as tecnologias do eu

> [...] são um conjunto de práticas de construção reflexiva de si mesmo, ou, antes de mais nada, tarefas formativas que

ocupam certo tempo e requerem também atenção e vontade. Por outro lado, pretendem dar forma a um aspecto concreto da personalidade ou a seu conjunto: trata-se, portanto, de produzir um modelo de ser. Assim, são atividades produtivas que o sujeito empreende, ciente de que as realiza e de que as aplica a âmbitos de sua personalidade que conhece e quer otimizar; conseqüentemente são práticas reflexivas.

Ainda nesse item Puig concede atenção especial à "prática da oração sistemática, em suas múltiplas formas" a qual considera como "uma das tecnologias do eu mais clássicas e difundidas". E acrescenta: "pelo diálogo religioso com Deus, ou pela meditação, o sujeito pretende atingir uma melhora no seu modo de ser que o aproxime da felicidade e da bondade" (PUIG, 1998, p. 202).

Modelos

Para Puig (1998, p. 202), "um modelo moral é qualquer construção simbólica cuja finalidade é mostrar, mediante uma representação exemplar, algum princípio ou comportamento ético". Os modelos podem ser encontrados em contos literários, em filmes, nas biografias de personagens ilustres e representativos para a coletividade. Geralmente são portadores de valores morais desejáveis de serem reproduzidos. Os modelos, mediante representações, narrações, condutas pessoais ou biografias públicas, mostram, "de forma totalmente encarnada e concreta, uma maneira de realizar os valores". Além de apresentar condutas, atitudes e formas de vida, as quais propõem como valiosas, os modelos manifestam a forma de colocá-los em prática e estimulam algum tipo de imitação nos sujeitos que estão expostos a eles. Portanto, os modelos revelam a possibilidade dos valores, propõem formas concretas de vida que expressam esses valores propostos como válidos e possíveis, e assim podem desencadear processos de motivação, adesão e invenção de modos de ser e viver.

Entre crianças, jovens e adolescentes, é muito comum o apego a figuras significativas do mundo artístico ou esportivo ou mesmo a alguma figura do círculo próximo. Esses modelos passam a representar guias de valor nos respectivos meios de experiência moral nos quais exercem influência. Em alguns contextos universitários, é possível que alguns professores mais carismáticos representem guias de valor para seu grupo de alunos, e é bastante freqüente também que alguns estudantes se destaquem e acabem ditando valores para os demais que os consideram modelo e referência para muitas das suas ações.

Pautas normativas

As pautas normativas são extremamente importantes como guias de valor. São

> [...] construções simbólicas que uma coletividade dá para si mesma e transmite a todos os seus membros com o intuito de organizar a conduta. Elas são, portanto, guias de valor que regulam de modo concreto e preciso o comportamento dos indivíduos (PUIG, 1998, p. 203).

Para que as pautas normativas cumpram sua função, precisam descrever com clareza as condutas que prescrevem. Isso quer dizer que as descrições referem-se sempre às condutas que devem ser implementadas ou evitadas. As pautas normativas, ao descreverem e prescreverem condutas consideradas valiosas e desejáveis no contexto da coletividade, expressam também os valores e princípios que as sustentam. Costumes sociais, normas e regras, leis e acordos constituem exemplos de pautas normativas. Há, entretanto, certa diferença entre estes. Os costumes sociais são transmitidos mais sutilmente ou em alguma medida, de forma inconsciente, sem tematizar o conteúdo. As regras e normas, por sua vez, exigem um maior nível de consciência na sua elaboração e transmissão, cuja finalidade é estabelecer padrões de comportamento. As leis e os acordos são as pautas normativas que exigem mais elevado nível de consciência, e este se expressa na necessidade de clareza quanto à tematização do seu conteúdo, na obrigatoriedade de alcançar acordos sobre o prescrito e na necessidade de baseá-los claramente em critérios de utilidade e valor. São exemplos desse tipo de pautas normativas: as constituições, as leis de um país e a Declaração Universal dos Direitos Humanos. No caso da universidade, além das normas instituídas pelos órgãos federais e estaduais que regulamentam a vida da própria instituição universitária, existem os estatutos e regimentos internos, o projeto pedagógico institucional e os acordos entre profissionais e instituição.

Instituições sociais

Puig (1998, p. 205) define as instituições como "formas sociais que dirigem e garantem a atividade humana de maneira que objetivos valiosos possam ser alcançados". São chamadas de "'sociais' em virtude de surgirem como resultado da organização de diversos elementos constitutivos", possuindo "finalidades explícitas ou implícitas que justificam sua existência" (PUIG, 1998, p. 205).

As instituições são eficazes do ponto de vista formativo porque transmitem significados e destrezas sem deixar de operar: ensinam e funcionam ao mesmo tempo, ou melhor, ensinam funcionando. As instituições, muitas vezes, apresentam ou dão a si mesmas definições que claramente explicitam suas metas e mostram como pretendem atingi-las, além de realizar um conjunto de atividades e tarefas que as define de maneira específica. Em qualquer instituição, sempre se fazem presentes formas de convivência e de relacionamentos que assumem relevância na formação das pessoas que nelas ingressam. Ao ingressar na instituição, o indivíduo "entra num rio que percorre um caminho já traçado" (PUIG, 1998, p. 206) e em relação ao qual há pequena possibilidade de interferência. As instituições são cristalizações de princípios e valores morais em formas sociais, de maneira que pautam o comportamento dos sujeitos e transmitem o sentido e a razão de ser de sua própria existência. Geralmente, as instituições contam com regularidades e valores, bem como dispositivos para favorecer as atividades previstas (PUIG, 1998, p. 206).

Dispositivos físicos e organizativos

Finalmente, para Puig, os dispositivos são os recursos materiais ou as "artimanhas" organizativas que pautam a vida no interior do meio de experiência moral e agem em estreita relação com os demais componentes deste meio ao ponto de se confundir com eles.

Para exemplificar, é possível citar instituições como hospitais ou instituições assistenciais cujas formas de relação e regulação incluem horários rígidos para visitas. Como dispositivo, essas instituições terão portas bem protegidas e mecanismos de fiscalização para evitar a transgressão dessas normas. As portas e a regulamentação do horário são igualmente dispositivos físicos e organizativos.

Nas escolas de educação infantil, nas quais se pretenda desenvolver a criança física, emocional, moral e intelectualmente, espera-se encontrar dispositivos especialmente preparados para atender a essas demandas e cumprir as metas estabelecidas. Espaço para atividades físicas, bibliotecas, laboratórios, salas devidamente iluminadas, ventiladas e aparelhadas para oferecer conforto aos estudantes são os dispositivos considerados ideais para que uma escola cumpra seus objetivos. A capacitação do pessoal para a utilização dos recursos, a escala de horários em que os recursos podem ser utilizados e a preparação e escala de pessoal técnico também se enquadram nesse item.

De nada adianta existirem projetos de atividades e operações devidamente alinhados com as metas institucionais se os dispositivos necessários para o cumprimento destas não estiverem disponíveis. Nem sempre o ideal é possível, e as pessoas interessadas em que os ambientes educacionais nos quais atuam se tornem eficientes meios de experiência moral podem e devem avaliar os dispositivos existentes, dinamizando e potencializando o que se encontra disponível, e não simplesmente lamentar as carências.

Nesse sentido, provavelmente tão importante quanto a existência dos dispositivos, é a forma como estes são utilizados. Quando se analisa um meio de experiência moral, não basta listar os dispositivos que se encontram no referido meio, mas também as normas que regem sua utilização, a adequação dessas normas e a forma como estas são vivenciadas pelos usuários, e assim por diante. Não se pode esquecer que tanto os melhores e mais adequados dispositivos quanto os mais precários e inadequados são percebidos de forma diferenciada pelas pessoas envolvidas. Conforme Puig (1998, p. 161), "as experiências morais serão o resultado das possibilidades que o meio oferece e da leitura que delas faça cada sujeito" e, portanto, "um mesmo ambiente [...] pode apresentar experiências de problematização moral diferentes para todos os sujeitos que dele participam". Isso vale para a influência que os dispositivos exercem sobre o meio como um todo e sobre cada um dos indivíduos que o compõem. Ao concluir esse item, Puig (1998, p. 157) pondera:

> Descrever os meios de experiência moral como sistemas que estruturam metas, comportamentos, relações, idéias e

dispositivos significa entender que o efeito de cada elemento depende de todos os demais e que os efeitos do conjunto dificilmente são explicáveis pela natureza de cada um dos componentes. Portanto, além de toda a riqueza que aporta um meio com quantidade e variedade de elementos morais, ainda devemos levar em consideração os efeitos de conjunto que este meio é capaz de propiciar.

Uma referência ao trabalho de formação moral desenvolvida por Pestalozzi com seus estudantes exemplifica o que Puig (1998) afirma sobre esse caráter sistêmico dos meios de experiência moral e reforça o que foi dito sobre a relatividade do valor dos dispositivos físicos e organizativos, se considerados de forma desvinculada dos demais elementos. Vivendo num educandário com dezenas de crianças e preocupado em educá-las para a moral autônoma, Pestalozzi demonstra valorizar cada possibilidade de exemplo, cada conflito e cada recurso material (ou mesmo a falta destes) para atingir seu alvo. Seu método consistia em despertar os sentimentos das virtudes antes que se fizessem discursos sobre elas, "pois considerava prejudicial tratar com as crianças de alguma coisa enquanto elas não soubessem do que falavam", e as experiências mostraram

> [...] que o habituar-se simplesmente às atitudes de uma vida virtuosa faz mais por uma verdadeira educação da capacidade moral que todos os ensinos e pregações não assentados sobre esses recursos (INCONTRI, 1996, p. 152).

Um exemplo de sua forma de pensar sobre esse tema pode ser encontrado em uma carta de Pestalozzi a um amigo, na qual relata sua atitude ao saber de um incêndio que teria destruído um outro orfanato, deixando desabrigadas quase uma centena de crianças. Nessa carta, ele descreve a forma como o assunto foi discutido com as crianças e a resolução tomada conjuntamente.

Assim que tomei conhecimento do fato, reuni as crianças à minha volta e disse-lhes: "Altdorf foi queimada. Talvez nesse momento cem crianças estejam sem teto, sem alimentação, sem vestimenta. Vocês não querem pedir às nossas boas autoridades que abriguem em nossa casa umas vinte crianças?" Tenho ainda gravada na memória a emoção que acompanhou o seu grito: "Claro que sim, meu Deus". Eu disse em seguida: "Mas, crianças, pensem bem, no que estão pretendendo. Nossa casa não tem tanto dinheiro assim como seria de desejar, e não é certo que receberemos mais do que antes por causa dessas crianças pobres. Por elas vocês podem se colocar em situação de terem que trabalhar mais nas aulas, comer menos e até dividir suas roupas. Não digam, portanto, querer estas crianças se não estiverem dispostas a enfrentar tudo isso de boa vontade, em nome da necessidade delas", falei-o com toda a força que me era possível. Deixei-as mesmo repetir minhas palavras para me certificar de que me haviam entendido aonde as conduzia sua determinação. Mas elas persistiam e repetiam: "Sim; sim, mesmo se tivermos que comer pior, trabalhar mais e dividir nossas roupas, ficaremos contentes se elas vierem" (cf. INCONTRI, 1996, p. 156).

CONFLITOS OU PROBLEMAS SOCIOMORAIS

Conforme apontado anteriormente, os problemas ou conflitos sociomorais constituem fatores indispensáveis para o desenvolvimento da personalidade moral, embora a simples existência destes não seja suficiente para o desenvolvimento moral, sendo necessária a reflexão sobre eles. Segundo Puig (1998), a construção da personalidade moral se inicia quando o indivíduo problematiza alguns aspectos de sua realidade que o mantinham em estado de equilíbrio. A ruptura do equilíbrio gera uma crise que demanda certa reelaboração de atitudes e valores em busca por uma solução. As dimensões da crise e das conseqüências da busca por soluções dependerão muito das características da situação, do sujeito e das experiências de problematização moral vivenciadas anteriormente, bem como dos guias de valor envolvidos no processo. Segundo Puig (1998, p. 162):

> [...] ninguém inicia uma mudança pessoal sem se sentir pressionado por um conflito sociomoral ou sem pressionar a si mesmo, problematizando a realidade ou sua relação com ela. Somente quando se interrompe a adaptação ao meio social é possível e, ao mesmo tempo necessário, iniciar um processo que acabará na reconstrução da personalidade moral do sujeito implicado. Dessa forma, compreende-se, em primeiro lugar, que os problemas sociomorais são desafios que surgem em um determinado meio de experiência moral.

Todos os seres humanos enfrentam ou deveriam enfrentar conflitos de valor desde muito cedo. As crianças pequenas vivenciam continuamente situações problemáticas referentes a relacionamentos e desejos que nem sempre podem ser realizados no local e no momento em que estes se apresentam. Françoise Dolto (1982), em linguagem psicanalítica, enfatiza a relevância da "castração simbólica" para a formação da personalidade humana. Segundo ela, é fundamental auxiliar a criança a compreender a diferença entre seus desejos e a realidade, e isso ocorre unicamente por intermédio da linguagem quando os pais demonstram segurança ao dizer o "sim" e o "não", explicando para a criança, na medida de sua capacidade de compreensão, as razões de sua atitude. Para Dolto, quando a criança não é confrontada com os limites de seu desejo, ela não tem outra alternativa a não ser tornar-se um delinqüente.

A forma como os pais e demais adultos significativos lidam com tais situações torna-se muito importante para o desenvolvimento da personalidade da criança, e isso se refletirá em sua vida adulta. O simples fato de pai e mãe concordarem ou não quanto à permissão ou proibição de algo que a criança deseja implica a percepção da existência ou ausência de guias de valor que ajudam a mediar o conflito. De igual forma, a consistência dessas atitudes de permissão ou interdição reflete a coerência dos valores e a capacidade dos adultos de se guiarem por eles. Em outras palavras, quando as decisões que atingem a vida da criança são orientadas por alguns princípios compartilhados e respeitados pela família de forma consistente, mantendo-se válidos apesar das circunstâncias, a criança tende a se desenvolver sabendo utilizar esses guias de valor e buscar outros quando vier a enfrentar conflitos durante sua vida.

No entanto, quando uma criança é satisfeita em todos os seus desejos, sem questionamentos, adiamentos e explicações sobre o "sim" e o "não", ela pode crescer sem desenvolver a capacidade de resistir às frustrações que invariavelmente surgirão ao longo de sua existência. Portanto, quando a criança pequena enfrenta os conflitos próprios para sua idade e é levada a problematizá-los à luz de guias de valor, essa experiência moral terá influência sobre outras experiências que enfrentará ao longo do seu desenvolvimento.

Os diferentes meios proporcionam diferentes experiências e fazem surgir tipos característicos de problemas sociomorais. A participação dos sujeitos em diferentes meios pode resultar em surgimento de novos conflitos e novas experiências decorrentes das múltiplas percepções e contribuições dos problemas e dos guias de valores próprios de cada meio e de cada sujeito. Assim, como exemplo, podem-se citar os diferentes conflitos enfrentados por uma família em relação ao uso da televisão: para a família A, a televisão é percebida como um perigo para a formação moral das crianças e, portanto, utilizada com rigorosa vigilância dos pais; ao passo que na família B, a criança assiste à televisão o dia todo sem supervisão de nenhum adulto, e, quando os pais chegam do trabalho, "pedem autorização" da criança ou disputam com os filhos de modo infantil o "direito" de ver o jornal ou qualquer programa de seu interesse. Nesse caso, o ambiente escolar comum às duas crianças terá sua própria maneira de lidar tanto com a televisão como recurso pedagógico quanto em relação às regras de utilização desse recurso. Cada criança enfrentará de maneira diferente os problemas representados pelo fator TV em sala de aula e acumulará experiências totalmente diferentes em decorrência de uma mesma característica do ambiente escolar. Os adultos da família também serão obrigados a se posicionarem ante esse problema que se tornará um problema moral em ambos os casos, pois envolvem pessoas, relacionamentos, valores e decisões.

A maneira como os problemas ou conflitos de valores são enfrentados na infância pode prolongar-se. Ao chegarem à vida adulta, essas crianças se tornarão pessoas despreparadas para lidar com os problemas sociomorais próprios desta fase. É por isso que Puig insiste na necessidade de problematização dos conflitos como recurso indispensável para a educação que pretende contribuir para a construção da personalidade moral.

Puig (1998, p. 166-168) distingue quatro categorias de problemas sociomorais enfrentados pelos indivíduos ao longo de sua vida: problemas históricos, sociais, evolutivos e biográficos.

As experiências e os problemas históricos são os mais amplos e podem também ser mais dificilmente percebidos como relevantes para a formação moral. Às vezes, os indivíduos percebem os fenômenos, mas não se dão conta de que representam problemas morais históricos e que estão frente a frente com experiências morais significativas. São problemas vivenciados por toda uma comunidade, por grandes grupos de pessoas ou mesmo por toda a humanidade. Nem sempre os envolvidos têm exata clareza sobre a influência que determinados eventos históricos exercem sobre suas biografias. Trata-se, entretanto, de situações nas quais os sujeitos envolvidos são levados a se posicionar ou agir conforme condições impostas pela própria situação. Ainda é preciso considerar que nem sempre é possível decidir pessoalmente sobre aderir ou não às circunstâncias, visto serem resultantes de fatos historicamente dados. A crise da modernidade, uma catástrofe natural, a emergência de um regime político totalitário ou atentados como os ocorridos nos Estados Unidos em 11 de setembro de 2001 constituem exemplos de problemas morais históricos.

Por problemas sociais, Puig (1998) se refere aos temas que afetam de modo concreto a vida de uma determinada comunidade. Alguns dilemas sociais permanecem longos períodos sem solução, sendo reconhecidos como problemáticos, mas nunca adequadamente enfrentados e solucionados a contento pela maioria dos envolvidos. Problemas como a crise da educação pública no Brasil e o desemprego constituem exemplos desse tipo de problema que afeta grande parte da infância e juventude do país.

Os problemas evolutivos são aquelas dificuldades de ordem pessoal, as quais não constituem controvérsia social relevante, mas que afetam diretamente e de forma significativa os sujeitos que as vivenciam. São conflitos que não representam uma controvérsia social aberta, mas que manifestam um problema pessoal significativo e legítimo do ponto de vista da evolução pessoal. Por exemplo, a passagem da infância para a adolescência é uma fase crítica que deve ser enfrentada por todas as pessoas. A entrada na universidade e a necessidade de confrontar os valores em um meio estranho, novos paradigmas e modelos de comportamento e pressões para agir conforme novos padrões grupais são problemas decorrentes de uma evolução da vida pessoal e que são enfrentados por todos, estejam ou não devidamente preparados para isso. Na vida adulta, situações como o casamento de um filho ou a ida deste para estudar em um país estrangeiro podem representar situações de conflitos próprios da idade ou de certa fase da vida.

Finalmente, Puig (1998) menciona os problemas específicos concernentes à história de vida individual ou à biografia de cada um. Segundo o autor, os problemas biográficos têm a ver com o inventário de conflitos históricos, sociais e evolutivos de cada sujeito e com a forma como relaciona uns com os outros. Problemas biográficos têm a ver com a forma como cada um vivencia os problemas morais típicos. Decidir sobre a participação como voluntário em um determinado projeto, em um dia que poderia ser dedicado ao lazer, representa um conflito de valores, e certamente a solução resultará em conseqüências diferentes para a formação da personalidade moral da pessoa. Puig acrescenta ainda que as escolhas pessoais sobre como se relacionar com pessoas que pensam de forma diferente, freqüentar ou não determinado ambiente, assistir ou não a determinado filme, espetáculo teatral ou de música, podem resultar em experiências de desenvolvimento moral que afetam a biografia do sujeito.

Tanto os problemas socialmente significativos (os históricos e os sociais) quanto os pessoalmente significativos (os evolutivos e os biográficos) são igualmente importantes para o desenvolvimento da personalidade moral, e tanto uns quanto os outros podem ser abordados no espaço escolar. Por isso, conclui-se este tópico com uma afirmação categórica de Puig (1998, p. 168): "a escola é um espaço formal de educação moral".

EXPERIÊNCIAS DE PROBLEMATIZAÇÃO MORAL

Puig (1998) distingue problemas sociomorais de experiências de problematização moral. Além dos problemas ou conflitos sociomorais, a construção da personalidade moral depende ainda do tipo de experiência moral que cada meio é capaz de proporcionar. Cada diferente ambiente sociocultural oferece possibilidades de experiências, quer sejam planejadas intencionalmente, quer sejam ocasionais, quer sejam elas carregadas ou não de conteúdos problemáticos. Tais experiências vão influenciando e socializando, de forma diferenciada e subjetiva, as personalidades dos envolvidos nos diferentes meios. As formas de vida, os hábitos sociais e os valores morais implícitos são os conteúdos das experiências que cada meio oferece.

As experiências de problematização moral, entretanto, são mais especificamente voltadas para a problematização da própria realidade vivenciada no confronto entre valores anteriormente aceitos e outros que se apresentam como novos. Esse tipo de experiência ocorre sempre em uma situação sociocultural determinada, levantando dificuldades e propiciando alternativas que auxiliam na elaboração pessoal e coletiva dessas dificuldades. Ao interpelar a realidade ou ser interpelado por ela, é gerado um desequilíbrio que impulsiona a uma reflexão e alavanca processos conscientes, voluntários e autônomos de construção da personalidade moral.

Puig (1998, p. 164) atribui tão elevada importância à experiência de problematização moral a ponto de afirmar: "o primeiro passo na construção da personalidade moral é contar com situações de controvérsia ou conflito moral"; a experiência é a chave da construção da personalidade moral porque é fundamento de todo saber e de toda ação moral. Essa experiência é mais eficaz quando se torna problemática para o sujeito, obrigando-o a um trabalho de construção ou reconstrução dos elementos morais de sua personalidade.

Fica evidente, na concepção de Puig (1998), a relevância que ele atribui ao papel do conflito ou dos desafios que instigam a busca por novas soluções. As capacidades de reflexão e ação moral encontram-se diretamente relacionadas com o surgimento de dúvidas e desconfortos com o que já é familiar, exigindo reelaboração para readquirir a coerência perdida. Assim, formam-se ou se identificam novos guias de valor e vai se estruturando a personalidade moral, num processo contínuo de construção e reconstrução.

É possível prever e preparar situações que resultem em experiências de problematização moral, visando contribuir, intencionalmente, para a construção da personalidade moral. Mas é necessário entender que esse tipo de experiência não produz resultados generalizados, visto que a subjetividade sempre determinará a reação do sujeito diante da realidade concreta do meio. Para Puig (1998, p. 165), a experiência é algo

> [...] que se apresenta ao receptor antes de sua descrição, julgamento ou transformação. É uma forma de conhecimento anterior ao juízo reflexivo que se consegue na relação do sujeito com seu ambiente. Trata-se de um conhecimento prévio a uma reflexão mais profunda, mas também condicionado pela capacidade e disponibilidade do sujeito para receber, de um modo ou outro, os impactos experiências.

CAMPOS DE PROBLEMATIZAÇÃO MORAL

Assim como as experiências morais se referem a situações concretas e singulares que envolvem conflitos de valores, os campos de problematização moral são conjuntos de experiências morais similares que a coletividade tematiza em um determinado momento de sua história. Puig (1998) identifica alguns campos de problematização moral que são freqüentes em muitos meios de experiência moral:

sexualidade, relacionamento entre gerações distintas, questões ligadas ao meio ambiente, questões de gênero, honestidade nos intercâmbios sociais e econômicos, problemas derivados da capacidade
de manipular a vida. São ainda campos de problematização moral as
questões ligadas ao preconceito e à exclusão social, à dependência
química, aos meios de comunicação, à política etc.

Os campos de problematização moral são, ao mesmo tempo,
espaços de reflexão e de ação moral, nos quais se produz certa
quantidade de saber normativo ou guias de valor que norteiam o
comportamento dos envolvidos. Para Puig (1998, p. 171), "nos
campos de problematização cristalizam-se as temáticas a propósito
das quais uma sociedade levanta problemas" e proporciona oportunidade de reflexões morais referentes a tais dificuldades, e ainda
sugere valores e alternativas que apontam para a superação dos
dilemas colocados. Existe uma dinâmica entre as experiências morais e os campos de problematização moral na qual nenhum dos
dois elementos é independente. Eles se constituem na inter-relação
e por meio da contribuição que um oferece ao outro. Os espaços
de tematização moral assinalam o que é considerado importante
para a comunidade e quais os aspectos de cada tema são relevantes e conflituosos. Quando um campo de problematização moral é
constituído, ainda que debilmente, seus conflitos típicos, suas reflexões e seus guias de valor fazem que seja reforçado um movimento de influência que retorna à própria experiência moral, fornecen-
do novas pautas para a compreensão e a vivência dos problemas,
para a tomada de decisão em relação aos mesmos. Puig acredita
que a tematização social dos problemas sociomorais configura a
experiência moral de cada um dos envolvidos, ainda que isso seja
feito de forma peculiar e subjetiva. Por isso, as experiências e os
campos de problematização moral são pólos de uma mesma dinâmica sociocultural de caráter circular.

Os campos de problematização moral são descritos também como o conjunto de questões sobre as quais cada indivíduo e a coletividade se sentem interpelados e responsáveis, sendo temáticas às quais se dedica especial atenção, procurando realizar um trabalho de clarificação, identificação ou mesmo produção de idéias de valor e de práticas concretas.

Ainda é necessário considerar que os campos de problematização moral possuem caráter histórico e socialmente condicionado. Por exemplo, a preocupação com a bioética é bastante recente, enquanto a questão da liberdade é um tema recorrente na história do pensamento ocidental.

Este capítulo abordou o tema da personalidade moral, procurando definir conceitos e apresentar teorias sobre seu desenvolvimento. Atenção particular foi dispensada à teoria da construção da personalidade moral, com o propósito de considerar a Universidade Presbiteriana Mackenzie um meio de experiência moral.

Conforme demonstrado, os elementos que compõem um meio de experiência moral, segundo Puig (1998), são as metas, as possibilidades de comportamento, as formas de relação e regulação, os guias de valor e os dispositivos físicos e organizativos. Em descrições feitas sobre os elementos que compõem os meios de experiência moral, Puig lista apenas esses elementos. Entretanto, dada a importância por ele mesmo atribuída aos problemas sociomorais, aos campos de problematização moral e às experiências morais, e entendendo que estes também assumem características diferenciadas conforme os meios nos quais se apresentam, estes foram inseridos nas categorias de Puig, para analisar o meio de experiência moral que é objeto de estudo neste livro, ou seja, a Universidade Presbiteriana Mackenzie – o que será feito no capítulo seguinte.

4

A UNIVERSIDADE PRESBITERIANA MACKENZIE COMO MEIO DE EXPERIÊNCIA MORAL

O presente capítulo consiste numa análise da Universidade Presbiteriana Mackenzie à luz do conceito de meio de experiência moral conforme proposto por Josep Maria Puig (1998). Foram consideradas para essa análise as categorias que, segundo o autor citado, compõem os meios de experiência moral: metas, possibilidades comportamentais, formas de relação e regulação, guias de valor e dispositivos físicos e organizativos, acrescidos dos campos de problematização moral e das experiências de problematização moral, igualmente considerados relevantes para a compreensão do "clima moral" existente no meio pesquisado.

As categorias mencionadas foram aplicadas ao material de análise composto de documentos oficiais, consultas ao *site* da instituição, análise de material disponível na biblioteca, como as revistas institucionais, e ainda informações e opiniões obtidas por meio de entrevistas com gestores e educadores.

METAS

Conforme maior detalhamento oferecido no capítulo sobre a construção da personalidade moral, as metas revelam a razão da existência do meio de experiência moral e estão geralmente ligadas à criação do próprio meio, definindo o porquê de sua criação e continuidade, embora nem sempre essas metas sejam conhecidas de todos os membros que compõem o meio ou dos que dele se utilizam. Atualmente, tem sido prática das instituições, em diferentes áreas de atuação, explicitar suas metas por escrito, com o propósito de dar visibilidade a elas.

Em relação às universidades, além das razões que levaram um grupo de pessoas a viabilizar sua criação, também é necessário considerar as metas propostas pelos organismos que regem a vida das instituições de ensino superior. As universidades possuem metas que lhe são inerentes. A Unesco, como já mencionado, publicou um documento que trata da missão da educação superior para o século XXI. Essas metas são genéricas, visando atingir todas as universidades. As universidades devem então alinhar suas metas particulares com as metas propostas por esses organismos superiores, buscando definir seu diferencial em relação às suas congêneres.

No caso de uma instituição centenária como a Universidade Presbiteriana Mackenzie, torna-se ainda mais difícil o conhecimento de suas metas por parte de todos os que dela participam. Milhares de alunos passam todos os anos pela Universidade sem conhecer sua história e teriam dificuldade para diferenciar as metas dos fundadores do Mackenzie das metas dos fundadores de outras instituições de ensino, ou ainda identificar diferenças ou similaridades entre as metas dos fundadores e os objetivos dos atuais gestores da Universidade Presbiteriana Mackenzie. Da mesma forma, uma parte significativa de funcionários da área administrativa, bem como de educadores, não possui clareza suficiente sobre essas metas, sejam as declaradas pelos fundadores sejam as que estão atualmente explicitadas nos documentos oficiais da instituição, embora sejam eles os atores sociais responsáveis diretos pelo cumprimento delas.

O histórico da instituição, apresentado no segundo capítulo, já revelou alguns aspectos dos ideais que moveram a ação dos fundadores, expondo também divergências que surgiram pouco tempo após a instalação da escola que daria origem à atual Universidade Presbiteriana Mackenzie. Foi apontado ainda que dois grupos se formaram em torno do binômio educação/evangelização: a Igreja Presbiteriana do Brasil dedicou-se prioritariamente à missão evangelizadora, enquanto a obra educacional foi dirigida, ao longo da primeira metade do século XX, por gestores norte-americanos, estando ligada, academicamente, à Universidade do Estado de Nova York. Também foram abordados alguns fatos relacionados ao processo de nacionalização que se prolongou por quase vinte anos, culminando com a transferência para a Igreja Presbiteriana do Brasil, em 1961.

Os documentos oficiais que atualmente norteiam a vida institucional vinculam a identidade, a visão e a missão do Mackenzie mais diretamente com a história de sua fundação do que com o episódio da transferência, conforme pode ser notado no Estatuto do Instituto Presbiteriano Mackenzie. Esse documento destaca o vínculo histórico e ressalta que a instituição existe porque os fundadores, missionários presbiterianos, estavam "convictos dos benefícios da educação na melhoria das condições sociais do povo"[1]. É possível afirmar, não apenas com base nesse trecho do documento, mas

---

1 Cf. Estatuto em sua versão final aprovado em reunião do Supremo Concílio da Igreja Presbiteriana do Brasil, julho de 2006.

também diante dos resultados de pesquisas anteriores levadas a efeito por autores que investigaram a história da educação protestante no Brasil (cf. HACK, 2002, 2003; MÁSPOLI, 2000; MENDONÇA, 1995; RAMALHO, 1976; SCHULZ, 2003) que a Universidade Presbiteriana Mackenzie foi idealizada com vistas ao progresso social do povo brasileiro.

Se o alvo final é o progresso social, este é concebido como atingível por intermédio de práticas educativas realizadas dentro de uma ambiente específico, identificado como "ambiente de fé cristã evangélica, firmada na Bíblia Sagrada".

O Estatuto da Universidade, de modo semelhante ao Estatuto do Instituto Presbiteriano Mackenzie, também se refere ao vínculo com a Igreja Presbiteriana do Brasil[2], definindo que suas ações serão regidas "pelos princípios da ética e da fé cristã reformada" e por sua natureza confessional, filantrópica e perfil comunitário. Antes de explicitar suas metas, define o ambiente no qual serão desenvolvidas as atividades, esclarecendo: "desenvolverá suas atividades em ambiente de fé cristã evangélica e reformada, norteada pelos comandos de liberdade de expressão, ensino, pesquisa e extensão". No âmbito da Universidade, fica assegurado o alvo expresso no Estatuto do Instituto, acrescentando-se a liberdade de expressão, ensino, pesquisa e extensão como norteadora de todo o processo que se desenvolverá dentro desse "ambiente de fé, cristã, evangélica reformada".

Entre as metas apresentadas, destacam-se a promoção da educação integral, a difusão da cultura e da tecnologia, a formação de recursos humanos capacitados a promover a investigação científica e o exercício do magistério, bem como a participação no desenvolvimento social, científico, filosófico, teológico, artístico, lite-

---

2   Mais informações podem ser obtidas em: <http://www.mackenzie.com.br/reitoria/estatuto/titulo1.htm>. Acesso em: 26 mar. 2006.

rário, tecnológico e desportivo da comunidade, sendo também um organismo de consulta, assessoria e prestação de serviços em assuntos relativos aos diversos campos do saber.

Também no Projeto Pedagógico Institucional da Universidade, a razão da existência da instituição é apresentada como sendo a dedicação "às ciências divinas e humanas" e a "busca contínua da excelência no ensino, na pesquisa e na formação integral do ser humano, em ambiente de fé cristã evangélica reformada" (VADE MECUM, 2003, p. 70). Para que tal formação seja possível, a Universidade tem como objetivos

> [...] a aquisição por seus alunos de um código de Ética baseado nos ditames da consciência e do bem, voltado para o desempenho crítico e eficaz da cidadania (VADE MECUM, 2003, p. 70);

a formação de cidadãos responsáveis, capazes de exercer a liderança ética, criativa e democrática; a formação de

> profissionais com inteligência autônoma, que se utilizem de um diálogo crítico com a realidade social, culminando com a prática do "aprender a pensar" voltada à ação concreta e empreendedora (VADE MECUM, 2003, p. 70).

A contribuição para a formação da "personalidade moral" dos estudantes aparece de forma clara nessas metas da Universidade, ainda que a expressão personalidade moral não seja utilizada. A referência à atuação "crítica" se faz presente em quatro dos cinco parágrafos. No parágrafo onde não aparece a palavra "crítica", é feita referência à busca de soluções criativas e não existe criatividade de forma desvinculada da crítica. A criatividade é a arte de olhar uma coisa e perceber outra, de olhar um problema e perceber uma oportunidade (KNELLER, 1973).

A palavra "ética" aparece duas vezes, a palavra "cidadania", uma única vez, e "cidadãos" também uma vez. Mas a ênfase na atuação social é claramente percebida pelo uso das expressões "liderança de grupos sociais", "diálogo com a realidade social", "orientar ações sociais" e "participação em grupos sociais".

De acordo com esses documentos, a meta institucional é a formação do cidadão crítico, criativo e responsável, autônomo, capacitado para atuar na sociedade de forma pessoalmente desejável e socialmente justa (PUIG, 1998).

A formação do caráter do estudante, visando contribuir para a formação de uma sociedade mais justa e mais humana, foi apontada por diversos gestores como a principal missão da Universidade Presbiteriana Mackenzie como instituição confessional:

> O Mackenzie sempre assumiu um discurso sobre a missão de formar pessoas. A missão do Mackenzie é superar o discurso de que o ensino superior não é formativo, ele é informativo. Essa não é bem a visão que o Mackenzie tem. A educação superior tem uma dimensão de formação do indivíduo[3].

Também foi enfatizado por autoridades institucionais que a missão específica da Universidade Presbiteriana Mackenzie é criar um ambiente onde os valores da fé cristã reformada possam permear toda a prática educativa, passando pelo ensino, pela pesquisa e pela extensão. Para tanto, deveria ser proporcionada ao estudante a oportunidade de perceber a influência do pensamento cristão reformado em todas as áreas do saber, despertar no estudante o respeito pela criação de Deus, o que resultaria em maior entusiasmo pela busca do conhecimento de Deus e de si próprio.

---

3   Extraído de entrevista realizada pela autora, com gestores da Universidade, com vistas à elaboração de texto. Cópia transcrita em arquivo da autora.

Além disso, deveria "demonstrar o amor cristão estendendo à comunidade os resultados das pesquisas e dos conhecimentos adquiridos". As afirmativas sobre a missão da instituição, conforme os entrevistados, podem ser assim classificadas: formação do caráter do indivíduo; formação de uma sociedade mais justa; formação de valores; preservação de valores; reversão de um quadro de distorção e abandono de valores; transformação da sociedade; criação de uma nova cultura brasileira e criação de uma nova cultura universitária (menos secularizada).

Confrontados os dados obtidos pela análise dos documentos e das entrevistas, percebeu-se que há um alinhamento em torno da missão da instituição como sendo a formação do caráter do estudante com vistas à construção de uma sociedade mais justa. A construção de uma cultura universitária que influencie a cultura da sociedade como um todo é uma das formas de expressão das metas da instituição. A formação integral do indivíduo em ambiente de fé cristã reformada, entretanto, requer a preocupação com a criação desse ambiente, no qual as demais atividades possam se desenvolver.

POSSIBILIDADES DE COMPORTAMENTO

Como apontado no terceiro capítulo, em todos os meios de experiência moral existem atividades obrigatórias e atividades permitidas ou sugeridas. Em cada uma dessas modalidades de atividade, existem duas formas de comportamentos: as ações e as operações.

As ações são articulações das responsabilidades com as necessidades e os desejos das pessoas envolvidas nas atividades. As ações são sempre mediadas pelas palavras, pois exigem compreensão, acordo, cooperação e análise, enquanto as operações são repetições de atos rotineiros e mecânicos que, no entanto, são indispensáveis para a realização das atividades e o cumprimento das metas.

Não seria possível fazer um inventário completo das possibilidades de comportamento presentes em uma universidade. No caso da Universidade Presbiteriana Mackenzie, será feito apenas um levantamento de algumas dessas possibilidades, procurando diferenciar as atividades obrigatórias das permitidas ou sugeridas.

Atividades obrigatórias

Na Universidade Presbiteriana Mackenzie, como em qualquer outra universidade, as principais atividades obrigatórias são as aulas teóricas e práticas, as quais acontecem em espaços destinados especificamente para essa finalidade e nas quais a presença do aluno é computada e considerada para sua aprovação ou reprovação final. Os espaços nos quais os estudantes devem estar presentes em datas e horários determinados pela instituição são as salas de aula, os laboratórios, em caso de aulas práticas, e os espaços específicos para educação física. Os estágios também são, na maioria dos cursos, atividades obrigatórias, bem como a avaliação semestral à qual todos os estudantes devem se submeter para prosseguir nas etapas seguintes.

Em todas as unidades são exigidas monografias de conclusão de cursos, as quais na Universidade Presbiteriana Mackenzie são chamadas de Trabalho de Graduação Interdisciplinar (TGI). Essas monografias podem ser feitas individualmente ou em grupos, o que dependerá da faculdade e do curso. No curso de Propaganda e Marketing, por exemplo, os trabalhos são realizados em grupos, pois é requerido que o grupo funcione como uma agência de propaganda, e o trabalho final deve conter todos os passos que um agência seguiria para elaborar uma campanha publicitária. Como nenhuma campanha é realizada por uma única pessoa, o trabalho de TGI desse curso também não poderia ser realizado individualmente.

No cumprimento de todas as atividades obrigatórias, como também naquelas de participação opcional, estão incluídas muitas e diferentes ações e operações nas diferentes unidades.

Ações

Constituem ações as seqüências de interações por intermédio das quais os sujeitos coordenam seus desejos e planos com vistas ao cumprimento da meta de uma atividade. Por exemplo, se, por um lado, a aula é uma atividade obrigatória, por outro, a forma como o professor articula o tempo e o conteúdo, e a maneira como procura relacionar o conhecimento prévio dos estudantes como ponto de partida para a inserção do novo são formas de ações impossíveis de ser prescritas e seguidas mecanicamente. Nas ações, são considerados os diferentes interesses e motivos subjetivos dos envolvidos, buscando-se articulação destes com as metas das próprias atividades. Ações são espaços de maior liberdade no âmbito das possibilidades de comportamento de um meio de experiência moral. São as ações que definem o "como" das atividades.

Operações

Numa universidade, muitas das operações são realizadas por profissionais ligados à manutenção do ambiente e da rotina de trabalho, tais como porteiros, serventes, pessoal de manutenção predial, pessoal técnico-administrativo (existem muitas pessoas que atuam diariamente na conferência e digitação de listas de presença de alunos). Dificilmente se pensa nessas pessoas e nessas operações como indispensáveis para a viabilização das atividades obrigatórias a fim de que as metas da universidade sejam atingidas.

Professores e estudantes, entretanto, também realizam algumas tarefas operacionais como assinar livro de ponto (no caso do professor) ou responder à chamada (no caso dos estudantes). Ao professor compete registrar a presença ou ausência dos alunos em lista específica que é entregue imediatamente após a aula a um funcionário da secretaria geral que faz a leitura eletrônica do registro feito pelo professor.

Realizações de provas também são operações obrigatórias; pelo menos uma prova escrita durante o semestre para as matérias consideradas teóricas e relatórios para as matérias práticas. A elaboração e aplicação das provas, bem como sua correção, comunicação das notas aos alunos e inserção destas na internet podem ser compreendidas como operacionais em virtude de sua natureza de obrigatoriedade, prazos rigorosamente fixados e por normas que a regulamentam[4]. As possibilidades de ações ficam bastante reduzidas em relação a estes que são comportamentos obrigatórios.

Antes de passar dos comportamentos obrigatórios para os permitidos, é necessário referir que as atividades, as ações e as operações podem constituir fonte de incontáveis situações de problematização moral. Por exemplo, os professores e os alunos devem respeitar um horário de início e término das atividades, e a maneira como esse simples fato é vivenciado, obedecendo-se às normas ou transgredindo-as, sendo flexíveis ou não de acordo com preferências pessoais e, portanto, não imparciais, sendo radicais na execução da norma sem reflexão sobre as particularidades dos casos, são algumas das possibilidades de que essas atividades, ações e operações sejam tratadas como problemas sociomorais, exigindo o uso das ferramentas da consciência moral para que sejam satisfatoriamente solucionados, resultando em contribuição para a formação da personalidade moral dos envolvidos.

---

4   O Ato n° VI da reitoria legisla sobre a forma dessas operações.

Atividades sugeridas

Num ambiente universitário, os comportamentos possíveis excedem em muito os obrigatórios. A lista apresentada não é conclusiva, mas representa apenas um esforço para apresentar um número significativo dessas atividades.

Congressos, palestras, conferências, simpósios, jornadas, seminários, colóquios, exposições científicas e artísticas, ciclos de debates, apresentações teatrais e musicais, eventos esportivos e campanhas são atividades disponibilizadas para os estudantes com vistas ao cumprimento das metas institucionais, mas, em sua maioria, não são contadas como atividades obrigatórias. Essas atividades sempre promovem a oportunidade de debates e reflexões que contribuem para a formação moral do educando.

A Universidade Presbiteriana Mackenzie oferece também a oportunidade de participação em grupos de teatro, corais e grupos esportivos. Destaque especial dentro dessa categoria de atividades é atribuído aos projetos que compõem o Mackenzie Solidário. Tais projetos reúnem uma gama de possibilidades de ações das quais participam estudantes e professores. Fazem parte do Mackenzie Solidário os seguintes projetos: Alfabetização Solidária, Capacitação e Alfabetização de Adultos, Universidade Solidária, Universidade Aberta ao Tempo Útil (Uatu), Projeto Sorriso e Projeto Mobilidade.

Os resultados desses projetos não são avaliados apenas pelo impacto que provocam a curto prazo. Ao participarem desse projetos, os alunos são impactados, e suas atitudes ante realidade são inquestionavelmente transformadas. Essas experiências são compartilhadas com suas famílias e seus amigos próximos e exercem também uma influência sobre estes. As pessoas e as comunidades beneficiadas vivenciam experiências transformadoras que se estendem às pessoas que não estiveram diretamente ligadas ao projeto, mas que dele tomam conhecimento ou são beneficiados com os resultados obtidos. Além disso, quando essas atividades são relatadas em cursos, palestras e outros tipos de encontros, nos quais são compartilhadas tais experiências, pessoas de diferentes faixas etárias e classes sociais recebem diferentes impressões e problematizam conflitos gerados pela informação recebida[5].

Os estudantes da Universidade Presbiteriana Mackenzie têm ainda a possibilidade de envolverem-se em outras diferentes instituições por meio do trabalho voluntário realizado semanalmente

---

5 Um exemplo dessa teia que se forma como resultado da ação solidária é relatado pelo professor Carlos Roberto do Prado, responsável pelo Mackenzie Solidário durante o período de 1998. O professor Roberto, após uma das viagens com um grupo de alunos que participou do projeto Universidade Solidária, foi convidado para dar uma palestra para os internos e professores da Fundação Estadual do Bem-Estar do Menor (Febem), unidade do Tatuapé, São Paulo. O professor relata sua experiência em relação a essa palestra assim: "Ao chegar, fiquei sabendo que era um grande seminário, com pessoas discutindo tecnologia, internet, toda a parafernália tecnológica. E eu com meus alunos de Engenharia, de Biologia, de Psicologia, de Pedagogia... Sentamos na primeira fila e ficamos assistindo àquilo. Alguém da Escola do Futuro falou sobre a Rússia... e os alunos, no fundo da sala, jogando cadeiras, de um lado para outro. Eu olhava para aquilo e pensava que não ia dar certo. As duas realidades totalmente diferentes, sem a conexão necessária deixavam tudo um caos. Ao final da apresentação, o diretor da Febem pediu 'Vamos aplaudir! Vamos aplaudir!'. Uma coisa constrangedora. Quando peguei o microfone, desci até bem próximo dos meninos e disse: 'Pessoal, não vou falar de tecnologia, não vou falar da evolução da informática... Não que não tenha importância. Tudo isso tem muita importância. Mas vou falar de uma coisa chamada amor e vou falar com coração. Não vou usar qualquer recurso a não ser algumas fotografias'. O barulho foi baixando, ninguém mais mexeu com cadeiras. Os alunos do Mackenzie foram apresentados, contaram as suas experiências e foram aplaudidos espontaneamente, porque houve uma identificação entre os estudantes que falavam e o público. Os meninos da Febem, envolvidos pela fala dos estudantes, começaram a fazer perguntas – a principal delas, um verdadeiro divisor de águas: 'O senhor disse que viajou 2.500 quilômetros para ajudar essa gente. Minha família mora aqui em Santo Amaro e é tão pobre quanto essa população que o senhor trabalhou. Por que o senhor viaja para tão longe e não faz o mesmo trabalho aqui do lado?'. Naquele momento, expliquei que não sabia, porque fazia parte de um sistema, de um processo. Mas disse a ele que iria pensar a respeito e procurar dar uma resposta. Quando surgir a oportunidade, vou dar a resposta a esse garoto, pensei. Um dia ele vai descobrir que estou respondendo à pergunta que me fez".

pelos integrantes do Projeto Sorriso, iniciativa de um aluno da Faculdade de Direito que conquistou a adesão do Diretório Acadêmico e em seguida de estudantes de outras unidades. Contando com o apoio do Instituto Mackenzie, que oferece o transporte, os estudantes dividem-se em grupos e realizam atividades de recreação em quatro instituições que abrigam crianças carentes.

Além dessa atividade semanal, promovida pelo Projeto Sorriso, tem sido realizada uma atividade institucional a cada ano, por ocasião do aniversário do Mackenzie. Trata-se do Dia Mackenzie Voluntário. Na prática, o Dia Mackenzie Voluntário começa meses antes, com a articulação entre professores, funcionários da área administrativa, alunos, ex-alunos, familiares e as instituições que serão beneficiadas com os projetos realizados no dia especificado para isso. Em 2007, aproximadamente 21 mil voluntários participaram, sendo beneficiadas cerca de 270 mil pessoas. As ações constaram de atividades educacionais, recreativas, de saúde, manutenção e reparos de equipamentos etc. O diretor de Projetos Sociais do Instituto Presbiteriano Mackenzie, o pastor presbiteriano Marcos Serjo, reafirma:

> O Dia do Mackenzie Voluntário nasceu com três grandes objetivos: o pedagógico, que é desenvolver o caráter ético e fazer a diferença na vida dos voluntários, o institucional, que visa reunir a família mackenzista em uma mesma ação e com o mesmo intuito; e o objetivo assistencial, isto é, atender pessoas carentes e melhorar suas realidades[6].

Música e teatro são ainda atividades não obrigatórias nas quais os estudantes podem participar como atores, cantores ou apenas como espectadores.

---

6   Disponível em: <http://www.mackenzie.com.br/editoramackenzie/revistas/revista-mack/m35/index.htm>. Acesso em: 30 mar. 2006.

Limitações das possibilidades de comportamento

Embora sejam muitas e variadas as atividades oferecidas pela instituição, muitas dificuldades permeiam essas "possibilidades de comportamento". Constituem alguns exemplos: dificuldade na divulgação dos eventos, tempo de dedicação às atividades obrigatórias, tanto por parte de professores quanto dos estudantes, dificuldade de comunicação entre as diferentes unidades e faculdades, alunos que trabalham nos horários em que não estão em sala de aula e, portanto, não podem aproveitar a maioria das atividades oferecidas e que não sejam obrigatórias.

Cerqueira Leite (1978) oferece uma contribuição para a compreensão sobre as características do ambiente universitário que resultam em complicadores para a vida acadêmica e minimizam o potencial dessas atividades oferecidas pela instituição. Leite (1978, p. 15), aponta como "o primeiro grande mal da universidade brasileira [...] o regime de tempo parcial". Segundo ele, esse regime prejudica a formação universitária porque o professor, ocupado com duas ou mais instituições, não dispõe de tempo para qualquer outra atividade fora da sala de aula. Ele nomeia de "caixeiro viajante" o professor que sai apressadamente de uma instituição para ministrar aula em outra, muitas vezes sem tempo adequado para se reciclar ou mesmo para preparar adequadamente sua aula.

O problema do tempo parcial nas universidades, no entanto, atinge também os estudantes. Não é apenas o professor que sai correndo de uma universidade para outra, a fim de cumprir uma carga horária que lhe permita uma renda mais compatível com suas necessidades. Os estudantes também, em grande número, precisam trabalhar para auxiliar no custeio dos estudos ou mesmo para ingressar no mercado de trabalho enquanto ainda são estudantes, pois de outra forma podem encontrar-se em desvantagem quando se formarem. Conciliar trabalho e formação universitária implica reduzir as possibilidades de participação das atividades não-obrigatórias.

Leite (1978, p. 24) aponta também a "tendência à compartimentalização" como outro mal que assola a universidade brasileira. Para ele, a universidade existe apenas quando é possível um bom nível de convivência entre especialistas de diversas áreas, pois "é preciso que o biólogo almoce com o lingüista, que as conferências de arte bizantina sejam comentadas pelo matemático".

Essa dificuldade apontada por Leite é percebida tanto por estudantes quanto pelos professores na Universidade Presbiteriana Mackenzie. As faculdades funcionam de forma bastante isolada, chegando a parecer que constituem diferentes instituições dentro da mesma universidade. Não somente o relacionamento entre os professores das diferentes áreas fica bastante prejudicado, como também o intercâmbio de alunos, temas e atividades especiais. Dessa forma, muitas atividades programadas por uma das unidades, que poderiam tornar-se relevantes para a formação geral dos estudantes de uma outra faculdade, não chegam a ser objeto do conhecimento destes. Funcionando quase como instituições autônomas, as diferentes unidades acabam proporcionado aos estudantes e professores ambientes muito diferentes uns dos outros. Essa característica é percebida com clareza por professores que lecionam em diversas unidades dentro da mesma universidade, como os que lecionam Ética e Cidadania, por exemplo. Essa diferença de ambiente permite questionar:

- Como se concretiza a meta de formar o estudante em ambiente de fé cristã reformada?
- Quais seriam os responsáveis pelo desenvolvimento e pela manutenção desse tipo de ambiente nas diferentes

unidades de uma universidade que funciona quase como uma associação de faculdades independentes?

FORMAS DE RELAÇÃO E REGULAÇÃO

Já foi apontado anteriormente que as formas de relação e regulação devem ser compreendidas sempre na relação que nutrem com as metas e com as possibilidades de comportamento de cada meio considerado. As formas de relação e regulação existentes em uma comunidade religiosa são diferentes das existentes em um clube, por exemplo, visto que as metas e as atividades são de natureza diferente em cada uma dessas instituições. As formas de relação e regulação constituem também guias de valor. A normatização visa exigir que seja feito o que se considera valioso e coibir o que se considera inadequado. Normas explicitam valores. Assim, algumas das formas de relação e regulação presentes neste tópico serão retomadas ao serem tratados os guias de valor.

A compreensão das formas de relação e regulação passa pela análise das normas, dos papéis e das inter-relações sociais. As normas são todas as regras oficialmente estabelecidas, seja por escrito seja simplesmente pela tradição formal, assim como os modelos e os padrões de conduta que devem ser observados em determinadas situações. As normas ou os códigos geralmente pautam atitudes pontuais e gamas muito amplas de comportamento.

Os papéis são as atitudes, os comportamentos e as relações esperadas de uma pessoa em razão do cargo que ocupa no interior do meio, assim como as atitudes e os comportamentos esperados que outras pessoas manifestem em relação à primeira. Os papéis determinam, pelo menos em parte, o roteiro ou a pauta que deve seguir o ocupante de determinada função e que é também uma expressão dos valores e das formas de vida próprias do meio.

As inter-relações são todas as formas possíveis de atenção, interesse, carinho ou outras formas possíveis de manifestação das preferências pessoais, ou seu contrário, que se torna quase inevitável num ambiente no qual pessoas se relacionam por longos períodos de tempo e desenvolvem alguma atividade em que se vinculam de alguma maneira. Há inter-relações estabelecidas formalmente, como a existente entre uma secretária e seu superior, e outras que acontecem simplesmente por identificação pessoal, como a amizade entre duas pessoas de setores diferentes que almoçam juntas todos os dias, mas não têm pautas comuns de atividades profissionais.

As normas, os papéis e as relações interpessoais na Universidade Presbiteriana Mackenzie serão analisados a seguir.

Normas

Existem normas gerais que regulamentam o funcionamento de todas as universidades. Basta mencionar a obrigatoriedade de assistência a 75% das aulas ministradas para que o estudante seja aprovado. Esta não é uma norma do professor ou da unidade (faculdade), nem mesmo da universidade. Trata-se de uma determinação superior, do Ministério da Educação.

Os Atos da Reitoria regulamentam a relação entre estudantes, professores e demais funcionários. Os procedimentos e as normas que regem a vida da Universidade, tais como processo seletivo, matrícula, readmissão, aproveitamento de créditos, alteração curricular, freqüência, avaliação do rendimento escolar e comunicação de ocorrência disciplinar, encontram-se explícitos nos documentos como a "Consolidação dos Procedimentos Acadêmicos". Além disso, cada uma das unidades acadêmicas possui seu próprio regimento interno, que regulamenta suas atividades específicas, sempre em conformidade com as diretrizes básicas da instituição.

A reitoria regula também a utilização dos símbolos da Universidade.

Os estatutos e regimentos internos dos conselhos e das diversas unidades acadêmicas são, igualmente, formas de relação e regulação. Considera-se relevante ressaltar, neste ponto, uma norma do Estatuto do Conselho de Curadores e do Conselho Deliberativo do Instituto Presbiteriano Mackenzie que proíbe a contratação de parentes até terceiro grau para ocuparem cargos remunerados ou em comissões dentro do âmbito da Universidade ou da educação básica. Essa norma interfere na maneira como são percebidos os papéis e as inter-relações pessoais dentro da instituição. Filhos, cônjuges, irmãos e cunhados dos membros desses conselhos, ainda que seja o presidente do Supremo Concílio da Igreja Presbiteriana do Brasil, não podem ser contratados pela instituição. Essa norma é fundamental para que se perceba uma evolução no relacionamento entre a mantenedora e a instituição educacional. Constitui uma contribuição relevante para a formação do caráter do educando a percepção de normas coerentes que regulamentem a ação dos órgãos de direção.

Não foram identificadas normas que tenham explícita e direta ligação com a meta de formar o caráter do estudante, embora seja possível concordar com a afirmação de um dos entrevistados, para quem todas as exigências feitas pela administração e pelos docentes, como o cumprimento de prazos, visam à formação do caráter do educando.

Nenhum aluno é obrigado a participar das atividades promovidas pela capelania, pelo Projeto Mack-Vida ou pelo Departamento de Arte e Cultura. Mas existem normas que regulamentam essas atividades, visando a garantir que elas estejam alinhadas com as metas institucionais.

O Projeto Pedagógico Institucional (PPI)

Optou-se por considerar o Projeto Pedagógico Institucional como uma das normas que regulamentam a vida da instituição universitária. É possível também considerá-lo no rol dos "dispositivos organizativos", que é outra das categorias propostas por Puig (1998) para a avaliação de um meio de experiência moral e como um guia de valor, na qualidade de pauta normativa. O PPI é uma das formas de regulação da vida da Universidade, mesmo porque é também uma exigência dos órgãos que regulamentam o funcionamento das universidades em geral.

O Projeto Pedagógico Institucional (PPI), publicado em 2003 (VADE MECUM), é resultado das providências decorrentes do planejamento estratégico posterior à tomada de decisão quanto à explicitação da identidade confessional. O PPI revela a tentativa de fazer refletir na prática educativa a posição confessional assumida pela instituição. O documento é composto por cinco partes: 1. Introdução, 2. Fundamentos históricos: a educação na Reforma Protestante, 3. A educação mackenzista, 4. Filosofia institucional: visão, missão e declaração de valores e princípios e 5. O projeto pedagógico em construção.

Já na introdução, é destacada a importância da educação integral e da formação cidadã. O alvo da educação é apresentado como sendo a formação de um sujeito ativo, "compromissado com o histórico, social, cultural e político" (VADE MECUM, 2003, p. 63). Cita John Dewey: "educação é vida, e não preparação para a vida" (VADE MECUM, 2003, p. 63), acrescentando que o cumprimento dos propósitos de uma universidade requer a elaboração de um "Projeto Pedagógico que planeje e oriente o processo de ensino-aprendizagem como um caminho para a construção desta formação" (VADE MECUM, 2003, p. 63).

Na segunda parte, consta um histórico sobre a educação a partir da Reforma Protestante. Já no início menciona Lutero e sua ênfase na educação como essencial para o tema da identidade nacional, tanto no aspecto religioso quanto civil. O texto afirma que as principais motivações do reformador alemão para a criação de escolas era "alterar os alicerces da religiosidade, capacitando as populações para a leitura direta das Sagradas Escrituras" (VADE MECUM, 2003, p. 63) e assim possibilitar a preparação dos "meninos para o governo civil, para a administração pública das cidades" (VADE MECUM, 2003, p. 63). Introduz a figura de João Calvino, afirmando que também para ele, "na trilha já assinalada por Lutero, haveria um duplo objetivo – religioso e civil – a ser obtido pela instrução das crianças" (VADE MECUM, 2003, p. 64). Dessa forma, explicita que a "formação de líderes para os quadros políticos e administrativos capazes de fazer avançar o desenvolvimento das cidades" (VADE MECUM, 2003, p. 64) era uma das principais razões para que os governadores não transigissem em relação à instrução. Além disso, destaca o interesse de Calvino na formação de bons e conscientes cidadãos.

O texto relaciona o pensamento de Calvino sobre educação com seus pressupostos sobre fé, ética e trabalho, destacando que é impossível existir verdadeira e viva fé cristã sem que esta se manifeste de forma concreta num engajamento ético de natureza política, econômica e social no mundo. Atribui às escolas calvinistas o surgimento das idéias de currículo e a prática do ensino simultâneo de vários alunos e, posteriormente, da divisão em classes como unidades menores.

No documento, Comênio é identificado como marco da difusão da educação protestante e o responsável pela fundação da Pedagogia como "campo de conhecimento que teria como âncora a Didática" (VADE MECUM, 2003, p. 65). E transcreve textos da *Didática magna* relacionando-a com as idéias de Comênio como um dos referenciais do surgimento da modernidade. Procura relacionar a ética protestante de um modo geral, e a ética calvinista em particular, com o trabalho árduo, com os hábitos de perseverança e racionalidade, além da capacidade de inovação e abertura para o risco. Dessa forma, "a educação protestante estruturar-se-ia mediante a expectativa de cada um dar o melhor de si à sociedade" (VADE MECUM, 2003, p. 66).

De acordo com o texto do referido Projeto, a educação calvinista deveria valorizar ainda alguns aspectos essenciais do convívio humano, como "a honestidade, a tolerância para com o outro, a confiabilidade, o sentido de cooperativismo, o senso de responsabilidade social, o autodomínio, a honra, a tenacidade e a perseverança" (VADE MECUM, 2003, p. 66). Tais habilidades deveriam ser desenvolvidas pela educação e externadas pelo hábito social, resultando no "acréscimo do capital social; um dado padrão de convivência coletiva, de sociabilidade nacional capaz de contribuir efetivamente para o aparecimento dos padrões civilizatórios" (VADE MECUM, 2003, p. 66).

Essa parte dedicada aos fundamentos históricos é concluída com a afirmação de que a educação calvinista, desde seus primórdios, postulava a disciplina "intrapessoal" como sendo uma das maiores características das pessoas realizadas e estimulava o cultivo de uma vida virtuosa, solidária, cooperativa, com vistas ao desenvolvimento pleno das potencialidades individuais e contribuição para o aprimoramento da convivência coletiva.

No tópico denominado "Educação mackenzista", é apresentada uma revisão histórica da instituição desde 1870, enfatizando o trabalho de George Chamberlain e de Horácio Lane. O texto enfatiza os princípios de solidariedade e tolerância religiosa presentes desde os primeiros dias da escola e menciona a criação gradativa dos cursos superiores, começando pela Escola de Engenharia, em 1896, e pela Escola de Comércio, em 1902, até a criação dos cursos de pós-graduação, acrescentados a cada ano.

A referência à educação mackenzista, propriamente dita, é sintetizada da seguinte forma:

> As diretrizes norteadoras da proposta pedagógica macken-
> zista estão, no presente momento, em perfeita sintonia com
> as orientações do Relatório Jacques Delors[7], cuja referência
> supõe quatro pilares da educação do futuro (VADE MECUM,
> 2003, p. 69).

Transcreve então, em detalhes, os quatro pilares: aprender a conhecer, aprender a fazer, aprender a viver juntos e aprender a ser. Ressalta que a formação desse profissional do futuro requer padrões
perfeitamente alinhados com a educação calvinista, o que coloca
o Mackenzie, mais uma vez, como uma instituição de vanguarda.

Um dos pontos relevantes do projeto é o reconhecimento de
que "um projeto educativo não se faz apenas com idéias e a retomada de exemplos", acrescentando que a "educação requer métodos" e um "compromisso ético do profissional com o conjunto da
sociedade em que está inserido", pois "Educar é, de todo modo,
aderir a valores", e

> Educar, para a tradição calvinista posta na Universidade Pres-
> biteriana Mackenzie, significa dialogar com as grandes tradi-
> ções da história da Humanidade, assim como adentrar os
> novos meios e tecnologias [...] (VADE MECUM, 2003, p. 69).

A filosofia institucional é apresentada no corpo do Projeto
Pedagógico subdivida em três partes numeradas como segue: visão,
missão da Universidade Presbiteriana Mackenzie e valores e princípios. No subtítulo "Visão", a Universidade é apresentada como

---

7   Relatório para a Unesco da Comissão Internacional sobre Educação para o Século XXI.

[...] uma instituição educacional presbiteriana dedicada às ciências divinas e humanas e caracterizada pela busca contínua da excelência no ensino, na pesquisa e na formação integral do ser humano, em ambiente de fé cristã evangélica reformada (VADE MECUM, 2003, p. 70).

A "Missão", conforme apresentada no documento, pode ser dividida em duas partes: a educação integral do ser humano e o desenvolvimento da sociedade. A educação do ser humano visa à capacitação para o exercício consciente e crítico da cidadania e à preparação para o exercício da liderança. O desenvolvimento da sociedade requer o ensino, a pesquisa e a extensão de serviços à comunidade.

O item "Valores e Princípios" apresenta como fundamental para a Universidade Presbiteriana Mackenzie o exercício da liberdade de expressão no ensino, na pesquisa e na extensão, a defesa da democracia plena e "ação educativa calcada em valores humanistas, postos sobretudo pela tradição reformada calvinista, a qual constitui âncora desta Instituição ao longo de sua história" (VADE MECUM, 2003, p. 70). Apresenta sua visão do ser humano como sendo criado por Deus e, por isso mesmo, um ser que deve buscar sua realização individual e social mediante desenvolvimento físico, intelectual, moral, ético e espiritual. Por ser criatura de Deus, o ser humano deve também, na medida de suas possibilidades, propiciar essas condições ao próximo pela ação educativa partilhada. Os princípios orientadores prioritários na vida acadêmica e no trabalho educacional são "valores religiosos e humanitários compreendidos como universais e assumidos enquanto visão de mundo e de ser humano" (VADE MECUM, 2003, p. 70).

O ser humano é percebido como possuidor de capacidade para se autodesenvolver e proporcionar desenvolvimento ao próximo, ou seja, todo ser humano nasce com capacidade para aprender e responsabilidade para ensinar. É também responsável, diante de seu Criador, pelo mundo criado (seu hábitat) e é a finalidade das estruturas econômicas, sociais, políticas e jurídicas. Todo ser humano é livre e singular, devendo ser respeitado como tal para que seja construída uma sociedade livre e justa.

A educação é apresentada como algo que deve resultar inicialmente na "glória de Deus e grandeza da pátria", o que é assegurado por meio do crescimento interior do indivíduo, do desenvolvimento da dedicação ao trabalho, às responsabilidades sociais, do respeito à cultura como um bem de toda a humanidade e da aplicação do conhecimento feita com base em valores morais e éticos. A dimensão moral é assinalada como um elemento imprescindível para que seja alcançado o desenvolvimento pessoal sadio, bem como o progresso social e material justo e equilibrado. Dessa forma, a instituição "assume o compromisso com a formação de indivíduos conscientes, éticos, críticos, criativos" (VADE MECUM, 2003, p. 70-71).

O último item do PPI apresenta uma orientação geral quanto ao projeto que cada unidade deverá apresentar. É quase uma teoria da elaboração de um projeto pedagógico. Contém definições do que sejam, por exemplo, as idéias norteadoras, o que é avaliação etc. Menciona a necessidade de serem consideradas as dificuldades em elaborar um projeto único, levando em conta as acentuadas diferenças existentes entre as unidades.

Os principais pontos a serem levados em consideração na elaboração do projeto são apresentados e comentados em detalhes, como segue: o projeto é "uma antecipação do vir a ser", uma "abertura para o novo" e um "esclarecimento de valores" necessários para evitar "desvios indesejáveis" ou "becos sem saída". A construção de qualquer projeto envolve a articulação de metas e prioridades, serviços e ações dos diferentes participantes nos diversos níveis, tratando-se de uma atividade coletiva e complexa, para a qual é imprescindível a colaboração de todos. O projeto deve considerar o aluno no seu contexto real de vida social e profissional, portanto deve fortalecer as relações da instituição com a realidade nacional e local.

Comissão Própria de Avaliação

O item denominado "formas de relação e regulação", dentro de uma universidade, precisa considerar as formas de avaliação às quais as instituições de ensino superior estão obrigadas pelos órgãos oficiais. As universidades não são instituições autônomas como igrejas ou algumas modalidades de associações recreativas. Não é possível criar uma universidade fundamentada apenas nas concepções dos fundadores e executores do projeto.

A "regulação" dessas instituições de ensino está primeiramente vinculada ao Ministério da Educação, que, por sua vez, instituiu órgãos específicos para cuidar do ensino superior. Em linhas gerais, as universidades estão sujeitas ao Sistema Nacional de Avaliação da Educação Superior (Sinaes), o qual institui normas que devem ser seguidas pelas comissões de avaliação próprias de cada entidade.

A Comissão Própria de Avaliação surgiu, de forma embrionária, no ano de 1991, com os objetivos principais de avaliar a qualificação docente, no que tange à titulação, produção científica e experiência profissional, e ainda ouvir as propostas e possíveis queixas dos docentes. Em 1995, foi nomeada a Comissão para Assuntos de Avaliação, com a finalidade de definir os objetivos e a missão da Universidade Mackenzie e das respectivas unidades, além de divulgar suas conclusões para a comunidade, fazer o levantamento da produção científica docente e o levantamento de dados dos conselhos departamentais.

Foi em 1996 que a Universidade Mackenzie propôs, em seu organograma, a Comissão Permanente de Avaliação, e, em 1997, a Nova Comissão para Assuntos de Avaliação foi nomeada com o objetivo de definir critérios e princípios norteadores para avaliação.

Essa comissão entendeu ser necessária a implantação, entre outros, de um processo contínuo de avaliação. Nesse mesmo ano, foi criada a Comissão Permanente de Avaliação[8].

Papéis

Parece relevante considerar, nesse contexto, o papel desempenhado pela Igreja Presbiteriana do Brasil em sua relação com a Universidade, por intermédio do Conselho de Curadores do Instituto Presbiteriano Mackenzie e do Chanceler.

O Conselho de Curadores, criado em 1966,

> [...] é uma Comissão Permanente, eleita pelo plenário do Supremo Concílio da Igreja Presbiteriana do Brasil – SC/IPB, para representá-la como único Associado Vitalício e proprietária dos bens móveis e imóveis, cedidos em comodato ao Instituto Presbiteriano Mackenzie, para o cumprimento das finalidades [...].
>
> [...]
>
> Art. 2º – A Representação da Igreja Presbiteriana do Brasil – IPB, junto ao Instituto Presbiteriano Mackenzie – IPM, como seu único Associado Vitalício far-se-á sempre, e com exclusividade, pelo Conselho de Curadores, que integrará o Conselho Deliberativo do IPM, sem prejuízo das suas competências e atividades específicas.
>
> [...]
>
> Art. 11 – Os Curadores, titulares e suplentes, não são remunerados pelo exercício de suas funções e estão proibidos de exercerem funções remuneradas ou em comissões, em qualquer das unidades de ensino ou órgãos de sua estrutura (DIGESTO PRESBITERIANO, 1998b, p. 201).

---

8 Disponível em: <http://www.mackenzie.br/avaliacao/>.

A função desse Conselho está totalmente relacionada com a identidade confessional da instituição, conforme esclarecem as citações do regimento. Em todas as reuniões ordinárias da Comissão Executiva do Supremo Concílio, é apresentado relatório deste Conselho sobre as atividades do Instituto Presbiteriano Mackenzie referentes ao ano anterior.

Considerando-se, neste item, os papéis como formas de relação e regulação, torna-se necessário mencionar o papel da mulher dentro do contexto da relação da mantenedora com a Universidade ou mesmo com as demais instâncias do Instituto. Como as mulheres não participam dos concílios (conselhos da igreja local, dos presbitérios, sínodos e Supremo Concílio), não existe nenhuma possibilidade da participação feminina nos órgãos de representação da Igreja Presbiteriana do Brasil, junto às instituições educacionais desta. Assim, a educação, embora realizada por muitas mulheres, fica sob responsabilidade unicamente dos representantes do sexo masculino. Algumas mulheres ocuparam cargos importantes no âmbito da Universidade, inclusive como reitoras: Esther de Figueiredo Ferraz, Aurora Albanese e Maria Lúcia Vasconcelos (como reitora *pro tempore*). Entretanto, não será encontrada uma mulher no Conselho Deliberativo e menos ainda no Conselho de Curadores, e nem mesmo na capelania universitária, a não ser na função de secretária.

Outro papel importante na vida da Universidade, de modo particular os assuntos que afetam sua identidade confessional, é desempenhado pelo chanceler. É ele o representante da mantenedora dentro da Universidade.

No discurso de posse, em 17 de outubro de 2003, o atual chanceler, reverendo Dr. Augustus Nicodemus Gomes Lopes, assim se expressou sobre suas atribuições:

Em suas muitas atribuições, o chanceler tem a delicada tarefa de representar a confessionalidade do Instituto junto à autonomia acadêmica da Universidade e de representar os interesses acadêmicos da Universidade face à confessionalidade do Instituto. Isto ele faz agindo para que o relacionamento entre o Instituto e a Universidade se processe em clima de mútuo entendimento e cooperação eficaz, respeitando-se as diretrizes confessionais, acadêmicas e administrativas estabelecidas pela Igreja Presbiteriana do Brasil[9].

É, portanto, a chancelaria um ponto de convergência dos interesses da Universidade e da mantenedora. Todas as decisões que, de alguma forma, envolvam os valores institucionais necessitam da aprovação última da chancelaria. Cabe ao chanceler estabelecer ou propor estratégias para a explicitação da identidade confessional. Compromisso solene nesse sentido foi assumido pelo atual chanceler, que afirma no referido discurso:

[...] comprometo-me diante do Instituto Presbiteriano Mackenzie a fazer valer, dentro dos limites da minha função e dentro dos limites institucionais, a confessionalidade que a Igreja Presbiteriana do Brasil deseja para sua Universidade, respeitada a autonomia universitária. E neste sentido, comprometo-me a envidar todos os esforços para esclarecer que aquilo que uma instituição educadora confessa através de seus documentos – no caso do Mackenzie, a fé cristã reformada – deve permear não somente os seus aspectos externos, mas a própria vida da instituição. Isto se faz não por uma aceitação exterior das verdades confessadas, mas pelo convencimento. Neste sentido, a confessionalidade explícita, consistente, na-

---

9   Disponível em: <http://www.mackenzie.com.br/chancelaria/discursop.htm>.

tural e espontânea dos que professam a fé cristã reformada falará mais alto no Mackenzie que confissões escritas[10].

Uma das estratégias de explicitação dessa identidade é a elaboração e divulgação da Carta de Princípios institucionais, o que tem sido feito anualmente. Além da Carta de Princípios, o chanceler tem escrito e proferido "homilias"[11] nas reuniões dos diversos conselhos dos quais participa. Algumas destas homilias estão disponíveis no *site* da Instituição, na página da chancelaria. As Cartas de Princípios e as homilias serão consideradas no tópico sobre guias de valor.

Conforme organograma da Universidade, a capelania universitária está diretamente ligada à chancelaria[12], tendo atuação independente da reitoria. É principalmente por meio da capelania universitária que a chancelaria executa suas atividades mais diretamente relacionadas à vida dos estudantes. A equipe da Capelania Universitária é composta por dois pastores e duas secretárias, que se responsabilizam por inúmeras atividades ligadas à confessionalidade da Instituição.

Inter-relações sociais

A parte mais sensível desse item, ao qual Puig (1998) chama de formas de relação e regulação, são as inter-relações sociais. Não

---

10 Disponível em: <http://www.mackenzie.com.br/chancelaria/discursop.htm>.
11 A palavra grega *homilia* significa "conversa familiar e informal". O chanceler da Universidade Presbiteriana Mackenzie utiliza esse termo em relação às breves reflexões apresentadas em reuniões e publicadas na página da chancelaria. Algumas referências serão feitas às homilias ao serem abordados os guias de valor.
12 O chanceler participa de eventos como o Trote Solidário, formaturas e aberturas de eventos como congressos, seminários etc.

somente pela intensa alteração de papéis, mas certamente também por isso, as inter-relações sociais são mais potencialmente geradoras de conflitos e possibilidades de problematização moral do que em meios nos quais os papéis são mais estáticos.

A interação entre funcionários, estudantes e familiares envolvidos na Universidade e nas igrejas e nos concílios pode representar uma possibilidade de desenvolvimento do "ambiente de fé cristã evangélica reformada", mencionada nos documentos, mas também representa, em algumas situações, a possibilidade de interferências por parte de pessoas estranhas à vida acadêmica, mas que assumem uma postura de "guardiãs" do Mackenzie.

A criação do referido ambiente de fé cristã reformada parece ser ainda uma abstração. Como deveria ser esse ambiente? Como cada pessoa pode contribuir para que ele se torne uma realidade? Estariam todos os envolvidos, de fato, interessados em criar esse ambiente?

Segundo um dos entrevistados, esse ambiente não existe ainda porque a visão confessional de um mundo governado pelos princípios cristãos fica apenas entre os membros da alta direção, não chegando até a sala de aula. Alguns poucos professores e estudantes comprometidos com esses valores expressam uma percepção contrária a esta, afirmando que as autoridades não estão nem um pouco interessadas no que eles podem fazer para construir uma cultura universitária diferente.

Em alguma medida, é possível interpretar esses dois argumentos como convergentes: as autoridades estão procurando encontrar um meio para fazer chegar a sua mensagem até os professores e, finalmente, até a sala de aula. Professores e alunos que esperavam encontrar na Universidade Presbiteriana Mackenzie um diferencial sentem-se decepcionados com a realidade encontrada. As questões teológicas sobre o que seria um ambiente cristão também podem divergir entre os próprios membros da direção e entre estes e os responsáveis pela operacionalização da confessionalidade. E essas divergências teológicas, muitas vezes, giram em torno do problema das relações interpessoais e interinstitucionais, que não podem simplesmente ser entendidas como questões administrativas, mas que precisam ser consideradas à luz do conceito cristão de relacionamento com o próximo; mesmo que seja um próximo que tenha pontos de vista teológicos diferentes, mas que, em última instância, também se confessa cristão.

GUIAS DE VALOR

Como visto anteriormente, para Puig (1998), os guias de valor constituem horizonte valorativo, pois apresentam propostas de vida e de ação e apontam caminhos e direções, sem, contudo, marcar com exatidão como devem ser as coisas na experiência pessoal de cada indivíduo. Assim, os guias de valor são prolongamentos culturais que ajudam na ação sociomoral e transformam a personalidade moral. Puig distingue entre os guias de valor as seguintes categorias: idéias morais, pautas normativas, tecnologias do eu, modelos e instituições sociais. Apesar de possuírem características distintivas, os guias de valor precisam ter um mínimo de coerência entre si para que possam representar uma contribuição para a cultura moral de uma coletividade.

Idéias morais

Sendo conjuntos de elementos simbólicos que permitem identificar valores e aspirações referentes à vida da comunidade, as idéias morais são conceitos utilizados pelas comunidades para interpretar sua própria realidade e se relacionam com a compreensão que os membros da comunidade têm sobre si mesmos e sobre os motivos de suas ações. Assim sendo, torna-se necessário aqui distinguir entre as idéias morais da comunidade universitária, cuja grande maioria é constituída por estudantes, e as idéias morais que têm norteado a ação da liderança institucional nos últimos anos.

Tal distinção se faz necessária também porque as idéias morais são diferentes das pautas normativas, embora Puig (1998, p. 199, 203) não seja muito claro ao distinguir as primeiras das últimas. Em ambos os casos, ele fala em conjunto de elementos simbólicos que, de alguma maneira, norteiam a vida da comunidade. Uma compreensão possível seria a consideração de que as idéias morais afetam a construção das pautas normativas, visto que as idéias morais estão relacionadas com a compreensão sobre o que significa "ser humano" e sobre a idéia a respeito de "dever ser" próprio do humano. Entretanto, as idéias morais predominantes no seio da comunidade acadêmica podem ser diferentes das que informam as decisões refletidas nas pautas normativas. Não se trata ainda de fazer um juízo de valor quanto a isso, mas de procurar clareza na explicitação dos termos.

Por isso, no presente contexto, o conceito de idéias morais será utilizado, inicialmente, para designar uma forma particular de pensar que parece ser comum ou mesmo obrigatória entre a comunidade universitária: os valores ou "antivalores" que permeiam a cultura universitária de forma explícita, sem que tenham sido definidas como pautas normativas.

O que poderia ser considerado, no âmbito de uma universidade, um "amplo leque de elementos simbólicos que permitem identificar valores e aspirações referentes à vida em comunidade" e sirvam, também, como referenciais para interpretar a realidade? (PUIG, 1998, p. 195). Este parece ser um ponto vulnerável na consideração de qualquer universidade como um meio de experiência moral. Partindo do geral para o particular, há de se perguntar se não existiriam algumas "idéias morais" que permeiam o imaginário dos jovens ao entrarem na universidade, seja ela confessional ou não.

Independentemente de freqüentar uma instituição pública ou particular, o estudante universitário ainda é percebido como pertencente a uma elite. A expressão "ensino superior" já indica isso. No Brasil, as pessoas que possuem curso superior desfrutam de privilégios em relação aos que não atingem esse patamar de educação até no sistema prisional: portadores de diplomas universitários não podem ocupar celas comuns aos demais.

Também têm feito parte desse conjunto de simbolismos que marcam a vida universitária os trotes ou os ritos de passagem para essa vida "superior". Os trotes variam entre a violência e a exposição ao ridículo. Algumas idéias conflitantes sobre uso de bebidas e demais substâncias químicas, sexo, relação com autoridades, religião e formas de entretenimento em geral podem resultar em referenciais para a vida da comunidade universitária, de modo que umas são aceitas como desejáveis ao ponto de constituírem normas de comportamento para o meio universitário, enquanto outras são rejeitadas como estranhas a esse meio. Independentemente de serem ou não idéias morais pertencentes ao conjunto de valores institucionais, algumas práticas têm sido estabelecidas como um "dever ser" para o universitário. Nesse sentido, estudantes que possuem outros guias de valor que não os desse meio assumem um comportamento transgressivo, ou seja, caminham na contramão da "cultura universitária". A divulgação de eventos nas portarias das universidades ilustra isso[13].

---

13 Os estudantes que promovem festas e baladas com vistas à integração dos calouros sentem-se muito à vontade para divulgar esses eventos, enfatizando seus diferenciais: "bebida à vontade", "mulher não paga bebida" etc. Entretanto, os jovens que organizam encontros para estudo bíblico são muito tímidos na divulgação desses eventos.

Yves de La Taille (2001, p. 67), ao considerar a questão da disciplina no ambiente escolar, afirma que professores do ensino superior têm se juntado aos dos ensinos fundamental e médio nas queixas contra o comportamento desrespeitoso dos estudantes, bem como de sua falta de motivação para os estudos. Para La Taille (2001, p. 68), existe uma anomia decorrente da "falta de projetos, de ideais, de concepções de caráter, falta esta que se verifica na sociedade contemporânea e, em decorrência, na educação".

Diante de tal cenário, seria ainda possível afirmar a existência de idéias morais ou mesmo uma concepção do "dever ser", que de alguma forma norteie a vida universitária? Jung Mo Sung (2006), entre outros, tem apontado as implicações da ideologia do "encantamento do consumo" no desencantamento da educação. Para que estudar? Se o ser humano vale pela etiqueta que usa e pelos bens que possui, estudar teria o sentido último de aumentar a capacidade de compra. Como não há mais nenhuma garantia de que o conhecimento, a competência e a ética proporcionem um futuro melhor que o presente, não há razões para a busca da excelência, muito menos se isso exige sacrifícios e renúncias em relação ao aqui e agora. Na palavras de Yves de La Taille (2001, p. 92):

> A resposta ao "como viver?" acaba sendo esta: aproveitar o "aqui agora". Logo, as leis morais que, inevitavelmente atrapalham este hedonismo, acabam por ser desrespeitadas, por não fazerem sentido. E à resposta ao "quem eu quero ser?", acaba sendo: aquilo que eu já sou.

Sérgio Cortella (CORTELLA; LA TAILLE, 2005) identificou na noção de *carpe diem* uma forma de explicar o conjunto de idéias morais que orientam a vida de grande parte da juventude como um todo neste início de século, o que inclui a juventude universitária. Para Cortella (CORTELLA; LA TAILLE, 2005, p. 44), este é "o pior legado do mundo romano [...], a noção do *carpe diem*, aproveite o dia, aproveite o hoje", pois é a pior forma de estruturação de valores que os jovens podem ter. Cortella (CORTELLA; LA TAILLE, 2005, p. 44-45, grifo autor) afirma que está sendo dito constantemente aos jovens que, para eles, não há futuro e que eles não têm passado porque não tiveram infância.

> [...] esta é a lógica que leva os jovens que conheço [...] a um nível de exaustão do dia. Eles vivem uma forma desesperada [...] de ansiedade obsessiva. Tudo é agora. Não existe a noção de tempo clássico nem de futuro. [...] E aí eles têm que viver a noite como se fosse a última da vida, ficar com o maior número de pessoas possível, dançar até o limite, enfim, é necessário esgotar a *vitalidade* porque pode ser aquele mesmo o momento do esgotamento. Aliás, este modelo do "aproveite o dia" é seguido por alguns adultos também.

Quando se considera a universidade como um meio de experiência moral, esse cenário não pode ser negligenciado e precisam ser oferecidas aos jovens idéias morais portadoras de esperanças, as quais façam frente a essa "filosofia suicida" (CORTELLA; LA TAILLE, 2005, p. 46). É possível constatar que não parecem existir idéias morais que balizem a vida dos universitários como uma comunidade. Há, sim, indivíduos e pequenos grupos que ainda possuem valores e sonhos e que lutam para preservá-los, mesmo no âmbito universitário.

No âmbito específico da Universidade Presbiteriana Mackenzie, além de identificar um grande número de estudantes que se enquadram no perfil do estudante sem referenciais e sem projetos, é necessário reconhecer que as idéias morais características da Universidade ainda estão sendo construídas. A disciplina Ética e Cidadania, como um dos recursos da universidade para explicitar sua identidade confessional, será estudada em capítulo próprio. Entretanto, é pertinente mencionar aqui que a maioria dos estudantes não identificou como um dos objetivos dessa disciplina a comunicação dos princípios que norteiam a vida da instituição.

Segundo os representantes da administração atual que têm trabalhado pela assunção da confessionalidade, e ainda conforme os documentos, as principais idéias morais que regem a vida da Universidade encontram-se na visão cristã reformada, mais especificamente a cosmovisão calvinista. Alguns entrevistados afirmaram que tem sido feito um esforço para traduzir essa visão em termos mais compreensíveis para os estudantes, professores e demais funcionários. Entretanto, ainda é precipitado dizer que esta é uma idéia moral significativa para a maioria da comunidade. Mesmo entre os responsáveis pela sua explicitação não parece estar claro o significado da cosmovisão calvinista e de sua viabilidade para os dias atuais.

Algumas idéias parecem moldar a identidade mackenzista e se fazem presentes nas reportagens da *Revista Mackenzie*, nos programas da TV Mackenzie, no canal universitário e nos discursos oficiais em datas comemorativas. Uma dessas é a idéia de pertencimento, ou a idéia de família. A noção de "família mackenzista" tem sido cultivada por meio da máxima de que "não existe ex-mackenzista", da mesma forma que não existe um ex-membro da família: "Uma vez mackenzista, sempre mackenzista".

Quando se consideram os relatos da história, conforme aparecem em diversos números da *Revista Mackenzie*, torna-se possível perceber que há um grande interesse em apresentar como um valor moral da instituição a idéia de inclusão. Desde os relatos sobre as três primeiras crianças que freqüentaram a casa de Mary

Chamberlain, a ênfase numa educação igualitária – sem distinção de cor, raça, gênero ou confissão religiosa – faz parte do discurso oficial. A idéia de sucesso conquistado com esforço também pode ser mencionada como uma idéia moral valorizada pelo Mackenzie. A *Revista Mackenzie* apresenta, em diferentes números, histórias de ex-alunos que se tornaram famosos nas mais diferentes áreas da sociedade brasileira. Esses relatos contemplam também alunos ainda cursando a graduação e que estão se destacando em alguma área fora da universidade, como esportes ou cultura.

Pautas normativas

Puig (1998) identifica como pautas normativas as tradições e os costumes, as normas e as regras, as leis e os acordos. Alguns dos guias de valor no âmbito da Universidade em foco parecem não corresponder a nenhuma das definições de Puig sobre essas categorias, por isso será acrescentado entre as pautas normativas o conceito de declarações de princípios, para descrever alguns documentos específicos da instituição, considerados aqui como importantes guias de valor. São as Cartas de Princípios e as Homilias.

Tradições ou costumes sociais

Para Puig (1998), as tradições ou os costumes sociais são exemplos de pautas normativas que transmitem valores de forma mais sutil e, em alguma medida, de forma até inconsciente, sem tematizar o conteúdo. No Mackenzie, podem ser citados, entre outros: Aulas Magnas, Solenidades de Colação de Grau, Dia do Mackenzista, Dia do Mackenzie Solidário, Trote Solidário, Culto de Ação de Graças pelo encerramento do ano letivo.

Na Aula Magna, os estudantes têm contato com a direção da instituição e começam a perceber alguns valores propostos pela direção. O capelão universitário participa de todas as solenidades de colação de grau, expressando gratidão a Deus pela conquista de cada formando e procurando apresentar uma breve reflexão sobre algum tema pertinente, sob o ponto de vista da Teologia Reformada.

O Dia do Mackenzista é comemorado todos os anos na terceira semana de outubro, por ocasião do aniversário de fundação da instituição. Nessa ocasião, é sempre lembrada a história dos missionários fundadores, com menção a seus ideais educacionais. Essa comemoração estimula a formação e consolidação de um sentimento de pertencimento à família mackenzista.

Os cultos de final de ano contam sempre com a participação dos corais da Universidade e pregadores especialmente convidados para a ocasião.

Embora essas tradições e costumes sociais pareçam significativos como pautas normativas, a agenda do aluno pode representar um obstáculo para que tais atividades cumpram seus objetivos. Por tratar-se de atividades não-obrigatórias, centenas ou mesmo milhares de estudantes passam pela Universidade sem nunca ter participado de uma dessas solenidades. A solenidade de formatura é, provavelmente, a exceção a essa regra. Mesmo assim alguns estudantes não participam, indo apenas à secretaria geral para retirar seu documento de conclusão do curso.

As regras e as normas

As regras e normas já foram consideradas no tópico sobre as formas de relação e regulação. Além da finalidade de estabelecer padrões de comportamento, as regras e normas também funcionam como guias de valor. Para isso, devem ser conhecidas e problematizadas, de modo a tornarem-se parte do arsenal de ferramentas da consciência moral de cada indivíduo. Apenas dessa forma, elas poderão ser utilizadas quando surgir um conflito sociomoral ou mesmo em situações e atitudes rotineiras.

As leis e os acordos

As leis e os acordos exigem o mais elevado nível de consciência e esforço conjunto na elaboração, explicitação e aplicação de seu conteúdo, assim como na compreensão sobre a obrigatoriedade de alcançar acordos fundamentados em critérios de utilidade e valor.

Na Universidade, essas leis e esses acordos resultam geralmente das decisões de grupos diretores, como o Conselho Deliberativo, o Conselho de Curadores e o Conselho Universitário. Os regimentos internos das unidades e departamentos também consistem em pautas normativas que se enquadram nessa categoria das leis e dos acordos.

Trata-se de documentos públicos que regulamentam oficialmente a vida universitária. Esses documentos encontram-se disponíveis para consulta na internet. O Estatuto e o Regimento Geral da Universidade legislam sobre os fins, a constituição, a estrutura e a organização da própria instituição. O Estatuto também delibera sobre as atribuições da chancelaria, reitoria, do Conselho Universitário, do Conselho de Ensino, Pesquisa e Extensão, da Coordenação Geral do Programa de Pós-Graduação e das diversas unidades (faculdades), do Regime de Disciplina, Patrimônio e Recursos Financeiros etc. Cada unidade possui seu próprio regimento interno que deve respeitar as determinações do regimento da Universidade.

O Regimento Interno da Faculdade de Direito[14], por exemplo, discorre sobre direitos e deveres do corpo discente. Os direitos do aluno são: receber ensino de qualidade, diplomas e certificados, participar das atividades previstas no calendário escolar e dos órgãos de representação estudantil de acordo com normas especificadas para essa finalidade.

Quanto aos deveres do corpo discente, é ressaltada a obrigatoriedade da assistência às aulas e participação das atividades acadêmicas e de "sujeitar-se às avaliações e outras formas de aferição do aproveitamento escolar que forem determinadas". Além disso, é esclarecido como esses deveres serão cumpridos: "com disciplina, interesse, dedicação, respeito, honestidade, espírito de equipe e responsabilidade". O comportamento moral do estudante é bastante enfatizado nos últimos artigos, como segue:

> [...] V – portar-se com urbanidade e manter conduta ética condizente e adequada ao decôro [sic] universitário de acordo com o padrão moral e cultural da Universidade Presbiteriana Mackenzie e seu renome na comunidade dentro e fora da Instituição; VI – trajar-se com vestimentas adequadas e condizentes tendo em vista a indumentária e apresentação pessoal exigíveis nas áreas profissionais às quais se destina o curso; VII – comprometer-se com a missão educacional da Instituição; VIII – abster-se, no âmbito da Universidade, de toda a manifestação programada ou praticada que importe em desrespeito à lei, às instituições e às autoridades constituídas do País ou aos princípios que norteiam a Universidade Presbiteriana Mackenzie e sua Entidade Mantenedora.

---

14 Disponível em: <http://www.mackenzie.com.br/universidade/direito/ATOS%20EDITAIS%20DIRECAO/regimento_fdir.htm>. Acesso em: 1º abr. 2006.

A referência ao padrão moral e cultural da universidade é feita de forma a relacionar o comprometimento do aluno com a identidade da instituição. O aluno tem responsabilidade pela manutenção do *status* moral e cultural da Universidade e, portanto, deve portar-se à altura desta. Deve comprometer-se com a missão e abster-se de comportamentos que afetem os princípios da Universidade.

Como é possível perceber por esse documento, parte-se do pressuposto de que o estudante deve conhecer a missão da instituição, assim como os princípios que norteiam sua existência e sua prática. Se o estudante tem o dever de conhecer a história institucional, a Universidade tem a obrigação de compartilhar esse conhecimento e proporcionar a oportunidade de reflexão sobre ele.

Declarações de Princípios

Foram considerados como Declarações de Valores e Princípios os documentos que assumem literalmente um tom mais declaratório, não tendo poder de regra, pois não prescrevem condutas que devem ser implementadas ou evitadas (PUIG, 1998, p. 203)[15] embora representem valores implícitos na cosmovisão da mantenedora.

A primeira dessas declarações encontra-se na página de apresentação do Instituto Presbiteriano Mackenzie e transcrito no Projeto Pedagógico Institucional. Trata-se do resultado da primeira reunião de planejamento estratégico realizada em 1997 (HACK, 2003, p. 131), logo após a oficialização da mudança do nome do Instituto Mackenzie para Instituto Presbiteriano Mackenzie e da Universidade Mackenzie para Universidade Presbiteriana Mackenzie.

---

15 Puig (1998, 203) afirma que as pautas normativas não podem limitar-se à descrição asséptica de comportamentos, mas devem "obrigar seus receptores a imitá-los ou evitá-los".

Além da Declaração de Valores e Princípios elaborada coletiva-mente, outra forma de explicitação dos valores institucionais são as Cartas de Princípios, cuja responsabilidade pela elaboração e distri-buição é da chancelaria da Universidade e da capelania universitária.

Declaração de Valores e Princípios

De acordo com a Declaração de Valores e Princípios[16], são os seguintes os balizamentos da vida do mackenzista:

- Na conduta pessoal: dignidade, caráter, integridade e espí-rito mackenzista.
- No relacionamento interpessoal: lealdade, respeito mútuo, compreensão, honestidade e humildade.
- No exercício da atividade profissional: ética, competência, criatividade, iniciativa, disciplina, dedicação e disposição para o trabalho voluntário.
- No processo de decisão: busca de consenso, de justiça, de verdade, de igualdade de oportunidades para todos.
- No relacionamento entre órgãos colegiados, unidades e de-partamentos: cooperação, espírito de equipe, profissiona-lismo e comunicação adequada.
- No relacionamento com outras instituições: responsabili-dade, independência e transparência [...].
- E, em todas as circunstâncias, agir com amor que é o vín-culo da perfeição.

Num trabalho de problematização, conforme proposto por Puig (1998), seria necessário discutir o que significa o mencionado "espírito mackenzista". Mas este não é o único conceito que preci-saria tornar-se objeto de reflexão, caso exista realmente a preten-são de que tais princípios e valores possam tornar-se parte das fer-

---

16 Disponível em: <http//:www.mackenzie.br/princípios.htm>.

ramentas da consciência moral do aluno universitário. Todos os outros conceitos precisam ser considerados, tanto de modo separado como em conjunto. Por exemplo: é possível ter dignidade sem ter caráter e integridade? O que é o caráter? Existe pessoa sem caráter ou existe bom e mau caráter? É necessário possuir dignidade, caráter e integridade para também possuir o tal espírito mackenzista ou é possível possuir este último sendo um mau caráter?

Consenso, justiça e verdade nos processos de decisão, bem como ética, competência, criatividade, iniciativa e disposição para o trabalho voluntário, atributos vinculados ao exercício da atividade profissional, também precisam ser problematizados. Esses valores não podem ser considerados como dados objetivos, os quais se tornam compreensíveis e automaticamente passam a fazer parte da vida apenas por meio da leitura.

Cartas de Princípios

As Cartas de Princípios têm sido consideradas pela administração da Universidade, pelos capelães universitários e por alguns professores da disciplina Ética e Cidadania um dos documentos mais importantes para a explicitação da identidade confessional. É também uma das prerrogativas da chancelaria, conforme determina o Estatuto da Universidade. As cartas passaram a ser publicadas anualmente a partir de 2000.

Essas cartas não podem ser consideradas normativas. São muito mais declaratórias, ou seja, elas apresentam princípios da instituição e são escritas com o objetivo de levar o leitor a conhecer uma forma de pensar baseada na cosmovisão reformada calvinista. Na Carta de Princípios de 2005, por exemplo, lê-se o seguinte:

A Universidade Presbiteriana Mackenzie é de natureza confessional. Isso significa que ela adota uma confissão religiosa. Conforme seu Estatuto, o Mackenzie "rege-se pelos princípios da ética e da fé cristã reformada e desenvolverá suas atividades em ambiente de fé cristã evangélica e reformada" (Art. 1º e 2º).

Ainda na carta de 2005, o protestantismo reformado é apresentado como "uma das forças geradoras da democracia moderna, com seu espírito revolucionário, defensor da liberdade e desafiador das estruturas religiosas, sociais e políticas que escravizam o homem". O papel das universidades confessionais é ressaltado:

[...] as universidades são centros formadores dos que haverão, um dia, influenciar a opinião pública e, talvez, exercer o poder político. Elas têm um papel crucial diante do clamor nacional por ética na política. E sem excluir as demais, as universidades confessionais têm uma oportunidade histórica de contribuir para que este clamor seja atendido, ainda que a longo prazo, visto que a eficácia da universidade neste aspecto reside no processo de educar cidadãos.

O atual chanceler, reverendo Dr. Augustus Nicodemus Gomes Lopes, conclui afirmando que a Universidade Presbiteriana Mackenzie caminha para uma fase de maior consciência de sua origem e de suas finalidades. Em suas palavras:

A Universidade Presbiteriana Mackenzie, cada vez mais consciente de sua origem e vocação cristã reformada, almeja contribuir para a ética na política nacional através de uma educação que leve em consideração os princípios morais e espirituais do cristianismo reformado, uma das maiores forças geradoras da democracia. O eixo do ensino deve refletir a confessionalidade, sem ferir a autonomia universitária. O eixo da pesquisa deve descobrir maneiras criativas de aplicar à realidade brasileira a força do protestantismo reformado que forjou as políticas democráticas e ensejou o desenvolvimento da moderna ciência em outros tempos e em outras terras. E o eixo da extensão deve estender a mão de misericórdia à comunidade, enquanto trabalhamos por dias melhores.

Homilias

"Homilia" é uma palavra de origem católica e possui o significado de uma conversa ou explicação em tom familiar, com o objetivo de explicar assuntos referentes aos aspectos essenciais da fé. As homilias escritas pelo chanceler Dr. Augustus Nicodemus Gomes Lopes são reflexões sobre temas diversos apresentados em reuniões dos diversos conselhos aos quais ele pertence ou em ocasiões especiais para as quais é convidado a dar uma palavra de inspiração espiritual. As homilias disponíveis no *site* da chancelaria são as seguintes: "Contribuição do cristianismo", "Ciência e religião", "Fundamentos", "Os valores da ética", "A nova espiritualidade", "A visão social de Calvino", "O que realmente importa", "Reflexões de um pesquisador em busca de sabedoria", "O homem na caixa", "Cristianismo e pesquisa científica" e "A guerra entre o cristianismo e a ciência".

A importância dessas homilias e das Cartas de Princípios como guias de valor está no fato de elas representarem uma proposta de reflexão sobre a cultura confessional que se está desenvolvendo. Puig (1998, p. 196) afirma que os guias de valor são produtos culturais que "medeiam a ação sociomoral a fim de obter a máxima eficácia na resolução de controvérsias de valor que apresenta a experiência". Essas cartas e homilias tornam-se simbólicas de uma identidade que a instituição pretende deixar cada vez mais explícita. O efeito que terão na construção da personalidade moral dos estudantes, funcionários e professores, entretanto, também dependerá da possibilidade de compreensão delas e de problematização de seus conteúdos para que se tornem aplicáveis à vida do indivíduo e da comunidade.

Apesar da importância dessas homilias como guias de valor, não serão apresentados aqui seus conteúdos. Apenas serão mencionados alguns valores assumidos pela instituição conforme análise de alguns dos seus conteúdos: a crença na existência de valores absolutos em contraste com a relativização própria do atual contexto histórico; a crença na existência de verdades absolutas e universais; o valor da racionalidade; a existência de um único Deus, criador dos céus e da Terra; a concepção de ser humano como criação de Deus, diante do qual é responsável moralmente; a compreensão do ser humano como decaído da condição original e, portanto, necessitado da graça de Deus (que age por meio de Jesus Cristo, para desenvolver plenamente seus dons e manifestar o caráter de Deus em sua própria vida); a revelação bíblica como conjunto de valores necessários para a vivência da ética cristã; a possibilidade de conciliação entre fé e ciência; a possibilidade da pesquisa científica como uma conquista da fé cristã reformada calvinista; e a extensão universitária como uma das possibilidades de explicitação da visão social do calvinismo.

Tecnologias do eu

Ainda entre os guias de valor, Puig (1998) inclui uma categoria denominada "tecnologias do eu". Puig esclarece que esses guias de valor estão mais relacionados aos indivíduos ou aos procedimentos da consciência moral do que aos meios de experiência moral, pois são práticas que o indivíduo realiza sobre si mesmo, visando atingir alvos de desenvolvimento moral estabelecidos por ele próprio. Puig inclui nesse item a prática da reflexão, da meditação, da oração, a redação de um diário, as conversas formativas, o aconselhamento etc.

Na Universidade Presbiteriana Mackenzie, a capela pode representar um local para reflexão, leitura, meditação e oração. Aconselhamento pastoral também é oferecido aos estudantes nesse mesmo local. Excetuando o período predeterminado para algumas atividades coletivas, como encontro de adoração e estudos bíblicos, e encontros da Aliança Bíblica Universitária (ABU), o espaço é destinado exatamente para essa busca individual de crescimento espiritual e também emocional.

Modelos

Segundo Puig (1998, p. 202), "um modelo moral é qualquer construção simbólica cuja finalidade é mostrar, mediante uma representação exemplar, algum princípio ou comportamento ético". O ser humano é um ser simbólico, ou seja, sua formação como pessoa e como ser social é mediada pelos significados que aprende e atribui à realidade que o cerca. Dessa forma, os modelos podem ser encontrados o tempo todo, a cada contato com uma nova forma de interpretar a realidade, a cada nova maneira de atribuir, esclarecer ou questionar o significado da existência e da realidade. Puig lembra que os modelos podem ser encontrados em livros, filmes, relatos de biografias e mesmo em personagens fictícios como os super-heróis.

Na Universidade, todos os educadores, em algum momento, encontram-se na posição de modelos para os estudantes. Principalmente aqueles que lecionam as disciplinas mais diretamente relacionadas com a profissão que os estudantes pretendem atingir. Alunos do curso de Direito se inspiram em professores que exercem com sucesso sua função, seja como advogados, juízes ou promotores. Alunos da Faculdade de Psicologia vêem como modelo os psicólogos que atuam nas diferentes áreas além da vida acadê-mica. As crenças e os valores desses "modelos" tornam-se também motivo de reflexão e podem influenciar a maneira como os estu-dantes vêem seus próprios conflitos sociomorais, contribuindo assim para a formação da consciência moral do estudante.

Quando os estudantes percebem que seu professor ou sua professora "são" algo que eles mesmos almejam atingir, de alguma forma a vida desses professores pode representar um guia de valor e uma inspiração para suas condutas. As disciplinas ministradas por esses professores podem também ser mais bem assimiladas do que aquelas ministradas por professores com os quais o estudante não se identifica.

O comportamento do professor como influenciador do de-senvolvimento da personalidade do estudante foi um tema bas-tante explorado por Paulo Freire[17]. Freire (2002, p. 47) afirma que, às vezes, é muito difícil imaginar "o que pode passar a re-presentar na vida de um aluno um simples gesto do professor". Para o autor, um gesto, aparentemente insignificante, pode valer como força formadora ou como contribuição à força do educan-do para a formação de si mesmo. Um exemplo particular dessa influência é apresentado por Freire (2002, p. 47) em relação à sua própria vida:

> Nunca me esqueço, na história já longa de minha memória, de um desses gestos de professor que tive na adolescência remota. Gesto cuja significação mais profunda talvez tenha passado despercebida por ele, o professor, e que teve im-portante influência sobre mim. Estava sendo, então, um ado-

---

17 Em textos como *Professora sim, tia não* (*1993*), *Educação como prática da liberdade* (*2003*) e *Pedagogia da autonomia* (*2002*), Freire explicita o papel relevante do pro-fessor no desenvolvimento da consciência crítica.

lescente inseguro, vendo-me como um corpo anguloso e feio, percebendo-me menos capaz do que os outros, fortemente incerto de minhas possibilidades. Era muito mais malhumorado que apaziguado com a vida. Facilmente me eriçava. Qualquer consideração feita por um colega rico da classe já me parecia o chamamento à atenção de minhas fragilidades, de minha insegurança. O professor trouxera de casa os nossos trabalhos escolares e, chamando-nos um a um, devolvia-os com o seu ajuizamento. Em certo momento me chama e, olhando ou re-olhando o meu texto, sem dizer palavras, balança a cabeça numa demonstração de respeito e de consideração. O gesto do professor valeu mais do que a própria nota dez que atribuiu à minha redação. O gesto do professor me trazia uma confiança, ainda obviamente desconfiada, de que era possível trabalhar e produzir. De que era possível confiar em mim, mas que seria tão errado confiar além dos limites como errado estava sendo não confiar. A melhor prova da importância daquele gesto é que dele falo agora como se tivesse sido testemunhado hoje. E faz na verdade, muito tempo que ele ocorreu [...].

Há que ser considerada uma dificuldade concreta para que o professor se torne esse tipo de modelo para os educandos. O elevado número de alunos por classes, principalmente nas turmas iniciais, dificulta o relacionamento mais próximo e muitas vezes a leitura cuidadosa dos trabalhos feitos por cada um dos estudantes. O trabalho em equipe tem suas vantagens acadêmicas, mas há que se admitir que, muitas vezes, ele é utilizado como única alternativa para que os mesmos trabalhos possam ser lidos pelos professores. Como solicitar trabalhos individuais que permitam um conhecimento do potencial do educando quando se leciona para 500 ou 899 alunos?

Também podem ser considerados como modelos os estudantes que são destacados nos veículos de comunicação da Universidade como a *Revista Mackenzie* e o *Boletim Eletrônico Mackenzie*, por exemplo. Personagens que se tornam notícias tornam-se guias de valor por contribuírem para que o aluno reflita e problematize sua realidade a partir dos valores mostrados pela pessoa que é apresentada como modelo. É como se ficasse bem evidente que é possível uma forma de vida fundamentada nos valores que a pessoa em questão reconhece, pois ela vive por meio deles.

Em 2002, a *Revista Mackenzie* publicou uma reportagem com uma funcionária deficiente visual, que cursou a Faculdade de Letras na Universidade Mackenzie e em seguida começou a trabalhar na área de recursos humanos do Instituto Presbiteriano Mackenzie. A funcionária elabora projetos de treinamento em segurança do trabalho, em motivação etc., utilizando um computador adaptado para suas condições. Sempre que é convidada, ela participa de aulas falando sobre temas como "exclusão social" e outros correlatos.

Da mesma forma, os especialistas em áreas de atuação que sejam relevantes para a formação integral do estudante podem ser também considerados modelos e referenciais. Por exemplo, ao abordar a questão do trabalho voluntário, um gestor de instituição voltada para finalidades educativas ou recreativas pode informar a importância desse tipo de atividade, ou mesmo alguém que dedica parte de seu tempo ao trabalho voluntário poderá relatar as conseqüências dessa prática em sua vida e na das pessoas com as quais se relaciona como voluntário. Não necessariamente em relação à área profissional dos estudantes, embora também nessa. Em relação à formação do caráter do estudante, os modelos são muito importantes. Quando é possível trazer para a sala de aula alguém que vivencia ou já vivenciou algo sobre o qual se deve tratar em aula, o aprendizado do tema é mais amplo e o próprio convidado pode tornar-se um modelo para o estudante. Falar sobre trabalho voluntário, por exemplo, assume outro significado quando alguém envolvido com essa atividade compartilha suas experiências.

Estudantes podem também tornar-se modelos para seus colegas de turma. Num âmbito universitário, no qual as experiências pessoais são extremamente variadas, a possibilidade de participação dos estudantes apresentando seus pontos de vista e suas reflexões sobre os temas abordados, além de um método didático, é também uma possibilidade de explicitação dos valores que regem a vida dos próprios estudantes.

Por último, os líderes institucionais, na medida em que expõem e se tornam conhecidos por parte da comunidade estudantil, podem também ser modelos e guias de valor. A forma como expressam suas convicções e a maneira como lidam com os conflitos decorrentes de seu papel na vida acadêmica revelarão seu compromisso com os valores que a instituição professa.

Conforme apontado anteriormente, Puig (1998) defende que a consciência moral de cada indivíduo parte e se nutre da história social, não dependendo apenas da consciência moral para descobrir critérios, mas, sim, das formas sociais de vida e das relações interpessoais em que cada sujeito se vê envolvido. Sob esse enfoque, o papel dos modelos na formação da consciência moral não pode ser subestimado. Cada indivíduo, na relação interpessoal, deve encontrar um espaço próprio para reflexão e transformação de si mesmo, espaço este que continua a nutrir-se sempre do social.

Se assim for, o espaço de aprendizagem deve ser repensado conforme defende Palmer (1999, p. 16): "ensinar é criar um espaço no qual se pratica a obediência à verdade". O mito da objetividade, que depende de uma radical separação entre o conhecedor e o conhecido, deve ser, no mínimo, colocado sob suspeita. Palmer (1999, p. 15) propõe a busca pela verdade por meio de relacionamentos mais profundos, significativos e responsáveis entre educadores, educandos e a matéria a ser estudada.

Instituições

As instituições são apresentadas por Puig (1998) como guias de valor, no sentido de serem formas sociais portadoras de significados valiosos. As instituições não possuem o mesmo valor aos olhos de todas as pessoas ou em todas as circunstâncias. Instituições com alto significado para uns podem ser irrelevantes para outros. Entretanto, cada uma delas se constitui como referencial ou guia de valor para os que se envolvem em suas atividades, ainda que temporariamente. Ao entrar numa igreja, num hospital ou numa repartição pública, não é apenas o ambiente físico que determina o que se pode ou não fazer e falar durante o tempo de permanência no local. Há um aprendizado sobre o que representa cada uma dessas instituições. A instituição universitária, sendo uma instituição milenar e mundial, é também portadora de valores que, em alguma medida, modelam comportamentos. "Não é permitido se comportar na universidade da mesma forma que no colégio", parece ser um pensamento característico do aluno recém-chegado ao novo mundo estudantil. Da mesma forma, cada universidade possui uma identidade particular, um jeito de ser que caracteriza e diferencia umas das outras. Não se trata aqui de aspectos puramente objetivos, mas de uma identidade simbólica que vai sendo desenvolvida ao longo da história de cada instituição.

A história institucional conta também, pelo menos em parte, a história dos valores que foram assumidos pela instituição. Conhecer a história institucional pode contribuir para que estudantes sejam sensibilizados pelos valores que nortearam a criação e a manutenção da instituição da qual agora eles fazem parte.

DISPOSITIVOS FÍSICOS E ORGANIZATIVOS

Por dispositivos físicos e organizativos, Puig (1998, p. 157) identifica os recursos materiais e as estratégias organizativas utilizadas para que as metas e os objetivos dos meios de experiência moral possam ser atingidos, pois esses dispositivos "orientam o tipo de experiências morais que podem ser vividas em um determinado meio".

Entende-se que a adequação ou inadequação dos espaços físicos, dos equipamentos, dos recursos técnicos em geral (materiais e humanos), bem como do planejamento e divulgação das atividades obrigatórias e sugeridas, interferem na maneira como estas serão vivenciadas pelos envolvidos, e as experiências morais possíveis serão afetadas por essas variáveis.

Por exemplo, o lançamento do Projeto Mack-Vida, em 2003, foi preparado com vistas a proporcionar uma significativa experiência de problematização moral para muitos estudantes. Entretanto, por não ser possível conciliar a data adequada para a implantação do projeto com a disponibilidade de um auditório maior, o evento foi realizado num local que comportava cerca de 350 pessoas. Embora realizado em duas oportunidades, uma pela manhã e outra à noite, pouco mais de 3% dos alunos vivenciaram as experiências preparadas para aquela ocasião.

Mas são muitos os dispositivos físicos e organizativos que compõem o meio de experiência moral que é a Universidade Presbiteriana Mackenzie, tais como as salas de aulas, a biblioteca central acrescida das bibliotecas especializadas (2.998 metros quadrados de área ocupada pelas bibliotecas) e os diversos laboratórios específicos para cada unidade e para cada curso.

Alguns dispositivos são mais abrangentes que outros, considerando-se o número de alunos aos quais são destinados. Por exemplo, a *Revista de Psicologia* é menos abrangente que a *Revista*

Mackenzie, pois é direcionada para o público da Psicologia. O seu conteúdo é considerado mais relevante para este público que as matérias de interesse geral publicadas na *Revista Mackenzie*, direcionada ao público mackenzista em geral. Entretanto, ambas são consideradas entre os dispositivos organizativos que contribuem para a construção da personalidade moral do estudante e não apenas para sua formação intelectual e profissional.

As salas de aula na Universidade Presbiteriana Mackenzie apresentam significativas diferenças, dependendo das unidades, dos cursos ou mesmo dos semestres que estão sendo freqüentados. Por tratar-se de uma instituição centenária, mas que continua crescendo a cada semestre, o complexo de edifícios possui prédios com mais de cem anos, enquanto outros acabaram de ser construídos e alguns estão ainda em fase final de construção. O plano diretor, aprovado em 2002, prevê a construção de novas instalações até o ano de 2010.

Muitos outros dispositivos físicos e organizativos existem com a finalidade de contribuir para o cumprimento das metas institucionais. Serão aqui destacados aqueles que têm maior proximidade com a identidade confessional da instituição.

Capelania universitária

Entre os inúmeros dispositivos físicos e organizativos destinados a contribuir para o cumprimento da metas institucionais, a capelania da Universidade é provavelmente um dos mais diretamente ligados à identidade confessional.

A capelania apóia diretamente a chancelaria e se reporta a ela de forma independente da reitoria.

As atividades realizadas pela capelania são de abrangência geral, tais como: encontros para adoração (três encontros semanais), aconselhamento, estudos bíblicos, disque-paz, locação de livros, fitas de vídeo e DVD, distribuição do livro devocional *Cada dia*[18], visitas hospitalares e domiciliares a alunos, funcionários e respectivas famílias, produção do programa institucional para a TV Mackenzie, Canal Universitário, distribuição de Bíblias e Novos Testamentos em solenidades de colação de grau e outros eventos internos, distribuição mensal de boletins informativos, distribuição anual da Carta de Princípios para alunos e funcionários, e projeto Intervalo com Deus (unidade Tamboré).

Além disso, a capelania apóia e supervisiona trabalhos de grupos que desenvolvam atividades relacionadas à identidade confessional da instituição, como a Aliança Bíblica Universitária (ABU), que realiza reuniões semanais em diferentes horários, dando oportunidade aos estudantes dos diversos turnos para se encontrarem, estudarem a Bíblia e compartilharem suas experiências de fé.

A Aliança Bíblica Universitária possui núcleos em muitas universidades brasileiras e em diversos países. Os grupos de jovens que se identificam com essa missão internacional acabam fazendo da capela um local de encontro com jovens de outras universidades, trocando experiências na área religiosa e cultural de modo mais geral.

Departamento de Arte e Cultura

Esse departamento é direcionado para todo o Instituto, mas existem atividades diferenciadas para atender a todas as idades. O Departamento de Arte e Cultura conta com profissionais altamente qualificados nas áreas de música e teatro. São oferecidas diversas oportunidades de participação que vão desde a oficina da voz ao co-

---

18 Trata-se de um livreto mensal com reflexões diárias, publicado pela Editora Luz para o Caminho (LPC).

ral universitário, formado por alunos que recebem bolsas de estudo (parciais) como forma de remuneração pela participação no grupo. Além disso, o Departamento de Arte e Cultura conta com coral infantil, juvenil, adulto I, adulto II, adulto III, coral do meio-dia, coral da Universidade Aberta do Tempo Útil (Uatu) e o grupo de flautas.

Revista Mackenzie

A revista oficial do Instituto Presbiteriano Mackenzie, disponível em formato gráfico e eletrônico[19], oferece notícias sobre atividades de interesse geral como ações de alunos que se destacam em alguma área acadêmica, técnica, esportiva ou artística, ações das faculdades e ações institucionais. Esse veículo tem sido bastante utilizado para difundir os valores relacionados à identidade confessional. Reportagens sobre a história da instituição, a vida dos fundadores e de representantes da instituição em diferentes períodos, reportagens sobre temas vinculados ao calvinismo e notícias abrangendo entrevistas com pessoas ligadas à mantenedora contribuem para a divulgação dos objetivos e da identidade mackenzista associada à confessionalidade presbiteriana.

Boletim Eletrônico Mackenzie

O boletim eletrônico é um veículo de comunicação desenvolvido pela gerência de Comunicação Social[20] e enviado mensalmente para estudantes, professores e demais funcionários da área

---

19 Disponível em: <http://www.mackenzie.com.br/editoramackenzie/revistas/revista-mack/>. Acesso em: 1º abr. 2006.

20 Disponível em: <https://webmail.mackenzie.com.br/readmsg.php?folder=inbox&pag=1&ix=2&sid={442F0BDD95C2F-442F0BDD9AA4B-1143933917}&tid=0&lid=15>. Acesso em: 31 mar. 2006.

administrativa. Apresenta matérias e notícias de eventos encaminhados por leitores interessados em comunicar-se por essa via. É mais um dispositivo organizativo que pode ser utilizado na busca das metas de influenciar a formação moral do leitor. Sendo um veículo de comunicação do Instituto e não apenas da Universidade, permite um maior intercâmbio de informações entre as diferentes áreas de conhecimento para as diferentes populações atendidas. Por exemplo, no número de março de 2006, o *Boletim Eletrônico Mackenzie* trouxe informações sobre a visita da subsecretária dos Estados Unidos, uma reportagem com um aluno da 5ª série do ensino fundamental I, que já teve seu primeiro livro de poesias publicado pela Editora da Vila, e as comemorações do Dia Internacional da Mulher, realizadas pela Faculdade de Comunicação e Artes.

Associações atléticas

As associações atléticas desenvolvem suas ações no âmbito esportivo por meio da formação de grupos de universitários eleitos pelos seus colegas de unidade. Essas associações têm a finalidade de promover atividades esportivas que visem à interação dos alunos nos treinos e nos campeonatos internos e externos. Cada faculdade possui sua própria associação atlética, embora algumas sejam mais ativas que outras.

Uma das mais antigas associações desse tipo em todo o Brasil é a Associação Atlética Acadêmica Horácio Lane (AAAHL). Representa atualmente cerca de 2.900 estudantes da Escola de Engenharia. O nome Horácio Lane é homenagem ao primeiro diretor da instituição.

A Associação Atlética Acadêmica (AAA) Eugênio Gudin foi fundada em 1952, pelos alunos dos cursos da Faculdade de Ciências Econômicas, Contábeis e Administrativas (FCECA). O nome

Eugênio Gudin foi escolhido em homenagem a um dos pioneiros da economia no Brasil.

A Associação Atlética Acadêmica Aurora Albanese (AAAAA) foi fundada em 20 de novembro de 1977 com o propósito de representar as faculdades de Processamento de Dados, Tecnologia Elétrica e Tecnologia em Construções Civis. Aurora Albanese foi diretora dessa unidade e mais tarde reitora da Universidade.

Essas associações revelam um pouco do que seja a cultura universitária, mas funcionam de forma desvinculada da supervisão da instituição. Por essa razão, não podem ser consideradas aqui um dispositivo administrativo. Contudo, elas são formadas apenas por alunos da Universidade como tais e utilizam esse vínculo para a promoção de seus eventos. Na página das associações atléticas[21], podem ser observados sinais de sua atuação: "Não tem ritmo nem pra tocar campainha? Não tem problema, é só chegar junto e aprender com a galera". Com esse apelo, a AAAAA convida os alunos universitários a participar de sua "BaTECria", uma bateria criada para animar os jogos universitários. Ou ainda o convite para uma viagem de fim de semana: "Uma pousada, duas cervejadas, três baladas, muita curtição".

Diretórios acadêmicos

Os diretórios acadêmicos são um tipo diferente de estratégia organizativa, pois são formados por estudantes, com diretorias eleitas por eles e têm a finalidade de representar os interesses destes. Alguns diretórios envolvem-se ativamente em questões abrangentes como a discussão de currículo acadêmico e a promoção "de atividades cultu-

---

21 Disponível em: <http://www.mackenzie.br/atleticas.html>.

rais e científicas, visando à integração das diferentes turmas e cursos". Também se manifestam encaminhando reclamações "quanto ao rendimento de professores, grade curricular ou estrutura".

Sendo um órgão do corpo discente, os diretórios têm autonomia em relação à administração da Universidade. Entretanto, a maioria funciona em espaço cedido pela Universidade e até 2005 havia uma verba da instituição para ajuda de custos dos diretórios. Essa verba não existe no momento, mas têm sido feitas algumas gestões por parte dos alunos para reverter a posição atual. Cada unidade tem seu próprio diretório.

Da mesma forma que as associações atléticas, os diretórios acadêmicos representam e mobilizam alunos dentro do âmbito da Universidade. Eles organizam os trotes com atividades não aprovadas pela instituição, como "pedágios" para arrecadar dinheiro que é gasto em bebedeiras e coisas do gênero. Mas também estão envolvidos com projetos como o Dia do Mackenzie Voluntário, promovem campanhas do agasalho e alguns estão envolvidos em projetos ligados ao Mackenzie Solidário. O Projeto Sorriso envolve estudantes de diferentes faculdades, mas é uma iniciativa do Diretório Acadêmico da Faculdade de Direito, e realiza, semanalmente, trabalhos voluntários em instituições de atendimento a crianças carentes.

Trote Solidário

O Trote Solidário foi instituído na Universidade Presbiteriana Mackenzie em 2001 e, desde então, é realizado todos os semestres com o propósito de envolver os alunos recém-chegados. Os calouros participam de uma atividade especial na qual recebem o *kit*-calouro e informações sobre a Universidade. A chancelaria e a capelania da Universidade geralmente se fazem presentes, e, por meio dessa presença, é possível que o aluno perceba um pouco da identidade confessional da instituição já nas primeiras semanas de aula. Além das atividades de recepção dos calouros, os estudantes são lembrados da importância da ação solidária e desafiados a participar, ao longo do ano, das diversas campanhas promovidas pela instituição, como a doação de mantimentos, livros, agasalhos, sangue, entre outras. Os alunos recém-chegados são também informados sobre o Dia Mackenzie Voluntário, a maior mobilização de mackenzistas em torno de um mesmo evento.

Dia Mackenzie Voluntário

O Dia Mackenzie Voluntário foi mencionado anteriormente ao serem abordadas as possibilidades de comportamento, no item "Atividades sugeridas". Neste tópico, cabe apenas mencioná-lo como "dispositivo organizativo", vinculado aos objetivos da Universidade e da confessionalidade. Esse dia foi criado em 2004 e está sob a coordenação do Decanato de Extensão.

Nessa e em todas as atividades propostas com o objetivo maior de formação da pessoa humana e não apenas do profissional, há que se considerar sempre a necessidade de estimular a ação criadora e reflexiva, para que realidades sejam transformadas. O ensino da solidariedade somente é possível por meio da prática. Mas refletir sobre essa prática é também indispensável.

Disciplina Ética e Cidadania

A disciplina Ética e Cidadania foi instituída como parte da grade curricular em todos os cursos da Universidade Presbiteriana Mackenzie, como dispositivo especialmente planejado com vistas à formação integral do estudante e assumido como meio de explicitação da identidade confessional. Trata-se do único dispositivo dessa natureza com caráter obrigatório para todos os estudantes dos cursos de graduação. É por meio dessa disciplina que a instituição acredita poder, de forma mais efetiva, contribuir para a formação do caráter do aluno, transmitindo valores característicos da cosmovisão reformada calvinista. Na visão calvinista, um dos objetivos da educação é preparar o ser humano de forma integral para exercer sua vocação de modo que proporcione a glória de Deus e o bem da sociedade, seja como um político, homem de negócios, professor ou qualquer outra função que venha a ocupar.

Os professores responsáveis pela disciplina estão vinculados, em sua maioria, à Escola Superior de Teologia.

Atualmente não existe um programa único para toda a instituição, embora alguns materiais sejam indicados como referência. Os professores responsáveis pela disciplina são oriundos de áreas diversas e nem todos possuem um conhecimento da cosmovisão calvinista, o que dificulta, ao menos em parte, que os valores confessionais se façam presentes na sala de aula.

5

A UNIVERSIDADE CONFESSIONAL E A CONSTRUÇÃO DA PERSONALIDADE MORAL

Após todo esse exercício de reflexão sobre a possibilidade de contribuir para a formação moral dos estudantes e por meio deles contribuir também para a construção de uma sociedade mais justa e mais humana, é necessário reconhecer que o cumprimento dessa tarefa exige mais do que uma determinação institucional. É imprescindível admitir que os educadores e as educadoras, a cada momento de sua prática educativa, tornam-se responsáveis pela escolha dos guias culturais de valor, ou mais, tornam-se, eles mesmos, modelos e guias de valor, tendo também que preocupar-se com a forma de abordagem de cada um dos temas para não cair em uma mera transmissão impositiva. Devem saber dosar seu compromisso com os guias de valor fundamentais e o respeito à autonomia moral dos seus alunos e alunas. Os educadores devem trabalhar com guias de valor, mas também é necessário dedicar-se a um enorme projeto de seleção de valores e escolha de formas de afirmação destes, de modo que tal afirmação não represente violência da consciência individual dos educandos. Nas palavras de

Puig (1998, p. 209), "é necessário que o educador não silencie o educando" embora assuma um compromisso com os valores aos quais pretenda apresentar.

A educação integral nos tempos de globalização tem exigido uma formação moral e cidadã pautada em valores considerados universais, além da formação profissional. Para que esses valores sejam internalizados pelo estudante, não basta uma tentativa de transmitir conteúdos. É necessário que os valores sejam apresentados num contexto de problematização, no qual a voz do aluno seja respeitada. Concordando com Paulo Freire (2002, p. 20), é necessário que o estudante seja reconhecido e se reconheça como um "ser-no-mundo", responsável pela sua "presença no mundo", pois é

> [...] presença que se pensa a si mesma, que se sabe presença, que intervém, que transforma, que fala do que faz mas também do que sonha, que constata, compara, avalia, valora, que decide, que rompe. E é no domínio da decisão, da avaliação, da liberdade, da ruptura, da opção, que se instaura a necessidade da ética e se impõe a responsabilidade. A ética se torna inevitável e sua transgressão possível é um desvalor, jamais uma virtude.

Na concepção freiriana de educação, a formação da consciência crítica é impossível sem a participação do educando, pois "seria incompreensível se a consciência de minha presença no mundo não significasse já a impossibilidade de minha ausência na construção da própria presença" (FREIRE, 2002, p. 20).

Essa presença consciente no mundo exige responsabilidade ética que somente é possível quando o ser humano assume sua condição de sujeito indeterminado e inconcluso, que é capaz de fazer escolhas e contribuir para o processo de construir a si mesmo. Ainda citando Freire (2002, p. 21):

> [...] se sou puro produto da determinação genética ou cultural ou de classe, sou irresponsável pelo que faço no mover-me no mundo e se careço de responsabilidade não posso falar em ética. Isto não significa negar os condicionamentos genéticos, culturais, sociais a que estamos seres condicionados, mas não determinados.

Auxiliar o estudante a reconhecer a indeterminação humana e a responsabilidade moral de cada ser humano contribui para que este reconheça também que "a história é tempo de possibilidade e não determinismo" e que o futuro "é problemático e não inexorável" (FREIRE, 2002, p. 21).

Assim, quando se contribui para a construção da personalidade moral, contribui-se simultaneamente para a formação do profissional e do cidadão, visto que não é possível fragmentar o ser humano e que a dimensão moral, segundo Puig (1998), é a que direciona e atribui significado às demais áreas da personalidade humana.

Ao apresentar a teoria da construção da personalidade moral, no tópico sobre as possibilidades comportamentais (Capítulo 3), foi apontada a distinção, feita por Puig, entre atividades, ações e operações. Retomando, então, o que já foi abordado, as atividades são os projetos de maior abrangência relacionados com as metas próprias do meio. Podem ser obrigatórias ou apenas sugeridas ou permitidas. As ações são as seqüências de interações que podem ocorrer no contexto de uma atividade, na qual vários sujeitos coordenam seus desejos ou planos e expressam suas diferenças por meio da palavra. As ações representam um maior espaço de liberdade, visto que é por meio das ações que se definem o "como" da atividade. É ainda no contexto das ações que a dignidade humana se faz reconhecida e respeitada. As operações são aquelas tarefas padronizadas e rotineiras que tornam possível e facilitam a execução das atividades. As operações são importantes e indispensáveis, devendo, sempre que possível, ser transformadas em ações significativas, pois "tudo o que os homens fazem, sabem ou experimentam só tem sentido na medida em que pode ser discutido", e "os homens que vivem e se movem e agem nesse mundo só podem experimentar o significado das coisas por poderem falar e ser inteligíveis entre si e consigo mesmos" (ARENDT, 2003, p. 12). As ações sempre exigem o concurso dos procedimentos da consciência moral e contribuem simultaneamente para seu desenvolvimento.

Puig (1998) relaciona a quantidade de atividades, ações e operações com a qualidade das experiências morais que se tornam possíveis nos diferentes meios. Um meio pobre em oportunidades de ações e regido predominantemente por operações repetitivas e rotineiras será pobre em experiências de problematização moral. Pode até significar um meio aparentemente mais ordenado, mas a qualidade das experiências nele vivenciadas será proporcionalmente inferior. Um meio rico em possibilidades de ações gera maiores interações entre os membros, maior confronto de julgamentos e valores, e as atividades decorrentes de tais ações resultarão em transformação.

Uma disciplina como Ética e Cidadania deveria ser, preferencialmente, rica em possibilidades de ações. Os estudantes deveriam ser desafiados a agir reflexivamente, seja expondo suas idéias e aprendendo a ouvir os arrazoamentos dos colegas e do professor, seja indo aos locais que não fazem parte de suas "operações" rotineiras, em busca de novos conhecimentos e novos referenciais de interpretação da realidade.

Os papéis são importantes como forma de relação e regulação dos comportamentos possíveis dentro dos meios de experiência moral. Na sala de aula, nos laboratórios, nas quadras de educação física, na hora de ministrar aulas, solicitar e avaliar trabalhos extraclasse, aplicar provas e atribuir notas, o professor é um importante "regulador" das formas de comportamentos. As normas pertinentes ao professor (como a obrigatoriedade de fazer chamada e a restrição ao "passar a lista" para que os alunos assinem) são cumpridas de formas diferentes conforme cada profissional. A personalidade de cada um, então, define sua maneira de vivenciar seu papel e a maneira como seu comportamento refletirá no comportamento dos estudantes. É indispensável que o professor tenha consciência da importância de seu papel na criação do clima emocional e moral na sala de aula. Mesmo que nem sempre gostem, os estudantes percebem quando o professor é coerente com sua própria palavra, com as normas que ele mesmo estabelece (como datas para entrega de atividades) e com as normas estabelecidas pela instituição. Os estudantes observam se o professor valoriza seu próprio trabalho, a disciplina que ministra, se conhece bem os temas que são abordados e se está aberto para novas aprendizagens. A coerência do professor é uma importante forma de regulação do "micromeio"[1] de experiência moral que é a sala de aula.

Os recursos físicos e organizativos pautam a vida no interior do meio de experiência moral e agem em estreita relação com os demais componentes desse meio ao ponto de se confundir com eles. Devem ser de tal natureza que propiciem o cumprimento das metas por meio das atividades permitidas e obrigatórias e estejam em acordo com as formas de relação e regulação do referido meio.

As estratégias educacionais têm sido bastante discutidas, mas ainda é possível perceber que predomina, mesmo na universidade, a aula teórica e expositiva desvinculada da vida prática. Uma das

---

1 Puig (1998, p. 159) chama de micromeios os espaços de experiência caracterizados por uma relação imediata entre sujeitos.

razões principais para isso é o elevado número de alunos em cada turma, o que dificulta a utilização de outras estratégias. Na disciplina que pretende, de modo particular, contribuir para a formação moral do estudante, é imprescindível que haja a possibilidade do debate, da problematização dos temas e não apenas a apresentação unilateral de assuntos previamente determinados. A leitura prévia dos textos é importante para que o estudante compreenda mais claramente as explicações apresentadas pelo professor. Mas essa exigência é muito mais valorizada pelo estudante quando ele é solicitado a contribuir com sua compreensão e sua crítica.

Acima de tudo, devem ser privilegiadas as possibilidades de ações e não as simples operações, pois o estudante precisa ser levado a pensar e tomar decisões, ouvir e ceder quando for o caso. É necessário que ele aprenda a articular a ação por meio da palavra.

Já foi dito que a construção da personalidade moral depende do tipo de experiência moral que o meio é capaz de proporcionar aos sujeitos que o compõem. Também é sabido que nenhum indivíduo participa exclusivamente de um único meio e que, por isso mesmo, a influência de cada meio é diferente para cada um de seus integrantes que trazem experiências sociomorais oriundas de outros meios dos quais participam. A universidade como meio de experiência moral já é, em si mesma, uma forte propiciadora de experiências morais. Cada indivíduo, ao ingressar num curso superior, traz consigo incontáveis experiências particulares que o tornam capaz de interpretar, de forma individualizada, os problemas e conflitos morais que o ambiente universitário proporciona. Entretanto, as experiências de problematização moral podem também ser planejadas para que, confrontadas com os guias de valor próprios do meio, exerçam um papel formador, ou seja, contribuam de maneira intencional e efetiva para a construção da personalidade moral dos envolvidos.

A universidade oferece muitas oportunidades de experiências de problematização moral. A própria situação do estudante recém-chegado, o dito "calouro", diante dos desafios que lhe são propostos pelos colegas veteranos, constitui uma experiência sociomoral mais intensa do que as experiências de sala de aula, nas quais apenas o estudante poderia ouvir falar sobre a identidade da instituição. Os conflitos entre o que o estudante espera da instituição e o que ele realmente encontra podem tornar-se objeto de problematização que resulte em crescimento pessoal. É necessário que haja problematização desses conflitos para que estes sejam interpretados e compreendidos com base nos guias de valor e contribuam para o desenvolvimento de novas ferramentas da consciência moral dos envolvidos.

Quando algo contribui efetivamente para o desenvolvimento desses procedimentos da consciência moral, contribui também para que esses mesmos procedimentos estejam disponíveis para utilização nas mais diversas circunstâncias da vida, influenciando na construção da cosmovisão do estudante. Uma cosmovisão é exatamente uma visão da vida, uma forma de interpretar o mundo, que interfere em todos os relacionamentos e em todas as avaliações da realidade, pois não é possível conhecer ou, conforme Freire (2002), "inteligir o mundo" a partir do nada ou da atitude cômoda e irresponsável que considera tudo relativo. A cosmovisão é uma possibilidade de integridade, de concisão, de visão holística da vida, que propicia referenciais para que cada indivíduo seja ele mesmo, independentemente das circunstâncias ou pressões externas. À medida que são problematizados os conflitos e os guias de valor utilizados, aumenta a capacidade para perceber a realidade à luz dos valores esposados ou mesmo perceber a fragilidade destes e a necessidade de encontrar outros mais consistentes. A mera imposição de valores não substitui a utilização destes dentro de contextos práticos de avaliação crítica da realidade.

À consciência moral autônoma cabe a responsabilidade e a capacidade de atribuir valor, pensar e decidir por si mesma, não apenas sobre os atos, mas também sobre os próprios valores, pensamentos, motivações e decisões que resultaram nos referidos atos. É necessário não descuidar do planejamento intencional das práticas educativas reflexivas e dialógicas especialmente dirigidas nesse sentido.

Tudo o que foi dito anteriormente sobre o papel do estudante como agente de sua própria formação será incompleto se não for igualmente considerada a função da identidade universitária na construção da personalidade moral dos seus estudantes. Não é a mesma coisa estudar numa universidade de confissão abertamente materialista ou numa que assume valores cristãos como sua referência. A cosmovisão que permeia a vida acadêmica deve ser considerada como algo que não tem um papel secundário, mas que, pelo contrário, é o diferencial da própria instituição. Isso se torna ainda mais relevante quando se compreende a contribuição da cosmovisão cristã para o desenvolvimento das universidades e da própria ciência moderna.

COSMOVISÃO CRISTÃ E CIÊNCIA MODERNA

De acordo com os pesquisadores cristãos, o termo "cosmovisão" foi cunhado e utilizado originalmente na Alemanha nos séculos XVIII e XIX (SOUZA, 2006). Inicialmente utilizado por Immanuel Kant e relacionado apenas "ao ser conhecedor e volitivo como centro cognitivo do universo", o termo passou a ser utilizado, tempos depois, com um sentido mais amplo, sendo compreendido como "uma concepção do universo a partir do homem conhecedor moralmente livre" (SOUZA, 2006, p. 42). Desde o início, o termo refletia a aspiração humana pela compreensão da natureza do Universo. A partir dos países de língua germânica, o termo chegou aos de língua inglesa, traduzido por *worldview*, ou seja, visão de mundo, ou uma "visão particular da vida" (SOUZA, 2006, p. 43). Souza afirma ainda que, embora o termo seja recente, a adoção de uma cosmovisão cristã é bastante antiga. Já estava presente nas Escrituras, particularmente nos escritos apostólicos. Com Agostinho e posteriormente com João Calvino, foi concretizada a noção de partir exclusivamente das Escrituras para interpretar todas as áreas da existência humana, tornando-se o cristianismo mais "auto-consciente de seu destino e de seu fundamento epistemológico, metafísico e ético, em clara contraposição às formas não cristãs de apreensão da vida" (SOUZA, 2006, p. 43). Com a crescente "descristianização da sociedade européia", a fé tornou-se, gradativamente, algo restrito à mera expressão subjetiva da religiosidade, desprovida de engajamento com "as realidades manifestas da vida".

Mas não foi assim todo o tempo. Os cristãos calvinistas dos séculos XVIII e XIX, inclusive os cientistas, consideravam que os princípios do cristianismo proporcionavam um ponto de partida que se desdobrava em uma visão ordenada de toda a realidade. Isso, sem dúvida, influenciava suas formas de pensar, de decidir, de se emocionar e de se relacionar. Influenciava, inclusive, sua personalidade.

Pearcy e Thaxton (2005) demonstram que o avanço científico que impactou o mundo a partir do século XVI não resultou da "emancipação" da ciência em relação à religião. Ao contrário, foi exatamente a motivação religiosa que impulsionou as pesquisas científicas em busca do conhecimento racional do mundo criado por um Ser racional que se revela em sua criação. Para esses autores, a ciência moderna surgiu pela interação complexa do pensamento cristão com o pensamento grego, mas foi a concepção cristã da criação que permitiu avanços indispensáveis para o desenvolvimento da pesquisa.

O método experimental, por exemplo, deriva da convicção de que o mundo criado é ordenado e confiável, portanto é verificável porque foi criado por um Deus fidedigno e não por uma "divindade" cheia de caprichos e instabilidades emocionais como eram compreendidos os deuses gregos. Os detalhes do mundo devem ser investigados e podem ser descobertos por meio da observação e não da dedução racional, visto que o Criador é livre e não precisou criar um determinado tipo de universo, conforme Aristóteles (PEARCY; THAXTON, 2005, p. 34). Essa linha de pensamento, característica de muitos cientistas no início da Era Moderna, permitiu o surgimento da ciência experimental que se distanciava do aristotelismo, segundo o qual o Universo fora feito da única maneira que poderia ser feito e, portanto, todo o conhecimento deveria ser atingido pelo método da dedução.

Para os cristãos como Francis Bacon e Isaac Newton, por exemplo, o Universo fora criado conforme a soberana vontade do Criador e não segundo outra necessidade. Assim, existem leis porque há um legislador, e essas leis são compreensíveis racionalmente porque Deus é correto e confiável. É o caráter de Deus que garante a possibilidade de buscar conhecimento racional na obra criada. Da mesma forma, as leis somente podem ser conhecidas racionalmente porque o ser humano foi criado com capacidade de compreensão racional. É a crença na *Imago Dei* que impulsiona a busca pelo conhecimento racional.

Não é possível separar os pressupostos científicos e religiosos (ou ao menos os pressupostos sobre o que seja a religião) dos pressupostos sobre o comportamento moral dos seres humanos. O Iluminismo concebia o ser humano como máquina e o seu comportamento como algo completamente limitado por forças físicas ou biológicas. Sob esse prisma, a vontade humana, sua capacidade de escolha e, portanto, sua "responsabilidade moral, foram descartadas como simples ilusões" (PEARCY; THAXTON, 2005, p. 254). Apesar de protestos periódicos contra essa visão mecanicista do ser humano, ela prevaleceu, influenciando a prática educativa ao longo dos últimos séculos. Os protestos periódicos, oriundos quase que totalmente dos círculos não-científicos, não puderam evitar o crescente descaso em relação ao tema da liberdade e da responsabilidade moral.

Entretanto, o advento da física quântica, anunciando "uma esfera de indeterminação bem no cerne da matéria" (PEARCY; THAXTON, 2005, p. 254), fez que a visão do ser humano como máquina totalmente condicionada fosse refutada, pela primeira vez, por argumentos científicos.

> Isso explica porque se costuma dizer que a física é mais compatível com o Cristianismo hoje em dia do que nos três séculos anteriores. No mínimo [...] a nova física trouxe, mais uma vez à baila, questões acerca da liberdade e da dignidade (PEARCY; THAXTON, 2005, p. 254).

A retomada de uma cosmovisão cristã do mundo significa a rejeição do reducionismo segundo o qual o comportamento humano é explicado apenas pelas características do comportamento dos átomos. Os defensores da cosmovisão cristã entendem que a condição física dos seres humanos precisa ser seriamente considerada, mas não aceita que os seres humanos sejam reduzidos apenas a essa dimensão de sua condição.

É importante que os universitários do século XXI recuperem essa outra possibilidade de interpretação da história da ciência, tão enfaticamente negada desde os primeiros anos escolares.

> Os cientistas que desenvolveram a física eram, em sua maioria, cristãos que procuravam entender a maneira como Deus interage com sua criação, como ele confere ordem e coerência ao mundo natural (PEARCY; THAXTON, 2005, p. 254).

Esses cientistas possuíam uma cosmovisão e viviam e pesquisavam de maneira coerente com ela. Não protegiam suas pressuposições religiosas e sua fé contra os perigos da investigação científica, mas utilizavam-nas como combustível para a pesquisa. É possível afirmar então que a ciência nasceu confessional e não como resultado de ruptura com a confessionalidade. E mais: não somente toda educação, mas também a própria ciência são, em última instância, uma prática confessional.

A CONFESSIONALIDADE CRISTÃ NA EDUCAÇÃO SUPERIOR E A CONSTRUÇÃO DA PERSONALIDADE MORAL

Quando se define a confessionalidade cristã no ensino superior como uma expressão da identidade de uma instituição e como uma possibilidade de contribuição para a construção da personalidade moral dos estudantes universitários, considera-se indispensável que essa identidade se faça refletir na diversidade de práticas próprias da vida universitária. Entretanto, as universidades são permeadas por diferentes confessionalidades, ainda que possa predominar uma sobre as outras.

Durante os últimos séculos, a confessionalidade materialista e mecanicista tem prevalecido na educação superior e tem produzido seus frutos. Foi assim também na Universidade Presbiteriana Mackenzie.

Ao considerar a história dessa instituição, foi necessário reconhecer que nem sempre ela esteve preparada ou foi capaz de oferecer respostas coerentes com uma cosmovisão cristã aos problemas humanos, sejam educacionais, sejam sociais, sejam administrativos. Embora a formação integral do ser humano tenha sido preservada como um dos objetivos expressos em seus estatutos, os paradigmas científicos que regiam sua prática pedagógica parece que não estavam em sintonia com uma cosmovisão cristã. Dessa forma, a prática acadêmica refletiu uma confessionalidade dualista, segundo a qual a fé pertence ao espaço privado e não pode ser vista como provedora de guias de valor para o espaço público.

Ao abordar a construção da personalidade moral, foi feita uma reflexão sobre a necessidade do estabelecimento de vínculos entre os elementos que compõem um meio de experiência moral – suas metas, possibilidades de comportamento, formas de relação e regulação, guias de valor e dispositivos físicos e organizativos, pois a qualidade das experiências morais vivenciadas depende, em grande parte, da coerência entre esses elementos.

Sabe-se, entretanto, que o ser humano e os grupos que formarão cada meio serão sempre singulares e que as ações humanas serão sempre "imprevisíveis e irreversíveis", conforme assinala Hannah Arendt (2003). Não é possível – nem é interesse da cosmovisão cristã – criar um ambiente artificial no qual as pessoas sejam "formatadas" e passem a pensar segundo certo padrão preestabelecido. O capítulo sobre a personalidade moral enfatizou o aspecto individual da consciência moral autônoma e a possibilidade de construção subjetiva e única de cada um dos sujeitos dentro dos meios de experiência moral que mantenham bem definidos os seus referenciais e suas práticas. Sempre haverá espaço para a crítica e a criatividade, onde forem respeitados os valores como liberdade, justiça, igualdade e amor.

Assim, é preciso olhar para a Universidade Presbiteriana Mackenzie e para a disciplina Ética e Cidadania sob a perspectiva da cosmovisão cristã reformada calvinista. Afinal, expresso nos estatutos da instituição está o objetivo de oferecer educação integral em ambiente de fé cristã com essas características.

A COSMOVISÃO CRISTÃ NA UNIVERSIDADE PRESBITERIANA MACKENZIE

A cosmovisão cristã na Universidade Presbiteriana Mackenzie ainda está para ser construída. Documentos e autoridades parecem gradativamente ampliar o grau de afinidade entre a ação e o discurso. Mas falta muito para que a maioria dos estudantes passe a perceber o reflexo dessa cosmovisão de forma significativa.

Uma universidade confessional tem um papel fundamental na formação das sociedades humanas, papel este que ultrapassa a área do ensino dos conhecimentos acumulados ao longo da história da civilização, ou da área da pesquisa, que resulta na produção de novos conhecimentos e também da extensão universitária, que procura disponibilizar os conhecimentos para todos da forma mais igualitária possível. A universidade confessional tem a possibilidade de contribuir para a formação moral do estudante de nível superior, visto que o ser humano não chega pronto à universidade, tendo ainda a possibilidade de rever conceitos, princípios e valores norteadores de suas atitudes, decisões e relacionamentos.

A Universidade Presbiteriana Mackenzie, assim como todas as universidades que assumem sua identidade confessional, é herdeira de um rico patrimônio histórico e uma porta-voz de valores e significados que influenciaram e ainda influenciam grande parte do mundo ocidental. Guillebaud (2003), ao considerar os alicerces da civilização ocidental, afirma que muitos dos fundamentos essenciais da tradição ocidental, tais como a igualdade, a noção de progresso e futuro, a justiça, a liberdade, a razão e a democracia, resultam de uma longa maturação histórica para a qual o cristianismo contribuiu de forma inestimável e insubstituível. Segundo ele, esses valores do mundo moderno não existiriam como tais sem a contribuição do cristianismo e estão ameaçados quando considerados como distintos deste.

Embora a cultura helênica seja um dos pilares do cristianismo e muitos dos valores cristãos tenham sua origem atribuída aos filósofos gregos, Guillebaud (2003) defende que a própria preservação de uma consciência de liberdade, de respeito ao indivíduo, de valorização das relações humanas, bem como o repúdio à barbárie, depende de um retorno à compreensão de princípios estabelecidos pelos cristãos dos primeiros séculos. Para ele (2003), é preciso olhar com cautela a noção que tem sido aceita quase que de forma irrefutável a respeito da supremacia da razão grega sobre todos os valores peculiares às demais culturas nos séculos que antecederam a Era Cristã, visto que a simples repatriação da mentalidade grega para o mundo ocidental contemporâneo seria desastrosa. Mesmo considerando a contribuição helenista para a sistematização de uma teologia cristã, é mister assumir que a pura continuidade dos valores gregos, sem a revisão destes feita no cristianismo nascente, jamais chegaria aos valores hoje considerados como universais. Por exemplo, a noção de direitos humanos e de igualdade "eram totalmente estranhos ao universo moral da antiguidade, quer se trate dos gregos ou dos romanos", e "a aspiração igualitária, na concepção contemporânea, era ignorada ou seria considerada escandalosa pela filosofia antiga" (GUILLEBAUD, 2003, p. 133), entre outras razões, porque esse conceito é impossível numa sociedade politeísta.

Para Guillebaud, o verdadeiro nascimento do conceito de igualdade é inseparável do monoteísmo, pois é apenas a partir da concepção de que existe um único Deus sobre todos os seres humanos que povoam toda a terra que estes podem ser pensados como iguais. Ainda citando Guillebaud (2003, p. 135):

> No que diz respeito ao cristianismo dos primeiros séculos, é costume citar, evidentemente, a famosa epístola de Paulo aos Gálatas, que fundamenta, explicitamente, esta revolução da igualdade, tão perturbadora para os administradores romanos ou para os filósofos de Atenas: "não há mais nem homens nem mulheres, nem judeus nem gregos, nem homens livres nem escravos, vocês todos são um só em Jesus Cristo". A mesma proclamação é retomada por Paulo em

outras epístolas, em formulações ligeiramente diferentes. Por exemplo: "não há grego nem judeu, circuncidado ou incircuncidado, nem bárbaro, nem cita, nem escravo, nem livre e sim o Cristo, que é tudo, em todos" (Col. 3:11).

Esses ideais de liberdade e igualdade cristãos muitas vezes foram subestimados ou colocados sob suspeita pelos "valores" da filosofia grega, com grande prejuízo para o ser humano e para a fé cristã. Um exemplo desse confronto de valores entre o pensamento cristão e o grego encontra-se na controvérsia de Valladolid, entre Bartolomeu de Las Casas[2] e Juan Ginés de Sepúlveda[3], sobre a questão de saber se os nativos do Novo Mundo possuíam ou não uma alma. É com base em Aristóteles que Sepúlveda apresenta seu argumento citando o Livro I da *Política* (cap. 1, § 4, p.10, apud NASCIMENTO FILHO, 2004, p. 124), no qual se lê: "por ação da natureza e para manutenção das espécies" há "um ser que manda e um ser que obedece" e, portanto, "aquele que não tem senão a força física para executar deve, obrigatoriamente, obedecer e servir" de tal modo que "o interesse do amo é o mesmo do escravo". Sepúlveda declara (apud NASCIMENTO FILHO, 2004, p. 124):

> Em pendência como em habilidade, em virtude como em humanidade, esses bárbaros são tão inferiores aos espanhóis quanto as crianças aos adultos, e as mulheres aos homens: entre eles e os espanhóis há tanta diferença quanto entre gente feroz e gente de uma extrema clemência, entre seres

---

2 Bartolomeu de Las Casas, monge dominicano que viveu no século XVI na região onde se localizam atualmente o México, Santo Domingo e Guatemala. Defendia o respeito pelos indígenas do Novo Mundo, afirmando que deveriam ser preservadas suas culturas e seus valores.

3 Filósofo espanhol, contemporâneo de Las Casas, Sepúlveda negava aos indígenas o estatuto de seres humanos. Tradutor da *Política* de Aristóteles para o latim.

prodigiosamente intemperantes e seres temperantes e comedidos, e, ousaria dizer, tanta diferença quanto entre os macacos e os homens.

O pensamento aristotélico subsidia não apenas a desigualdade entre os indígenas e os "civilizados" europeus, mas também outras manifestações de preconceitos e discriminações que têm sido perpetuadas na cultura ocidental como as questões de gênero, claramente mencionadas no texto do filósofo também apresentado como "humanista" espanhol.

No momento em que as universidades são chamadas a oferecer sua contribuição para os problemas mundiais, entre os quais se destacam a desigualdade, a banalização da injustiça, a fome, a violência, a degeneração das relações humanas, a perda da esperança em um futuro possível para o planeta, as universidades confessionais cristãs não podem limitar-se a formar técnicos conscientes de suas responsabilidades quanto ao futuro de nossa casa comum. Essa consciência, conquanto seja muito importante, não será suficiente se não houver valores norteadores das decisões que eles serão obrigados a tomar, inúmeras vezes, ao longo de sua prática como profissionais, como cidadãos e como membros de uma família e de uma comunidade.

A VALORIZAÇÃO DA PESSOA NO PROCESSO EDUCATIVO

A formação da pessoa, como tal, é insubstituível. Embora as universidades não tenham condição de oferecer um tipo de educação que considere as necessidades individuais, em decorrência do sempre elevado número de estudantes e limitados espaços nem sempre adequados, ainda assim são pessoas que ali estão e não uma massa amorfa. São pessoas que precisam ser pelo menos pensadas como tais.

Talvez esta seja a primeira grande consideração a ser feita como distintivo das instituições confessionais cristãs. Não há educação cristã sem a consideração da *pessoa* como ser único, como expressão singular da imagem de Deus. O ser humano é um ser relacional e constituído na pluralidade, pois somos "todos os mesmos, isto é, humanos". Entretanto, ninguém é "exatamente igual a qualquer pessoa que tenha existido, exista ou venha a existir" (ARENDT, 2003, p. 16).

Não é a multidão de alunos que são as criaturas de Deus. Cada um é, de uma forma diferenciada, uma expressão do Deus Criador. Se assim for, as formas de relação e regulação deverão ser tais que as diferenças hierárquicas, de sexo, cor, religião, bem como preferências políticas e teológicas sejam minimizadas, o que não impede que sejam problematizadas e refletidas no cotidiano da instituição.

A personalidade do educando pode e deve ser respeitada e tratada, no sentido de que o ensino possa ter uma dimensão terapêutica, posto que o estudante universitário traz marcas e feridas de uma educação que nem sempre é a mais adequada no que diz respeito ao desenvolvimento das características distintivas e da sua singularidade. Muitos chegam desencantados com suas próprias biografias, acreditando que um curso superior mudará o rumo de sua história. A universidade precisa considerar a singularidade de cada um dos milhares que são aprovados em seus processos seletivos e, a partir daí, tornam-se parte de uma comunidade. A universidade precisa considerar – no seu projeto político pedagógico e, conseqüentemente, nos projetos pedagógicos de seus diferentes cursos – a questão da formação da personalidade moral.

Num contexto de universidade confessional, se o valor fundamental for a *pessoa*, haverá que ser considerada a personalidade, ou seja, a característica singular de cada ser. *Ser pessoa* é mais do que *ser indivíduo*. Quando considerado à luz da confessionalidade cristã, a singularidade do ser humano deve ser entendida como transcendente à sua condição de indivíduo determinado pela matéria e pelos dados do seu código genético ou mesmo do seu ambiente. A singularidade, o ser p*essoa*, representa "algo de substancialmente valioso e sublime ao que se juntam, a seguir, os acidentes de número, tempo e espaço" (cf. BOHEMER; GILSON, 1988, p. 430). Mas a personalidade e a singularidade de cada pessoa não são mero resultado desses acidentes. Assim, a prática educativa que se afirma interessada em educar a pessoa toda, numa perspectiva holística, ou seja, de educação integral, deveria ser uma educação que leva em conta a situação de cada pessoa, pois não se educa no atacado, visto que não existem pessoas iguais.

A EDUCAÇÃO DA PESSOA NA UNIVERSIDADE PRESBITERIANA MACKENZIE

No caso da Universidade Presbiteriana Mackenzie, apesar de divergências de metas e objetivos já presentes entre os fundadores, é perceptível, desde o princípio, a intenção de contribuir para a formação integral do estudante e assim contribuir para a formação da sociedade.

A citação de João Amós Comênio e Pestalozzi, em textos que contam a história da instituição, bem como em seu Projeto Pedagógico Institucional, permite identificar, também na escolha dos referenciais pedagógicos, a visão de uma educação que considera a formação moral e espiritual tão importante quanto a formação intelectual.

A análise dos documentos que regem a vida da instituição no presente momento (2007/2008) e inúmeras ações institucionais evidenciam que continua sendo prioridade institucional a formação de pessoas, e não apenas de profissionais bem preparados para o mercado de trabalho.

Mas é impossível não reconhecer que o objetivo, inclusive estatutário, de oferecer educação integral num ambiente de fé cristã reformada está ainda em fase de viabilização. Muito tem sido feito em busca desse alvo, mas há ainda bastante a se realizar e isso requer ainda muita reflexão para que os frutos sejam permanentes. É necessário definir com maior clareza o que poderia ser, no início do século XXI, um ambiente universitário com características de ambiente de fé cristã reformada.

Josep Maria Puig (1998), ao descrever os elementos componentes de um meio de experiência moral, não se detém na questão dos valores propriamente ditos, pois entende que cada meio privilegia alguns valores em detrimento de outros. Puig limita-se a descrever os guias de valor, como as pautas normativas, os acordos etc.

No caso do Mackenzie, os guias de valor (como os estatutos, o Plano Pedagógico Institucional, as Cartas de Princípios, as celebrações etc.) apontam para os valores como a liberdade, a justiça, a solidariedade, a responsabilidade pessoal, entre outros. Não é possível dizer, entretanto, que esses valores têm recebido a devida ênfase para que sejam identificados pela maioria da comunidade acadêmica como definidores da identidade institucional.

Ao contrário, grande parte dos estudantes e mesmo alguns educadores manifestam certo ressentimento por terem que ouvir sobre a superioridade da cultura cristã, sem que os valores dessa cultura sejam apresentados de forma convincente ou possam ser percebidos na prática. Talvez uma defesa do cristianismo esteja sendo priorizada em detrimento do desafio à vivência dos valores e princípios cristãos.

Na Universidade Presbiteriana Mackenzie, parece clara a necessidade de definição e estabelecimento de prioridades em relação aos princípios que a instituição deseja que marquem sua presença no mundo e que se tornem referenciais para a problematização dos conflitos sociomorais de nossa época.

João Amós Comênio (1996) sugere que, para o bom funcionamento das escolas, devem ser elaboradas poucas regras, mas estas devem ser claríssimas, pois instruir bem a juventude não consiste em rechear os espíritos com um amontoado de palavras, de frases, de sentenças e de opiniões tiradas de vários autores, mas em utilizar princípios que sejam capazes de abrir-lhes a inteligência à compreensão das coisas. Os princípios são como sementes: contêm, em si mesmos, todo o potencial de desenvolver formas de comportamentos compatíveis com as diferentes situações da vida. Nas palavras de Comênio (1996, p. 256), a partir da clara compreensão das coisas, os princípios podem ser generalizados "de modo que dela brotem arroios como de uma fonte de água viva e, como dos olhos das árvores, brotem os rebentos, as folhas, as flores e os frutos".

A educação da personalidade deve ser entendida dessa forma, como um projeto de semeadura, de jardinagem e cultivo de longo prazo. Para tanto, os princípios e valores devem ser bem escolhidos e bem trabalhados, assim como devem ser escolhidas as boas sementes para que seja possível uma boa colheita.

A escolha dos princípios (ou das sementes) deve ser acompanhada pela clara elucidação destes. Deve-se começar por definições claras e seguras dos enunciados, fazendo acompanhar essas definições de exemplos objetivos de suas possibilidades de aplicação. Ao longo do tempo de permanência na universidade, os estudantes devem ver, continuamente, esses princípios sendo colocados em prática, nas mais diferentes oportunidades: nas solenidades, nas atividades obrigatórias e opcionais, nos trabalhos voluntários, na vida das pessoas e em todas as formas de relacionamentos.

EM BUSCA DE REFERENCIAIS BÍBLICO-TEOLÓGICOS PARA A CONSTRUÇÃO DE UM MEIO DE EXPERIÊNCIA MORAL CRISTÃO

Juan Luis Segundo (1997, p. 258) identifica nos relatos dos Evangelhos uma concepção antropológica transformadora; embora reconheça que a centralidade atribuída nos Evangelhos aos milagres e ao último período da vida de Jesus, incluindo morte e ressurreição, parece deixar em plano secundário os ensinos mais especificamente relacionados com a concepção de ser humano e de sua função social. Tal concepção aponta para um ser humano que pode ser crítico e criativo, não sendo dirigido pelas amarras da lei exterior, mas utilizando sua capacidade de julgamento moral, com base nos princípios e valores do Reino de Deus. Também é possível identificar na antropologia dos Evangelhos uma concepção do ser humano como inacabado e indeterminado, pois, conforme relatam os evangelistas, muitas pessoas foram educadas por Jesus na vida adulta. Muitas pessoas, incluindo os apóstolos, foram transformadas em "novas criaturas" a partir de encontros com Jesus: Nicodemus, Zaqueu, Levi, Pedro, a mulher samaritana e os seus concidadãos, entre muitos outros. Todos estes tiveram seus "guias de valor" totalmente alterados a partir do encontro transformador e passaram a "ler" a realidade com base nos novos referenciais, de novos significados.

A educação cristã parte do princípio do inacabamento. O adulto não está pronto. É possível voltar a ser criança. É possível "nascer de novo" para entrar no Reino de Deus. É possível dizer que a educação cristã, no seu início, era basicamente uma educação de adultos. Os adultos alcançados pela nova mensagem, as boas notícias do Evangelho, tiveram oportunidade de desenvolver novas ferramentas da consciência moral, novos guias de valor, novo conhecimento de si mesmos e dos outros, novos referenciais e novos esquemas de julgamento (quem não tem pecado atire a primeira pedra). Aprenderam também a problematizar os conflitos morais e não apenas submeter-se às regras e normas e demais pautas normativas sem criticidade: a lei foi feita por causa do homem e não o homem por causa da lei; "ouvistes o que foi dito [...], eu, porém, vos digo" (Mateus, 5.21, 5.22).

A concepção antropológica presente nos Evangelhos, conforme apontada por Juan Luis Segundo (1997, p. 248), apresenta um grandioso potencial para a reflexão ética. Nela o ser humano é percebido como responsável pela construção do *dever ser*. Nas palavras de Segundo (1997, p. 248), a concepção ética do Evangelho requer a consideração de que "o homem é também mais homem e mais prudente quanto mais perfeitamente sabe o que deve fazer em cada circunstância". Não se trata aqui de uma religiosidade que mantenha o homem cativo de um sacerdote que o dirija e oriente em suas decisões. Cabe ao ser humano aprender como tomar decisões justas e como desejar acertar sempre ou, na linguagem de Puig (1998), descobrir uma forma de vida pessoalmente desejável e socialmente justa.

De acordo com a exegese de Segundo (1997, p. 248), na visão de Mateus, a ética de Jesus é uma ética de atitudes e não de preceitos. Nela,

> [...] o essencial da lei moral cristã não consiste em tal ou qual preceito, mas em levar o direito, a compaixão e a lealdade a toda atuação do homem pelo próprio valor dessas atitudes pelas quais se conhece Javé.

E mais,

> [...] quem tenha estas três atitudes como norma interna e própria de conduta, está – sem necessidade de preceitos – em sintonia com toda a Escritura, a Lei e os Profetas! (SEGUNDO, 1997, p. 248).

A síntese da ética cristã é também apresentada como sendo amor a Deus, de todo o coração, alma e entendimento e amor ao próximo como a si mesmo. Juan Luis Segundo (1997) lembra que não se trata aqui de "amar a Deus com todo o sentimento", mas de colocar todos os critérios de julgamento e ação em sintonia com os valores e projetos do Reino de Deus. A ética cristã somente será realista na sua relação com Deus se for criadora de amor na sua relação com o próximo.

Jesus, o educador, foi um referencial para os seus discípulos, assim como Paulo, que pôde dizer: "Sede meus imitadores, como eu sou de Cristo". Diferentemente de muitos educadores que dizem: "Façam o que eu digo, mas não o que eu faço".

A prática educativa de Jesus partia da preocupação com a pessoa toda. Jesus acolhia, confortava, mas também confrontava e exigia posicionamentos radicais e definitivos. A construção da personalidade moral dos seus ouvintes deveria ser um processo constante. Eles deveriam dar frutos e fazer diferença em seus meios de vida: ser sal da terra e luz do mundo.

Considerando a prática educativa de Jesus como um meio de construção da personalidade moral, é possível analisar os elementos que este meio apresenta.

Ely Eser Barreto César (1991, p. 39), partindo também da exegese do livro de Mateus, procura investigar princípios da prática pedagógica de Jesus, aplicáveis à educação que "se pretende cristã". Em primeiro lugar, ele afirma que o projeto de Jesus se aplica à totalidade da vida e a seus recursos, não podendo ser reduzida ao aspecto espiritual. Não se trata de considerar inferior o aspecto espiritual. Entretanto, quando essa espiritualidade não afeta a vida toda, de fato ela é menos do que a espiritualidade defendida, vivenciada e proclamada por Jesus. Para César (1991, p. 39), "está claro que toda a prática histórica do nazareno é espiritualidade pura", e essa espiritualidade envolve o material, o conflituoso e revela "uma nova dimensão de se viver concretamente na sociedade dos homens e mulheres". Essa dimensão é a da misericórdia, a expressão histórica do amor de Deus. Para César (1991, p. 39), a misericórdia não é o ponto de partida da ética cristã, é o próprio resultado da ética cristã.

Metas e objetivos da prática pedagógica de Jesus

É possível falar em um projeto ético de Jesus de Nazaré. Ao abordar a moral cristã ou a ética cristã, é possível identificar, como um dos objetivos da prática de Jesus, a construção da personalidade moral de seus discípulos, com vistas à construção do Reino de Deus neste mundo.

Juan Luis Segundo (1997), ao analisar as antíteses do sermão do monte e a parábola das casas edificadas sobre a areia ou sobre a rocha (Mateus, 7:24-27), afirma que a construção à qual Cristo se refere não é outra senão a da "casa existencial", é da própria existência que o texto trata. Aquele que ouve as boas notícias do Reino e as pratica, constrói, em bases sólidas, sua própria história – ou, nas palavras de Puig (1998), sua própria "biografia" – e os embates da vida não serão suficientes para derrubá-la. A interpretação desse texto como sendo a construção da personalidade moral não exclui o aspecto espiritual da mensagem ou de toda a ação que é requerida dos ouvintes. Também não relega o aspecto espiritual a um plano inferior, pois, conforme apresentado por Mateus, o ensino de Jesus simplesmente não deixa margem para que se pense em uma prática que seja apenas moral ou apenas espiritual. Entretanto, o aspecto moral deve ser reforçado, pois é na relação com o outro que essa mensagem ouvida será praticada ou negligenciada.

Os comentaristas bíblicos corroboram a dimensão de construção da personalidade moral, identificando os construtores como homens e mulheres diante da tarefa inevitável de construir sua forma de viver neste mundo ou de construir sua própria existência.

Hendriksen (2001, p. 556, grifo do autor) concorda que "ambos os homens mencionados nessa parábola são *construtores*, pois viver significa edificar. [...] Contudo, nem todos os construtores são iguais. Alguns são sábios, outros são insensatos". A missão de Jesus, entretanto, era trazer a possibilidade de vida plena de significado, livre das arbitrariedades dos legistas que não praticavam aquilo que exigiam do povo (Mateus 23:13-35). Conforme esse exegeta, a construção da própria identidade, de forma íntegra, sem dicotomias entre espiritual, ritual e moral proporciona uma vida plena de significado que não seria possível debaixo de uma lei cerimonial desvinculada da prática moral.

Conforme relata o evangelista Mateus, Jesus tinha objetivos muito claros para sua missão. Ele tinha compromissos radicais com a transformação do mundo a partir da transformação das pessoas, pois pessoas são mais importantes do que recursos. Pessoas devem ser os alvos da utilização de todos os recursos.

Na sua declaração de visão e missão, conforme registrada pelos evangelistas, Jesus afirma: "Eu vim para que tenham vida, e a tenham em abundância" (João 10:10); "O filho do homem não veio para ser servido, mas para servir" (Mateus 20:28); "Eu não vim chamar justos, e sim pecadores ao arrependimento" (Mateus 9:12).

Seus objetivos se explicitavam em sua prática educativa: ele chamava (e chama) pessoas para fazer diferença no mundo: Vocês são o sal da terra e a luz do mundo. O mundo será diferente porque vocês existem e agem, por isso, manifestem no espaço público aquilo que vocês dizem crer.

Possibilidades de comportamento na prática educativa de Jesus

Reuniões à beira-mar, passeios de barco, banquetes, funerais, encontros com leprosos, cegos, coxos, publicanos e meretrizes;

endemoninhados, sacerdotes, escribas e fariseus. Vale qualquer atividade, desde que seja com gente, desde que seja com o objetivo de servir, ensinar, curar, advertir, exortar e proclamar os valores que justificam sua missão. O importante é o encontro. O Reino de Deus, com sua justiça e misericórdia, deve ser buscado acima e antes de qualquer coisa.

Enquanto os religiosos mantinham uma extensa lista do que podia e do que não podia ser feito, as atividades de Jesus com seus discípulos não se restringiam a uma rotina ou a uma seqüência rígida do que é permitido ou não. As viagens são constantes, porque o campo é grande e poucos os trabalhadores. Mas também é necessário encontrar tempo para repouso e reciclagem. A comunhão com o Pai é uma prática a ser desenvolvida na intimidade, e é necessário separar tempo para essa atividade.

Formas de relação e regulação na prática pedagógica de Jesus

Algumas das formas de Jesus se relacionar com seus discípulos podem ser percebidas na relação comum entre mestre e discípulos: eles o seguem, ouvem, questionam. Aprendem vivendo e vivem aprendendo.

A relação existente entre eles, entretanto, deve ter outro parâmetro: o da família, que tem um Pai comum, que está no céu e que supre as necessidades diárias de seus filhos e filhas. Esse Pai deseja e aprecia o relacionamento diário com seus filhos. Os irmãos devem, juntamente, buscar comunhão uns com os outros e todos com o Pai. Essa comunhão com o Pai não deve ser algo externo, com interesse de manter aparências.

Os discípulos constituem uma família sempre aberta àqueles que compreenderem a mensagem e a aceitarem. A obra que está para ser realizada não pode ser feita apenas por esse pequeno grupo. É necessário abertura para que outros venham colaborar, pois a seara é grande e os poucos trabalhadores precisam de ajuda.

Deve-se buscar ao Pai também em secreto. Há possibilidade de relacionamento íntimo e pessoal com Deus, sem a interferência do sacerdote. Esse tempo de oração, reflexão e meditação solitária, segundo as categorias de Puig (1998), seriam as "tecnologias do eu", os recursos que cada um pode utilizar para crescer no conhecimento de si mesmo e dos demais, com vistas ao desenvolvimento de sua personalidade moral.

Além das atividades, operações e ações, as normas, os papéis e as inter-relações sociais também estavam conectadas às metas, neste primeiro meio de experiência moral cristão. Se Jesus veio para buscar e salvar o que estava perdido, se não veio buscar justos e sim pecadores, era natural que andasse no meio daqueles com quem ninguém gostaria de se relacionar. Foi do meio dos rejeitados que ele chamou seus estudantes. Um deles havia pertencido ao grupo dos zelotes – radicais decididos a derrubar o Império Romano; outro havia sido coletor de impostos, considerado praticamente como um traidor do povo judeu. Provavelmente quatro deles tinham sido amigos e companheiros de profissão, antes de conhecerem a Jesus. A maioria deles era da Galiléia, região que continuou sendo a base de suas atividades (cf. MACARTHUR, 2004, p. 12).

Mesmo sendo todos eles de origem humilde, alguns tinham aspirações de grandeza. Ao desejo de destaque e distinção, expressos como desejo de assentar-se em lugares privilegiados ao lado do Rei, são novamente enfatizadas as normas que regulam a vida do Reino: o serviço é o critério de valor; quem desejar ser o maior, sirva aos demais. As principais formas de regulação da vida e das atividades do grupo deveriam ser o amor e a determinação de servir.

Guias de valor na prática educacional de Jesus

Foi dito que os guias de valor podem ser as idéias morais, as pautas normativas, as tecnologias do eu, os modelos e as instituições sociais.

Puig (1998), entretanto, não trata sobre quais valores estarão presentes nesses "guias de valor". Certamente ele considera que cada um dos meios de experiência moral, com seus guias de valor, possui também valores próprios, embora muitos deles sejam considerados universais. No caso em questão, procurar-se-á identificar os valores à medida que são abordados os guias de valor.

De um modo geral, conforme a perspectiva de Mateus, neste meio considerado, o Mestre levou seus estudantes a questionarem os guias de valor aceitos pela maioria da população de seu tempo. Idéias morais que puniam a adúltera e inocentavam o adúltero foram confrontadas com a idéia de que todos são pecadores e que, portanto, não cabia a nenhum dos acusadores exercitar a justiça a não ser que começassem por si mesmos.

As pautas normativas, definidas por Puig como construções simbólicas que a coletividade utiliza para organizar a conduta, podem ser aqui identificadas como as Escrituras judaicas e a tradição oral dos judeus. Também em relação a estas, Jesus conduz seus estudantes à reflexão e confronta com um "novo mandamento", nova pauta normativa, que pode ser representada pelas bem-aventuranças e antíteses apresentadas em Mateus, além de outros ensinos ao longo do texto.

Também faz parte das radicalizações das pautas normativas da época a contestação das instituições de exploração, como a escravidão por dívida. O perdão é uma instituição nova para os discípulos acostumados com o "olho por olho, dente por dente". O perdão é uma possibilidade concreta de recuperação da dignidade perdida (CÉSAR, 1991, p. 51).

Instituições como o sábado e a segregação dos leprosos foram postas em questão diante das necessidades humanas. Para Jesus, o valor maior é o ser humano. As necessidades concretas das pessoas concretas devem se tornar guias de valor e orientadoras das ações morais.

Puig (1998) menciona os modelos como guias de valor. Jesus também utilizou modelos positivos e negativos. Citou profetas e cidades, meretrizes e pecadores como referenciais dos valores que pretendia destacar.

Acima de tudo, entretanto, ele era o principal modelo para seus seguidores. Sua prática deveria ser observada e seguida. Clemente de Alexandria, o primeiro autor a escrever um tratado sistemático da educação cristã, apresenta Jesus como um mestre diferente dos mestres gregos, pois, enquanto estes procuravam desenvolver as capacidades próprias de cada aluno, Jesus é apresentado como o modelo em quem o aluno pode encontrar o exemplo, o preceito, a exortação, a correção e o amor. Clemente destaca o caráter prático da pedagogia de Jesus ao enfatizar que o ensino do Mestre visa a uma organização da vida que propicie um estado de espírito satisfatório e belo, no qual "são como que consagrados o andar e o descansar, o alimento e o sono, a comunhão de amor e a obra da vida" (LUZURIAGA, 1983, p.74).

Ainda em relação às pautas normativas como guias de valor, Puig (1998) distingue entre os "costumes sociais", as "normas e regras" e as "leis e acordos". Na prática de Jesus, conforme aponta Segundo (1997, p. 250), existe uma tendência a "reduzir preceitos e substituí-los por atitudes morais, que aumentam em profundidade à medida que são reduzidas em número", e não existe, de fato, uma lei, pois o amor não pode ser considerado uma lei no sentido de norma exterior, que obriga ao comportamento conforme sua determinação. O amor não pode ser considerado como lei que deve ser acatada apenas porque já foi determinado o que é lícito ou ilícito fazer. Pelo contrário,

> Trata-se de gerar, com determinadas atitudes, projetos que estejam de acordo com o mais interior do próprio homem (Rm. 7.22) e, a partir daí, inventar caminhos para o amor, numa criação imperfeita e cheia de acontecimentos e situações que é preciso mudar sem cessar, fazendo também mudar um amor que queira ser honesto e realista (I Cor. 10:27-29), de acordo com a incessante sucessão de diferentes casos (SEGUNDO, 1997, p. 264).

A prática educativa de Jesus não desconsiderava os guias de valor de sua época, principalmente as leis judaicas. Contudo, ele os problematiza e procura ampliar a compreensão dos conteúdos, radicalizando alguns, mostrando que "a finalidade e o próprio sentido da lei é a humanização do ser humano" (SEGUNDO, 1997, p. 246). Mais do que os guias de valor, o que fica em evidência são os próprios valores: justiça, compaixão (ou graça) e lealdade.

Ao definir esses conceitos, Segundo relaciona a justiça ao direito que todo ser humano tem ao respeito jurídico. A compaixão e a lealdade são características atribuídas no Antigo Testamento apenas a Deus e com o anúncio do Reino passam a ser requeridas dos cidadãos desse Reino, como expressões da presença do próprio Deus na vida do seu povo. Justiça, compaixão e lealdade são, portanto, os valores que devem nortear esse meio de experiência moral que é a construção histórica do Reino de Deus e não apenas a relação daquele grupo de discípulos com seu mestre. Os valores desse Reino devem nortear as decisões ante a realidade concreta. De acordo com Segundo, ainda que esses valores sejam a expressão da vontade de Deus, as decisões fundamentadas neles não podem ser consideradas heterônomas, pois não terão valor algum se forem cumpridas de forma meramente ritual, sem compreensão interna pessoal e sem comprometimento individual com elas.

Da mesma sorte, por essas atitudes de autonomia, o ser humano não fica condenado a reagir às circunstâncias, mas vai em busca de oportunidade de agir criativamente em relação às necessidades do mundo que o cerca.

Dispositivos físicos e organizativos na prática educativa de Jesus

Dispositivos físicos eram muitos e, ao mesmo tempo, não existiam. Não havia uma sala para as conferências, da forma como existia entre os mestres gregos. Também não foram criadas comunidades específicas como as citadas por Filon, de Alexandria (LE LOUP, 1996), para as quais se mudariam aqueles e aquelas que desejassem viver conforme as normas e os objetivos do Reino. O lugar era o lugar onde as pessoas estavam. Os estudantes deveriam estar juntos com seu mestre e atender às necessidades das pessoas. Em algumas ocasiões, eles também tinham tempo e espaço para suprir suas necessidades de descanso e reciclagem.

Parece não haver rotina rigorosamente estabelecida. Mas existem dispositivos organizativos, ou seja, atividades planejadas cuidadosamente, nas quais se fazem presentes os guias de valor e as formas de relação e regulação que devem nortear a prática a ser executada com a finalidade de atingir as metas propostas.

Tendo sempre em vista que não foi para os sãos que ele veio, também não é para estes que os seus estudantes são enviados. Eles devem ir aos doentes, aos endemoninhados, aos desgarrados. Eles devem curar, ensinar e ressuscitar mortos. Eles não devem se prover de alimentos, roupas e utensílios necessários para manter-se sozinhos em viagem por muito tempo. Devem trabalhar enquanto viajam. Em cada cidade por que passarem, devem apresentar ali seu programa do ensino; vivenciar intensamente com os da cidade, os valores do Reino: compaixão, amor e lealdade.

CONSIDERAÇÕES FINAIS

A busca de sentido tem sido apontada por muitos educadores como uma necessidade na educação. Reencantar a educação já não é expressão nova. Diante do mundo que confessa os valores do deus-mercado, existe o perigo de que uma educação confessional também se curve aos valores deste século.

A educação confessional cristã, que pretende desenvolver suas ações num ambiente de fé cristã reformada, precisa redefinir os valores que marquem fortemente esse ambiente. Tem que redefinir seus alvos e esclarecer os valores pelos quais deseja viver e educar.

A universidade confessional tem a possibilidade de contribuir para a formação moral do estudante de nível superior, visto que o ser humano não chega pronto à universidade e nem estará pronto ao sair dela. A universidade é uma oportunidade especial para que conceitos, princípios e valores que norteiam atitudes, decisões e relacionamentos sejam revistos, fortalecidos, transformados ou mesmo abandonados em favor de novos referenciais de vida.

Torna-se, por fim, necessário admitir que o ambiente de fé cristã reformada calvinista, do qual falam os documentos e os gestores da Universidade Presbiteriana Mackenzie, não está ainda sendo percebido como realidade pela maioria dos universitários que lá estudam e que de lá deveriam sair como profissionais e cidadãos aptos para enfrentar uma sociedade cada vez mais carente de valores e referenciais humanos. É importante atribuir a devida ênfase às palavras "ainda" e "maioria", pois uma parte dos estudantes tem percebido traços da identidade cristã da instituição e esforços têm sido realizados para ampliar a visibilidade desse diferencial.

A interrogação que se impõe diz respeito à qualidade da relação entre as expressões "meio de experiência moral", conforme proposto por Puig (1998), e "ambiente de fé cristã reformada calvinista", mencionada nos documentos oficiais da instituição. Tais documentos afirmam que o objetivo da instituição não é o proselitismo religioso. Portanto, mesmo tendo a intenção clara de explicitar os valores e a identidade da instituição, tal explicitação não visa à conversão de pessoas, pois não seria um objetivo legítimo para uma universidade. Visa, no entanto, oferecer uma educação integral, num ambiente de fé cristã reformada calvinista. Ora, se o objetivo não é próprio do plano religioso, mas ultrapassa o plano meramente intelectual e técnico, a contribuição para a construção da personalidade moral, utilizando como guia de valor a herança da tradição cristã reformada calvinista, pode constituir um objetivo coerente com os estatutos e com a própria identidade da instituição.

O conceito cristão calvinista de ser humano aponta para a possibilidade da formação do sujeito crítico e criativo, que não se deixa dirigir irrefletidamente pelas amarras da lei exterior, mas utiliza sua capacidade de julgamento moral, com base nos princípios e valores do Reino de Deus. Também é possível identificar no pensamento calvinista uma concepção do ser humano como inacabado e indeterminado, pois a própria ênfase na educação pressupõe a possibilidade de transformação. Mesmo o ser humano adulto pode ser educado e, portanto, influenciado pelos valores cristãos por não estar irremediavelmente pronto. Calvino (1985 apud STRECK, 1996, p. 12) descreve sua conversão ao cristianismo como uma "conversão à educabilidade". É pertinente, portanto, afirmar que a contribuição para a construção da personalidade moral é possível durante o período de formação universitária e que a Universidade Presbiteriana Mackenzie possui guias de valor, os quais, ao se tornarem referenciais na construção dos instrumentos ou ferramentas da consciência moral (o juízo moral, a compreensão e a auto-regulação, conforme descritos no Capítulo 3), possam também contribuir para a construção de um mundo em que a busca pelo conhecimento, tanto do outro quanto de si mesmo, associada à compreensão crítica e disposição para o diálogo, resulte numa maior competência para a solidariedade, tolerância e ações, simultaneamente, amorosas e transformadoras.

A Universidade Presbiteriana Mackenzie, como meio de experiência moral, possui metas, possibilidades de comportamento, formas de relação e regulação, guias de valor e dispositivos físicos e organizativos coerentes com a finalidade de contribuir para a construção da personalidade moral de seus estudantes e mesmo de funcionários e professores.

Um dos principais desafios que se afiguram ante a análise desses elementos é a definição clara dos valores que deverão ser "encarnados" pela instituição de tal forma que se tornem perceptíveis, assimiláveis e úteis para a construção de formas de vida pessoalmente desejáveis e socialmente justas e livres.

Para tanto, será necessário repensar os campos de problematização moral privilegiados no contexto acadêmico, não apenas no currículo da disciplina Ética e Cidadania, mas nos demais guias de valor e dispositivos organizativos da universidade. Há que se pensar também na pessoa do educador, além da pessoa do estudante, visto que, como modelo, o educador é também um dos guias de valor da instituição. Provavelmente será necessário procurar formas mais eficazes de contribuição para a formação dos educadores, visto que também estes não estão prontos ao assumir suas funções acadêmicas, sendo possível potencializar seu conhecimento e dinamizar suas habilidades, além de ajudá-los a refletir sobre os valores que norteiam suas vidas e práticas profissionais.

Além dos campos de problematização moral, há que se pesquisar quais as formas mais eficientes para que os problemas ou conflitos sociomorais se tornem úteis para a construção da personalidade moral dos estudantes. Os problemas certamente existem. É necessário considerá-los à luz dos valores que são considerados desejáveis referenciais para a sociedade humana que estamos ajudando a construir.

Num contexto cristão, o amor certamente deveria ser um desses valores. E a educação, se não for compreendida também como um ato de amor, perde muito do seu sentido e da sua eficácia. Num contexto de globalização característico do século XXI, parece pertinente ilustrar a necessidade de aliar o amor à educação, utilizando um provérbio chinês: "Onde não puderes amar, não te demores".

REFERÊNCIAS

ALLPORT, Gordon. *Personalidade*: padrões e desenvolvimento. São Paulo: EPU, 1973.

ALMEIDA, Danilo Di Manno de (Org.). *Corpo em ética*: perspectivas de uma educação cidadã. São Bernardo do Campo: Umesp, 2002.

ALVES, Rubens. *Su cadáver estaba lleno de mundo*. MEC–México Federación Universal de Movimentos Estudantiles Cristianos. Disponível em: <http://www.geocities.com/mec_mexico/112600_rubem.html>. Acesso em: 30 set. 2008.

ALVES, Vicente de Paulo. *A Universidade Católica de Brasília*: práticas de ensino nas disciplinas de formação humana nas universidades confessionais. 2003. Tese (Doutorado em Ciências da Religião) – Universidade Metodista de São Paulo, São Bernardo do Campo, 2003.

ALVIN, Gustavo. *Confessionalidade e autonomia universitária*. 2. ed. Piracicaba: Unimep, 1995.

ARANHA, Maria Lúcia de Arruda. *História da educação*. São Paulo: Moderna, 1989.

ARENDT, Hannah. *A condição humana*. Rio de Janeiro: Forense Universitária, 2003.

ASSOCIAÇÃO BRASILEIRA DE INSTITUIÇÕES EDUCACIONAIS EVANGÉLICAS [ABIEE]. *Revista Educação e Missão*, São Paulo, n. 1, p. 49, 2003.

AZEVEDO, Fernando de. Discurso. *O Mackenzie*, São Paulo, p. 3, 1960.

BARROS, Davi Ferreira. A responsabilidade diante dos valores da justiça, pluralismo e solidariedade. *Revista do Cogeime*, São Paulo, n. 19, dez. 2001.

BASTIDE, Roger. *Antropologia aplicada*. São Paulo: Perspectiva, 1971.

BERGER, Peter L. *Perspectivas sociológicas*: uma visão humanística. Petrópolis: Vozes, 1983.

BIAGGIO, Ângela. Uma comparação transcultural de estudantes universitários brasileiros e norte-americanos na medida de julgamento moral de Kohlberg. *Arquivos Brasileiros de Psicologia Aplicada*, São Paulo, v. 27, p. 71-81, 1973.

_____. Universalismo *versus* relativismo no julgamento moral. *Psicologia: Reflexão e Crítica*, Porto Alegre, v. 12, n. 1, 1999. Disponível em: <http://www.scielo.br/scielo.php?pid=S0102-79721999000100002&script=sci_arttext>.

BITTENCOURT FILHO, José. *Matriz religiosa brasileira*: religiosidade e mudança social. Petrópolis: Vozes; Koinonia, 2003.

BOAVENTURA, Elias. Evolução histórica do conceito de confessionalidade no metodismo. *Revista do Cogeime*, São Paulo, n. 18, jun. 2001.

BOBBIO, Norberto. *Elogio da serenidade e outros escritos morais*. São Paulo: Editora da Unesp, 2002.

BOEHMER, Philotheus; GILSON, Etienne. *História da filosofia cristã* – desde as origens até Nicolau de Cuza. Petrópolis: Vozes, 1988.

BORGES, Anízio Alves. Tradução do texto de apresentação do Malone College. *Boletim Dominical da Igreja Presbiteriana da Penha*, São Paulo, abr. 2006.

BORGES, Inez Augusto. *Educação e personalidade*: a dimensão sócio-histórica da educação cristã. São Paulo: Editora Mackenzie, 2002.

BRONFENBRENER, Ulric. *A ecologia do desenvolvimento humano*: experimentos naturais e planejados. Porto Alegre: Artes Médicas, 1996.

CABRAL, Álvaro; NICK, Eva. *Dicionário técnico de psicologia*. São Paulo: Cultrix, [s. d.], p. 270.

CALVINO, João. *Comentário sobre a epistola a los Hebreos*. Michigan: Subcomisión Literatura Cristiana de la Igreja Cristiana Reformada, 1977.

_____. *As Institutas ou tratado da religião cristã*. Tradução Waldir Carvalho Luz. São Paulo: Casa Editora Presbiteriana, 1985a. v. I.

_____. *As Institutas ou tratado da religião cristã*. Tradução Waldir Carvalho Luz. São Paulo: Casa Editora Presbiteriana, 1985b. v. II.

CARPINETTI. Luiz Carlos. *O aspecto polêmico da apologética de Jerônimo contra Rufino*. 2003. Tese (Doutorado em Letras Clássicas) – Universidade de São Paulo, São Paulo, 2003.

CARTA DE PRINCÍPIOS. *Ser confessional*. São Paulo: Chancelaria da Universidade Presbiteriana Mackenzie, 2005. Disponível em: <http://www.mackenzie.br/ano2005.htm?&L=0>.

CASTRO, Clóvis Pinto. *Por uma fé cidadã*: a dimensão pública da Igreja. São Bernardo do Campo: Umesp; São Paulo: Loyola, 2000.

CÉSAR, Ely Éser Barreto. *A prática pedagógica de Jesus*: fundamentos de uma filosofia educacional. Piracicaba: Agentes da Missão; Cogeime, 1991.

_____. A dimensão humana na pedagogia do século XXI: perspectivas bíblico-teológicas. *Revista do Cogeime*, São Paulo, n. 19, p. 9-24, dez. 2001.

COENEN, Lothare; COLIN, Brow. *Dicionário internacional de teologia do Novo Testamento*. São Paulo: Vida Nova, 1985. v. 1.

COMÊNIO, João Amós. *Didática magna*. Tradução de Joaquim Ferreira Gomes. 4. ed. Lisboa: Fundação Calouste Gulbenkian, 1996.

CORTELLA, Mário Sérgio; LA TAILLE, Yves de. *Nos labirintos da moral*. Campinas: Papirus, 2005.

CRAAB, Lawrence. *Princípios básicos de aconselhamento bíblico*. Brasília: Refúgio, 1984.

_____. *Aconselhamento bíblico efetivo*: um modelo para ajudar cristãos amorosos a tornarem-se conselheiros capazes. 2. ed. Brasília: Refúgio, 1985.

CUCHE, Denys. *A noção de cultura nas ciências sociais*. Bauru: Edusc, 1999.

CURTIS, S. J., BOUTWOOD, M. E. A. *A short history of educational ideas*. London: University Tutorial Press, 1954.

D'ANDRÉA, Flávio Fortes. *Desenvolvimento da personalidade*: enfoque psicodinâmico. Rio de Janeiro: Bertrand Brasil, 1996.

DEWEY, J. *Como pensamos*. São Paulo: Companhia Nacional, 1953.

DIGESTO PRESBITERIANO. 1888-1842. São Paulo. Editora Cultura Cristã, [s. d.].

_____. Resoluções do Supremo Concílio da Igreja Presbiteriana do Brasil e de sua Comissão Executiva 1951-1960. São Paulo: Editora Cultura Cristã, 1998a.

_____. Resoluções do Supremo Concílio da Igreja Presbiteriana do Brasil e de sua Comissão Executiva 1961-1970. São Paulo: Editora Cultura Cristã, 1998b.

_____. Resoluções do Supremo Concílio da Igreja Presbiteriana do Brasil e de sua Comissão Executiva 1971-1984. São Paulo: Editora Cultura Cristã, 1998c.

_____. Resoluções do Supremo Concílio da Igreja Presbiteriana do Brasil e de sua Comissão Executiva 1985-1992. São Paulo: Editora Cultura Cristã, 1998d.

_____. Resoluções do Supremo Concílio da Igreja Presbiteriana do Brasil e de sua Comissão Executiva 1993-1997. São Paulo: Editora Cultura Cristã, 1998e.

_____. Resoluções do Supremo Concílio da Igreja Presbiteriana do Brasil e de sua Comissão Executiva 1998-1999. São Paulo: Editora Cultura Cristã, 2000.

DOLTO, Françoise. *Seminário de psicanálise de crianças*. Rio de Janeiro: Zahar, 1982.

DOWNS, Perry G. *Ensino e crescimento*: introdução à educação cristã. São Paulo: Editora Cultura Cristã, 2001.

DREHER, Metin N. Anotações para uma história da educação protestante no Brasil. In: SIMPÓSIO INTERNACIONAL "PROCESSO CIVILIZADOR": CORPOREIDADE E RELIGIOSIDADE, 4., 2000, Piracicaba. *Anais...* Piracicaba: Unimep, 2000.

EAGLETON, Terry. *As ilusões do pós-modernismo.* Rio de Janeiro: Zahar, 1998.

ESTATUTO DO INSTITUTO PRESBITERIANO MACKENZIE. São Paulo: Instituto Presbiteriano Mackenzie, 2006.

FERGUSON, Duncan S. A ética da educação superior cristã numa era de globalização e pluralidade. In: ASSEMBLÉIA INTERNACIONAL DO IFACHE – FÓRUM INTERNACIONAL DAS ASSOCIAÇÕES CRISTÃS DE ENSINO SUPERIOR, 3., 2005, São Bernardo do Campo: Universidade Metodista de São Paulo, 2005.

FERREIRA, Wilson Castro. *Calvino:* vida, influência e teologia. Campinas: Luz para o Caminho, 1995.

FREIRE, Paulo. *Professora sim, tia não:* cartas a quem ousa ensinar. São Paulo: Olho D'água. 1993.

_____. *Pedagogia da autonomia*: saberes necessários à prática educativa. 31 ed. São Paulo: Paz e Terra, 1998.

_____. *Pedagogia da autonomia*: saberes necessários à prática educativa. São Paulo: Paz e Terra, 2002.

_____. *Educação como prática da liberdade.* 27. ed. Rio de Janeiro: Paz e Terra, 2003.

FREIRE, Paulo; HORTON, Myles. *O caminho se faz caminhando:* conversas sobre educação e mudança. Petrópolis: Vozes, 2003.

GAMMOM, Clara. *Assim brilha a luz.* São Paulo: Editora Cultura Cristã, 2003.

GARCEZ, Benedicto Novaes. *O Mackenzie.* 2. ed. São Paulo: Editora Mackenzie, 2004.

GASPARIN, João Luis. *Comênio:* a influência da modernidade na educação. Petrópolis: Vozes, 1997.

GILES, Thomas Ranson. *História da educação.* São Paulo: EPU, 1987.

GILLIGAN, Carol. *Uma voz diferente*. Rio de Janeiro: Rosa dos Tempos, 1982.

_____. *Teoria psicológica e pensamento da mulher*. Lisboa: Fundação Calouste Gulbenkian, 1997. (Tradução do original inglês *In a diferent voice*.)

GOMES, José Carlos Vitor. *Logoterapia*: a prática da psicoterapia existencial. Petrópolis: Vozes, 1988.

GONZALES, Justus. *Uma história do pensamento cristão*. São Paulo: Editora Cultura Cristã, 2004. v. 1 e 3.

GUILLEBAUD, Jean-Claude. *A reinvenção do mundo*: um adeus ao século XX. Rio de Janeiro: Bertrand Brasil, 2003.

HACK, Osvaldo Henrique. A missão do Mackenzie e sua identidade confessional. *Fides Reformata Semper Reformata Est*, São Paulo, v. VI, n. 1, 2001.

_____. *Mackenzie College e o ensino superior brasileiro*: uma proposta de universidade. São Paulo: Editora Mackenzie, 2002.

_____. *Raízes cristãs do Mackenzie e seu perfil confessional*. São Paulo: Editora Mackenzie, 2003.

HENDRIKSEN, William. *Comentário do Novo Testamento*: Colossenses e Filemom. São Paulo: Casa Editora Presbiteriana, 1993.

_____. *Comentário de romanos*. São Paulo: Editora Cultura Cristã, 2001.

IFACHE [FÓRUM INTERNACIONAL DAS ASSOCIAÇÕES CRISTÃS DE ENSINO SUPERIOR], 3., 2005, São Bernardo do Campo: Universidade Metodista de São Paulo, 2005.

INCONTRI, Dora. *Pestalozzi*: educação e ética. São Paulo: Scipione, 1996.

_____. Prefácio. In: CORVELO, Sérgio Carlos. *Comênio*: a construção da pedagogia. São Paulo: Comênius, 1999.

JUNG, Karl Gustav. *Obras completas*. Petrópolis: Vozes, 1982.

_____. *Tipos psicológicos*. Petrópolis: Vozes, 1991a.

_____. *O homem e seus símbolos*. Rio de Janeiro: Nova Fronteira, 1991b.

KNELLER, George F. *Arte e ciência da criatividade*. São Paulo: Ibrasa, 1973.

KOHLBERG, L. *Psychology of moral development*. San Francisco: Harper and Row, 1984. v. 2.

KUYPER, Abraham. *Calvinismo*. São Paulo: Editora Cultura Cristã, 2002.

LA TAILLE, Yves de. Desenvolvimento do juízo moral e afetividade na teoria de Jean Piaget. In: LA TAILLE, Yves de; OLIVEIRA, Marta Kohl; DANTAS, Heloysa. *Piaget, Vygotsky e Wallon. Teorias psicogenéticas em discussão*. São Paulo: Summus, 1992.

_____. Prefácio. In: PUIG, Josep Maria. *A construção da personalidade moral*. São Paulo: Ática, 1998.

_____. A questão da indisciplina: ética, virtudes e educação. In: DEMO, Pedro; LA TAILLE, Yves de; HOFFMANN, Jussara. *Grandes pensadores em educação*: o desafio da aprendizagem, da formação moral e da avaliação. Porto Alegre: Mediação, 2001.

_____. O sentimento de vergonha e suas relações com a moralidade. *Psicologia: Reflexão e Crítica*, Porto Alegre, v. 15, n. 1, p. 13-25, 2002.

LE LOUP, Jean Yves. *Filon e os terapeutas de Alexandria*. Petrópolis: Vozes, 1996.

LEITE, Rogério César de Cerqueira. *As sete pragas da universidade brasileira*. São Paulo: Duas Cidades, 1978.

LÉONARD, Émile G. *O protestantismo brasileiro*: estudo de eclesiologia e história social. São Paulo: Aste, 2002.

LIMA, Margarida Pedroso de. *Textos. Psicologia da personalidade*. Programa do Curso de Psicologia da Personalidade. Coimbra: Universidade de Coimbra, 2002. Disponível em: <https://woc.uc.pt/fpce/getFile.do?tipo=2&id=2114>.

LONGUINI NETO, Luiz. *O novo rosto da missão*. Viçosa: Ultimato, 2002.

LOPES, Edson Pereira. *O conceito de pedagogia e teologia na* Didática magna *de Comênio*. São Paulo: Editora Mackenzie, 2003a.

LOPES, Sérgio Marcus Pinto. Mensagem de Richard Shaull. 2003b. Disponível em: <http://www.iep.edu.br/pastoral/mensagem_derichardshaull.doc>. Acesso em: 30 set. 2008.

LUZURIAGA, Lorenzo. *História da educação e da pedagogia*. São Paulo: Nacional, 1983.

MACARTHUR. *Doze homens comuns*: a experiência das primeiras pessoas chamadas por Cristo para o discipulado. São Paulo: Editora Cultura Cristã, 2004.

MADUREIRA DIAS, António. Personalidade e coronariopatia. *Millenium*, Viseu, n. 30, out. 2004. Disponível em: <http://www.ipv.pt/millenium/Millenium30/default.htm>.

MAGMUSSON, David; TORESTAD, Bertil. A holistic view of personality: a model revisited. *Annual Review of Psychology*, Palo Alto, v. 44, 1993.

MALONE COLLEGE FACULTY DEVELOPMENT RETREAT. The history and the heritage of the Evangelical Friend Church. *Eastern Region*, Aug. 2001.

MANACORDA, Mário Alighiero. *História da educação da Antigüidade aos nossos dias*. São Paulo: Cortez; Autores Associados, 1989.

MÁSPOLI, Antonio. *Religião, educação e progresso*. São Paulo: Editora Mackenzie, 2000.

MCGRATH, Alister. *A vida de João Calvino*. São Paulo: Editora Cultura Cristã, 2004.

MEAD, George Herbert. *Mind, self, and society*. Chicago: University of Chicago Press, 1934.

MENDES, Marcel. *Mackenzie no espelho*. São Paulo: Editora Mackenzie, 2000.

_____. *Mackenzie em movimento*: conjunturas decisivas na história de uma instituição educacional (1957-1973). 2005. Tese (Doutorado) – Universidade de São Paulo, São Paulo, 2005.

MENDES PINTO, Paulo. *A religião na escola*: um desafio para a democracia e para a cidadania. Lisboa, 2002. Disponível em: <http://www.triplov.com/paulo/religiao_na_escola/index.html>.

MENDONÇA, Antonio Gouvêa. *O celeste porvir*. São Paulo: Aste, 1995.

MENDONÇA, Antonio Gouvêa; VELASQUES FILHO, Prócoro. *Introdução ao protestantismo*. São Paulo: Loyola, 1990.

METTE, Norbert. *Pedagogia da religião*. Petrópolis: Vozes, 1999.

MILTON, John. "Of education", in tractate on education. The Harvard Classics, 1909-1914. Disponível em: <http://www.bartleby.com/3/4/1.htm>. Acesso em: 2006.

MOTA, Jorge César. À procura das origens do Mackenzie. *Cadernos de Pós-Graduação*. Programa de Educação, Arte e História da Cultura, São Paulo: Universidade Presbiteriana Mackenzie, v. II, n. 2, maio 1999.

MURPHY-O'CONNOR, Jerome. *Antropologia pastoral de Paulo*: tornar-se humano juntos. São Paulo: Paulus, 1994.

MUSSEN, Henry Paul et al. *Desenvolvimento e personalidade da criança*. São Paulo: Harbra, 1990.

NASCIMENTO, Amós. Reflexões preliminares sobre educação e confessionalidade. *Revista Educação e Missão*, São Paulo, n. 1, 2003.

NASCIMENTO FILHO, Antonio José. *Bartolomeu de Las Casas*: uma questão de alteridade com os povos do novo mundo. 2004. Dissertação (Mestrado em Educação, Arte e História da Cultura) – Universidade Presbiteriana Mackenzie, São Paulo, 2004.

PAIXÃO JÚNIOR, Valdir Gonzáles. *A era do trovão*: poder e repressão na Igreja Presbiteriana do Brasil no período da ditadura militar (1966-1978). 2000. Dissertação (Mestrado em Ciências da Religião) – Universidade Metodista de São Paulo, São Paulo, 2000.

PALMER, Parker J. *Conhecer como somos conhecidos*: a educação como jornada espiritual. Piracicaba: Unimep, 1999.

PEARCY, Nancy R.; THAXTON, Charles B. *A alma da ciência*: fé cristã e filosofia natural. São Paulo: Editora Cultura Cristã, 2005.

PIAGET. Jean. *O julgamento moral da criança*. São Paulo: Mestre Jou, 1977.

PUIG, Josep Maria. *A construção da personalidade moral*. São Paulo: Ática, 1998.

RAMALHO, Jether Pereira. *Prática educativa e sociedade*: um estudo da sociologia da educação. Rio de Janeiro: Zahar, 1976.

RIBEIRO, Boanerges. *Protestantismo e cultura brasileira*: aspectos culturais da implantação do protestantismo no Brasil. São Paulo: Casa Editora Presbiteriana, 1981.

_____. *A Igreja Presbiteriana do Brasil*: da autonomia ao cisma. São Paulo: Livraria O Semeador, 1987.

RILEY, Naomi Shaefer. *God on the quad*: how religious colleges and the missionary generation are changing America. New York: Saint Martin´s Press, 2005.

RYKEN, Leland. *Santos no mundo.* São José dos Campos: Fiel, 1992.

SARWEY, James M.; TELFORD, Charles. *Psicologia do ajustamento.* São Paulo: Cultrix, 1972.

SCHULZ, Almiro. *Educação superior protestante no Brasil.* São Paulo: Unapress, 2003.

SEGUNDO, Juan Luis. *O caso Mateus*: os primórdios de uma ética judacio-cristã. São Paulo: Paulinas, 1997.

SHAEFFER, Francis A. *O Deus que se revela.* São Paulo: Editora Cultura Cristã, 2002.

SILVA, Esther França (Org.). *O teste de apercepção temática de Murray (TAT) na cultura brasileira.* São Paulo: Fundação Getulio Vargas, 1984. p. 7.

SIMONTON, Ashbel Green. *Diário 1852-1866.* 2. ed. São Paulo: Editora Cultura Cristã, 2002.

SOUZA, Rodolfo Amorim Carlos de. Cosmovisão: evolução do conceito e aplicação cristã. In: _____. *Cosmovisão cristã e transformação.* Viçosa: Ultimato, 2006.

STEFANO, Maria Suzana de. Desenvolvimento moral: refletindo com pais e professores. In: MACEDO, Lino de (Org.). *Cinco estudos de educação moral.* São Paulo: Casa do Psicólogo, 1996.

STRECK, Danilo Romeu. *Correntes pedagógicas*: aproximação com a teologia. Petrópolis, Vozes; Curitiba: Celadec, 1994.

_____. Educação e cidadania: uma contribuição a partir da Reforma Protestante. *Estudos de Religião*, São Bernardo do Campo, ano XI, v. 12, p. 31-43, dez. 1996.

SUNG, Jung Mo. *Educar para reencantar a vida.* Petrópolis, Vozes, 2006.

SUPREMO CONCÍLIO DA IGREJA PRESBITERIANA DO BRASIL 2006. *Documentos.* Aracruz, 2006. 3 v.

UNESCO. *Declaração Mundial sobre Educação Superior, Declaração Mundial sobre Educação Superior no século XXI*: visão e ação. Marco referencial de ação prioritária para a mudança e desenvolvimento da educação superior. Tradução Amós Nascimento. 2. ed. Piracicaba: Unimep, 2000.

VADE MECUM. Universidade Presbiteriana Mackenzie, São Paulo, 2003.

VALORES E PRINCÍPIOS. Instituto Presbiteriano Mackenzie, São Paulo, Disponível em: <http://www.mackenzie.br/principios.html>.

VYGOTSKY, Lev S. *A formação social da mente*. São Paulo: Martins Fontes, 1988.

WATANABE, Iago Hideo Barbosa. Caminhos e histórias: a historiografia do protestantismo na Igreja Presbiteriana do Brasil. *Revista de Estudos da Religião*, São Paulo, n. 1, p. 15-30, 2005.

ZAJDSZNAJDER, Luciano. *Ser ético no Brasil*. Rio de Janeiro: Gryphus. 2001.

ÍNDICE REMISSIVO

Este livro foi impresso pela gráfica Salesianas,
para a Editora Mackenzie,
em novembro de 2008.